1 Wohnung der Familie Veith bis August 1905 (II., Ausstellungsstraße 41).
2 Wohnung der Familie Veith von August 1905 bis Dezember 1907 (V., Kriehubergasse 13).
3 Wohnung der Familie Veith von Dezember 1907 bis Mai 1908 (IV., Schönburgstraße 19).
4 Wohnung Leopoldine Jellineks im Sommer 1906, »Absteigquartier« (IV., Taubstummengasse 1).
5 Wohnung Leopoldine Jellineks von September 1906 bis Mai 1907, »Absteigquartier« (VII., Burggasse 36).
6 »Venedig in Wien« (II., Englischer Garten).
7 Café [Johann Anton] Maendel (II., Praterstraße 33).
8 Hotel Kaiserhof, »Absteigquartier« (IV., Frankenberggasse 10).
9 Hotel Weintraube, »Absteigquartier« (II., Weintraubengasse 14).
10 Café Paulanerhof (IV., Schleifmühlgasse 2).
11 K.k. Theresianische Akademie, »Theresianum« (IV., Favoritenstraße 15).
12 K.k. Polizei-Direktion (I., Schottenring 11).
12 K.k. Bezirks-Polizei-Kommissariat Schottenring (I., Schottenring 11).
13 K.k. Landes-Gericht in Strafsachen Wien (VIII., Landesgerichtsstraße 21).
13 K.k. Landes-Gerichts-Gefangenenhaus (VIII., Landesgerichtsstraße 21).
14 Polizei-Gefangenenhaus (IX., Elisabeth-Promenade 7-9).
14 Sicherheits-Bureau (IX., Elisabeth-Promenade 7-9).
15 Elisabeth-Promenade (IX. Bezirk).
16 Stefaniebrücke (I., II. Bezirk).

Die »Schauplätze« der Inneren Stadt auf dem hinteren Vorsatz.

Walter Schübler

»Komteß Mizzi«

Walter Schübler

»Komteß Mizzi«

Eine Chronik aus dem Wien um 1900

WALLSTEIN VERLAG

Inhalt

Anhang

16.05.1908: Marie Veith wird tot aus dem Donaukanal geborgen

Gegen 10 Uhr vormittags zieht der Schiffer Jakob Fröbrich am Samstag, dem 16.5.1908, knapp oberhalb der Stephanie-Brücke die schlammbedeckte Leiche einer jungen Frau aus dem Donaukanal: mittelgroß, kräftig gebaut, dichtes langes Haar; das Weiß der bis zu den Ellbogen reichenden Glacéhandschuhe ebensowenig vom grauen Schlamm versehrt wie das Schwarz der Lackhalbschuhe.

Die Mutmaßungen, es handle sich um ebenjene ungefähr zwanzigjährige »Frauensperson«, die, wie Passanten beobachteten, einen Panamahut mit rotem Band tragend, sich am 28.4. um halb 10 Uhr abends vom Treppelweg an der Elisabeth-Promenade auf Höhe der Georg-Sigl-Gasse in den Donaukanal gestürzt hatte, verdichten sich zur Gewißheit. In der Beisetzkammer des zweiten Wiener Gemeindebezirks, Am Tabor, wird die Leiche am späten Nachmittag des 16.5. vom Chauffeur Victor Widakowich identifiziert: anhand der inzwischen grob gereinigten Kleidung – besonders des graufarbenen Taillengürtels, dessen breite, mittig geteilte und vergoldete Schnalle auf jeder Platte ein modelliertes Brustbild trägt, einen Männerkopf mit Automobilmütze die eine, einen Frauenkopf mit weißem Häubchen die andere –, der feinen, dichten, bis in die Mitte des Rückens reichenden Haare, der zarten Oberarme und der breiten, langen Fingernägel, der schlanken Waden und der kleinen Füße, der stark ausgeprägten Ballen beider großer Zehen, der sehr kleinen, gestochenen Ohren, der ziemlich weit auseinanderstehenden oberen Schneidezähne und eines dunkelbraunen erbsengroßen Muttermals in der Mitte der Brust. Das gibt auch die kurz nach Widakowich erschienene Anna Veith als besonderes Merkmal ihrer seit drei Wochen abgängigen Tochter an, die sie schon an der Kleidung wiedererkennt: dunkelgrünes, breit blau und grün gestreiftes Cheviot-Kostüm, weiße Spitzenbluse, schwarzer Seidenunterrock, weiße, mit breitem Zwirnspitzenbesatz versehene Batist-Unterwäsche, schwarze Seidenstrümpfe.

*

Am 17.5. beantragt die k.k. Staatsanwaltschaft die Obduktion der Leiche, »insbesonders in Bezug auf die geschlechtliche Integrität«.

11.11.1907: Gegen Marcell Veith wird anonym Anzeige erstattet

Am 11.11.1907 ergeht eine anonyme Anzeige an die »Löbliche Polizei Direktion«, die das Sicherheits-Bureau – Unterschrift: »Stukart« – an das Kommissariat Margareten »zur Erhebung, eventuell Amtshandlung« weiterleitet. Darin wird »der sehr geschätzten Wiener Polizei pflichtgemäß u. vielleicht notwendig im Interesse der Öffentlichkeit bekannt gegeben«, daß im Haus Kriehubergasse Nr. 13, 1. Stock, Tür 14, ein »Mann mit angeblicher Frau u. Tochter« wohne, die »sich jedem Menschen als Grafenfamilie vorstellig machen, in Wirklichkeit jedoch ›Veit‹ heißen sollen«.

Der Mann sowie die Frau haben keinen Beruf noch Einkommen u. leben von ihrer minderjährigen Tochter welche immer u. zwar täglich nachtsüber außer Hause u. zumeist mit hilfe ihres Papas in Gesellschaft zahlungsfähiger Herrn geführt wird. Tagsüber Schlaf u. Müßiggang, nachtsüber u. wenn das Mädel noch so auffallend matt und schlaff ist, heißt es dringend in die Stadt mit der Komtesse, welche auch unter diesem Titel Briefe erhält.

Hiebei dürfte es sich jedenfalls um eine professionsmässige Ausbeutung junger den besseren Gesellschaftskreisen angehöriger Männer handeln.

Es wäre interessant dem Spiele hinter den Coulissen nachzusehen, welches meinem Verdachte nach »Hochstapplerei« sein muß. Obendrein ist jedoch dieser Herr Graf mit Sicherheitswachmännern des Rayons Kriehubergasse auch befreundet.

Bei der Behörde mögen ja diese Leute richtig gemeldet sein, jedoch muß es doch im Interesse der Betroffenen strafbar sein wenn unter schlauer (äusserst schlauer) Findigkeit junge Männer ausgenutzt werden u. hiebei der Herr Papa den Leiter dieses Geschäftes bildet.

*

Der k.k. Polizei-Agent Carl Cohlmann hält in seiner mit »Margareten, am 24.11.07« datierten »Relation« fest:

Die im beiliegenden Anonymus genannten Personen sind identisch mit Marcell Veith (laut Meldezettel Marcell röm. Graf Veith), 47 Jahre, mit Gattin Anna geb. Wimmer, 45 Jahre, und Tochter Marie Comtesse Veith, Schauspiel-Elevin, 18 Jahre.

Die Familie bewohnt seit 13.8.1905 im Hause Kriehubergasse 13

2 Zimmer, Vorzimmer u. Küche gegen 60 Kronen Monatszins (Vorwohnung II., Ausstellungsstraße Nr. 41).

Wie vertraulich erhoben wurde, verläßt Vater und Tochter täglich um 9h längstens 1/2 10h abends das Haus und kommen gegen 5h früh gemeinsam nachhause.

Die Tochter wird des öfteren zu verschiedenen Nachmittagsstunden per Automobil oder Fiaker von einem Mann, der das Aussehen eines Privatdieners (ohne Livré) hat, abgeholt.

Der Vater ist mit nachlässiger Eleganz gekleidet, während die Tochter äußerst elegant und höchst auffällig gekleidet sein soll.

28.04.1908: Marcell und Marie Veith werden festgenommen

Am Dienstag, 28.4.1908, wird Marcell Veith in der Schönburgstraße 19 im vierten Wiener Gemeindebezirk, wohin er mit seiner Familie Ende Dezember 1907 umgezogen ist, um 8 Uhr früh von drei Polizeibeamten, die Haftbefehle gegen ihn und seine Tochter – er der »Kuppelei«, sie der »Geheimprostitution« beschuldigt – präsentieren, festgenommen. Er wird auf das Kommissariat Schottenring gebracht, kurz darauf auch seine Tochter, seine Frau und das Dienstmädchen, Marie Blaha.

Polizei-Oberkommissär Dr. Anton Baumgarten vom Bureau für sittenpolizeiliche Agenden – kurz: Sittenamt – eröffnet Veith, daß er beschuldigt ist, seine Tochter »der Prostitution zugeführt und zur Prostitution verleitet zu haben«. Veith weist die Anschuldigung vehement zurück. Er spricht von Intrige. Das Hausmeister-Ehepaar, mit dem er wie auch seine Frau und das Dienstmädchen der Familie wiederholt Streit gehabt hätten, habe ihn vermutlich angeschwärzt. Kürzlich seien die Händel nämlich eskaliert: Er habe im Hausflur aufgeschnappt, was die in der Tür der Hausbesorgerwohnung stehende Frau Schwankhart einer Nachbarin zugerufen habe, und das so laut, daß er es im Vorübergehen nicht habe überhören können: »Da geht der Koberer!« Daraufhin habe er die Schwankhart beschimpft; so heftig und laut, daß das ganze Haus es habe hören können. Er habe dann, weil er sich diese Frechheiten nicht länger habe bieten lassen wollen, seinen Hausherrn brieflich um die vorzeitige Auflösung des Mietvertrags per 1. Mai oder 1. Juni gebeten.

Am Samstag, 25.4., sei die Hausherrin am Vormittag in seiner Wohnung vorstellig geworden, um diese Dinge zu regeln, und von ihr habe er erfahren, daß sich kurz vor dem Vorfall mit der Hausmeisterin drei Polizeibeamte im Haus eindringlich nach ihm erkundigt hätten. Worüber genau, dazu habe sie sich nicht äußern wollen. Auf dem Kommissariat Wieden, wohin er stracks aufgebrochen sei und um Aufklärung gebeten habe, habe man ihm auf seine Vorhaltungen hin und nach Einsichtnahme im »Journal-Buch« mitgeteilt, daß nichts gegen ihn vorliege und man darüber Bescheid wüßte, sollte andernorts eine Anzeige gegen ihn laufen. Es könne sich allenfalls um Privatdetektive gehandelt haben, die sich als Polizisten ausgegeben hätten. Um 1 Uhr mittags habe er die Hausherrin brieflich davon benachrichtigt, was er auf dem Kommissariat erfahren habe.

Baumgarten läßt Veith daraufhin wissen, daß man ihn vier Jahre hindurch beobachtet habe, und konfrontiert ihn mit dem Hausbesorger. Als der seinen Schluß aus den »Wahrnehmungen« über das »Treiben« der vorgeblich gräflichen Familie auftischt – es sei für ihn vollkommen klar, daß die Eheleute Veith nur vom »Schandverdienste« ihrer Tochter leben –, braust Veith auf und droht Schwankhart. Baumgarten läßt Veith in den Arrest abführen.

Marie Veith wird nach ihrer Vernehmung durch Baumgarten wieder auf freien Fuß gesetzt und von Polizeibeamten in die Schönburgstraße begleitet. Der verstörten Mutter, nicht vernehmungsfähig, schärft Polizeikommissär Dr. Hugo Glück ein, sie solle ihre Tochter nicht mehr aus dem Haus lassen, sonst könnten ihr »die Leute« etwas antun, sonst würde sie Marie nie mehr wiedersehen.

Marie Veith schreibt am Abend des 28.4.1908 drei Briefe: einen, per Adresse Baumgarten, an ihren Vater; einen an ihre Mutter; mit einem dritten an Franz Freiherrn von Kubinzky schickt sie das Dienstmädchen ins Theresianum. Als Blaha eben wieder zurückkommt, verläßt Marie – »ein auffallendes Benehmen zur Schau tragend«, wie das Dienstmädchen zu Protokoll gibt – das Haus. Ihre Mutter hat sie wissen lassen, sie wolle in ein Kaffeehaus gehen, um zu telephonieren, sie sei in einer halben Stunde wieder zurück. Blaha entdeckt den Brief an die Mutter auf Maries Schreibtisch: »Verzeihe mir Mutter. Ich kann nicht anders. Küss mir den Vater. Mizzi.«

28.04.1908: Zeugen berichten von »Herrenbesuchen«

Noch am Dienstag beginnt das Bureau für sittenpolizeiliche Agenden mit der Sicherung von Beweismitteln und der Einvernahme von Zeugen. Bei einer mittags vorgenommenen Wohnungsdurchsuchung stellen die k.k. Polizei-Agenten Alois Niederhuemer und Anton Powolny ein »Paket mit Briefschaften, der Comtesse Veith gehörig«, sicher, weiters ein »Paket mit obscönen Bildern in der Schreibtischlade der Vorgenannten« sowie Eintrittskarten diverser Vergnügungsetablissements.

Der Besitzer des Hauses Schönburgstraße 19, der Architekt und Bauunternehmer Alfred Wildhack, gibt an, »daß eine Partei des gegenüberliegenden Hauses über die obscönen Vorgänge in der Wohnung der Eheleute Veith sich aufgehalten habe«. Nachdem sein Portier ihm mitgeteilt habe, daß ihm die Familie Veith »bedenklich vorkomme« – häufige Herrenbesuche zur Nachtzeit –, habe er durch seinen Administrator die sofortige Kündigung veranlaßt.

Der Friseur Johann Wagner, dessen Geschäft vis-à-vis dem Haus Schönburgstraße Nr. 19 liegt, präzisiert, er habe bemerkt, »wie sich die Comtesse Veith mit Herren beim Fenster ungeniert abgeküßt hat«. Auch hätten seine Kunden wiederholt abfällig über die vielen Herrenbesuche bei Veiths gesprochen.

Franz Schwankhart, 46, Hausbesorger in der Schönburggasse 19, gibt zu Protokoll, daß Marcell Veith, als er mit Frau und Tochter einzog, sich ihm gegenüber als Graf Veith vorgestellt und sich sofort um den Haustorschlüssel bei ihm »beworben« habe, für dessen Überlassung er 6 Kronen monatlich zu bezahlen hatte. Über das »Treiben seiner Tochter«, das er sehr genau habe beobachten können, da sich die Portierloge genau gegenüber der Wohnung der Eheleute Veith befinde, gibt er an: Zwischen 1 und 6 Uhr nachmittags hätten jeweils einer oder mehrere Herren, die zumeist im Fiaker gekommen seien, der Familie Veith Besuche abgestattet. Daß diese Besuche »dem Fräulein Veith« galten, daran könne nach seinen Beobachtungen kein Zweifel bestehen, denn täglich seien zwei, drei Briefe oder Telegramme gekommen, die an »Fräulein Veith« gerichtet waren, ein-, zweimal die Woche auch Blumenbouquets. Sei bereits Besuch dagewesen, dann sei ein neu angekommener Gast wieder weggeschickt worden, nachdem Frau Veith mit diesem zwischen Tür und Angel unterhandelt habe. Die Herren seien bisweilen bis 10 Uhr abends geblieben, und dann sei es vorgekommen, daß Marcell Veith dem jeweiligen Herrn und seiner Tochter, wenn sie gemeinsam im Wagen wegfuhren, das zu diesem Zeitpunkt bereits verschlossene Haustor geöffnet habe. Auch habe er selbst gesehen, »daß Fräulein Veith die Herren öfters im tiefsten Negligé verabschiedet« habe. Beinah täglich hätten Veith und seine Tochter am Abend die Wohnung verlassen und seien erst in den frühen Morgenstunden, gegen 6 Uhr, wieder zurückgekehrt. Die Tochter manchmal auch allein und erst gegen 9 Uhr.

Marie Blaha, 19, seit drei Wochen Dienstmädchen bei Familie Veith, berichtet von Herrenbesuchen »beim Fräulein« zwischen 1 Uhr nachmittags und 8 Uhr abends, von denen sie, Blaha, zumeist 1 Krone oder 1 Gulden Trinkgeld erhalten habe. Sie habe oft Briefe ins Theresianum tragen müssen, die an ebenjene Herren im Alter von 21, 22 Jahren adressiert gewesen seien, die regelmäßig bei der »Comtesse« zu Besuch waren. Sie sei strikt dazu angehalten worden, vor Eintritt in das Zimmer der »Comtesse« stets anzuklopfen. Am Abend, gegen 10, manchmal auch ¼11 Uhr, habe »das Fräulein« mit ihrem Vater die Wohnung verlassen. Wann sie zurückkamen, wisse sie nicht, weil sie da noch geschlafen habe.

Elisabeth Kortner, 28, die im November und Dezember 1907 bei Familie Veith bedienstet war, spricht von drei, vier Herrn, die »Fräulein Veith« täglich nachmittags besucht hätten und teils zwei, drei Stunden, teils nur eine halbe Stunde geblieben seien. »Das Fräulein Veith« sei »immer mit dem betreffenden Herrn allein im Zimmer« gewesen, und sie habe den »Auftrag« gehabt, »vor dem Betreten des Zimmers anzuklopfen«. Manchmal sei es vorgekommen, daß die Herren Tee tranken, den habe sie dann serviert. Für Kortner war klar, daß »das Fräulein Veith mit den Herren in intime Beziehungen getreten ist«. Die Eltern hätten sich nämlich stets ins Kabinett zurückgezogen und nie in das Zimmer »des Fräuleins« hineingesehen, so daß sie dort mit ihrem Gast »ganz ungeniert« gewesen sei. Sie habe gekündigt, weil sie es nicht riskieren habe wollen, es mit der Polizei zu tun zu kriegen.

Ida Riedl, Büffetdame im Etablissement Ronacher*, gibt an, sie kenne »das Fräulein Mizzi Veith seit ca. 3 Jahren, da sie fast täglich im Ronacher und dem mit demselben in Verbindung stehenden Kaffeehause, vormals ›Ronacher‹, jetzt ›Alcazar‹, zur Nachtzeit verkehrt« habe. Anfangs habe sie ihr Vater begleitet, der meistens allein an einem Tisch gesessen sei, »während seine Tochter Einladungen von Cavalieren annahm, mit denen sie champagnisierte«. Sie sei oft mit »Cavalieren« weggegangen. »Darüber, ob Fräulein Veith mit Cavalieren intim in Hotels oder sonstwo verkehrte«, sei ihr nichts Genaues bekannt, doch sei »das allgemeine Gespräch dahin« gegangen.

Johanna »Jenny« Borys, 29, seit August 1907 Büffetdame im Ronacher, kennt Marie Veith und deren Vater noch aus der Zeit, da sie

* Varietétheater im 1. Wiener Gemeindebezirk. Logen und Parkett waren mit Tischen und Stühlen ausgestattet, während der Vorstellungen wurde gegessen, getrunken, geraucht.

Büffetdame im Pavillon »Cliquot« in »Venedig in Wien«* war. Die beiden seien fast täglich dort zu sehen gewesen. »Fräulein Veith« habe da in Herrengesellschaft in verschiedenen Lokalen soupiert, etwa im Römerlokal und im Französischen Restaurant. Im Ronacher, wo »Fräulein Veith« täglich hinkomme, nehme sie immer in der Fremdenloge Platz. Dort nehme sie Einladungen von Herren an, mit denen sie dann im Café Alcazar champagnisiere. Das Lokal verlasse sie mal allein, mal in Begleitung ihrer »Cavaliere«. Zweimal sei Borys mit ihr in derselben Gesellschaft gewesen, und da habe sie bemerkt, daß sie einem Herrn heimlich eine Visitenkarte zugesteckt habe. Bestimmte Angaben darüber, ob und wo »Fräulein Veith mit Cavalieren intim verkehre«, könne sie nicht machen.

Marie Papp, 24, ebenfalls Büffetdame im Ronacher, gibt an, daß Fräulein Veith oft schon mit Herren ins Lokal gekommen sei, aber auch Einladungen angenommen habe, wenn sie allein gekommen sei. Sie habe einen großen Kreis von bekannten Herren unter den Stammgästen. »Ob Fräulein Veith mit Herren sich in intimen Verkehr einläßt«, sei ihr nicht bekannt. Ebensowenig, ob sie von den Geschenken, die sie bekommt, ihrem Vater etwas zukommen läßt. Bis vor circa einem Jahr sei »Fräulein Veith« in dem Ruf gestanden, daß sie »mit ihren Verehrern in rein platonischem Verhältnisse stehe«. Wieso sich dieser Ruf geändert hat, sei ihr nicht bekannt.

Christine Jasbez, Marie Maroz, Rosalia Loibl und Marie Nagel, allesamt Büffetdamen im Ronacher, bestätigen die Angaben ihrer Kolleginnen. Die 18jährige Nagel ergänzt, ein Gast habe ihr erzählt, Graf Veith habe ihm im Café de l'Europe kürzlich mit den Worten »Schauen Sie, das ist ein hübsches Mädchen, sehr billig, unter 50 Kronen nicht zu haben« seine Tochter angeboten.

Sandor Rosenthal, Zahlmarqueur im Café Alcazar, gibt zu Protokoll, daß »Fräulein Veith« häufig in Begleitung ihres Vaters nachts ins Café Ronacher gekommen sei, wo sie sich »von Cavalieren als Gesellschafterin einladen ließ«. Während die Tochter champagnisierte, sei der Vater allein an einem Tisch gesessen. Es habe den Anschein gehabt, als verständige sich die Tochter mit dem Vater, ob sie eine Einladung annehmen solle

* Im Mai 1895 auf dem Gelände des Englischen Gartens (ehemals Kaisergarten resp. Kaiserwiese) im Wiener Prater von Gabor Steiner eröffneter Lagunenstadt-Themenpark mit begehbaren Nachbauten von Palazzi, Kanälen, Cafés, Restaurants, Musik-, Theater- und Varietébühnen, der in der Sommersaison ein breitgefächertes Unterhaltungsprogramm bot.

oder nicht. Manchmal habe der Vater sich von den Zigaretten geben lassen, die ihr die Herren spendiert hätten. Sie habe häufig in Begleitung ihrer »Cavaliere« das Café verlassen, allerdings nicht ohne mit ihrem Vater zu verabreden, wo sie sich später treffen würden. Seit der Eröffnung des neuen Café Alcazar sei Herrn Veith über Verfügung Direktor Waldmanns der Zutritt nicht mehr gestattet, »Fräulein Veith« komme aber immer noch täglich um circa 10 Uhr abends in die Fremdenloge und nehme dort Einladungen an, nicht nur von ihr bekannten Verehrern, sondern auch von Fremden. Sie habe auch ihn schon ersucht, ihr passende Einladungen zu vermitteln. Ob sie sich »auf intimen Verkehr mit Herren einlasse«, sei ihm nicht bekannt, es werde jedoch allgemein erzählt. Auch habe er von Gästen gehört, daß »Fräulein Veith« Herren zu sich in die Wohnung zum Tee einlade. Es gehe schon seit Jahren die Rede, daß Veith vom Verdienst seiner Tochter lebe.

Leopold Jöstl, ebenfalls Oberkellner im »Alcazar«, bestätigt die »Wahrnehmungen« seines Kollegen. Ob und wo »das Fräulein Veith, das bei den Herren sehr beliebt« gewesen sei, mit ihnen »intim verkehrte«, sei auch ihm nicht bekannt.

Viktor Thomanik, Zahlkellner im Café Ritz, teilt mit, daß »das Fräulein« vor etwa eineinhalb Jahren in seinem Kaffeehaus verkehrt habe. Es sei gewöhnlich gegen ½11 Uhr abends gekommen, habe dort »ihre Bekanntschaften mit den Herren« gemacht und sei dann mit ihnen ins Hotel gefahren. Gegen 3, 4 Uhr früh sei dann der Vater erschienen und habe sich erkundigt, ob seine Tochter da sei oder fortgegangen. Er habe immer gewartet, bis sie gekommen sei, und sich dann wieder entfernt. Daß »Fräulein Veith mit den Herren sich geschlechtlich unterhielt u. dafür gezahlt bekam«, könne keinem Zweifel unterliegen. Gäste hätten ihn »zu wiederholtenmalen« gefragt, »ob Fräulein Veith zu haben ist«, und seien dann auch mit ihr ins Hotel gegangen. Ebenso klar sei es für ihn und seine Kollegen gewesen, daß ihr Vater »von dem Schandlohne lebt«. Er sei im Café Ritz nur als »Strizzi« bekannt gewesen. Deswegen habe man ihn dann auch aus dem Lokal geworfen. Danach sei »das Fräulein« immer nur in Begleitung von Herren ins Café gekommen, mit denen es stets ins Séparée gegangen sei.

Franz Münichsdorfer, 45, Fiakerkutscher, gibt an, er kenne »das Fräulein Veith« seit ungefähr vier Jahren und es sei ihm bekannt, daß ihr Vater sie ins Ronacher gebracht habe. Er habe sie oft vom Ronacher aus in verschiedene Hotels gefahren. Das letzte Mal vor etwa drei Wochen, und zwar ins Hotel Römischer Kaiser in der Annagasse. Dabei habe »das Fräulein« ihm eingeschärft: »Fiaker, aber schweigen, niemandem was sagen!« Er könne »ruhig behaupten«, daß er »das Fräulein Veith« mindestens ein Mal pro Woche vom Ronacher in verschiedene Hotels gefahren habe, und das »jedesmal mit einem anderen Herrn«. Gewöhnlich zwischen 1 und 3 Uhr früh. »Absteigquartier« sei entweder das Hotel Modern, das Hotel Derby oder der »Römische Kaiser« gewesen. Dabei habe er immer folgendes beobachtet: »Hatte das Fräulein Veith den betreffenden Herrn absolviert, so ging sie zu Fuß ins Etablissement Ronacher, telephonierte in der Portiersloge an ihren Vater, welcher sich im Café Gartenbau mittlerweile aufhielt, u. holte sie letzterer sodann mittelst Einspänner vom Ronacher ab.« Hie und da habe er sie auch von »Venedig« aus mit Herren ins Hotel gefahren. Dann habe ihr Vater gewöhnlich im Café Maendl in der Praterstraße gewartet. Von »Venedig« habe sie zumeist sein Kollege Preiß gefahren, der Fiaker Nr. 475, Standplatz Wien III, Landstraßer Hauptstraße. Etwa drei Jahre sei es her, daß er »die Veith« mit einem Herrn um 2, 3 Uhr früh durch die Hauptallee im Prater gefahren habe und ihm »durch den Unzuchtsakt« seine Wagendecke beschmutzt worden sei, so daß ihm »der Herr damals 20 Kronen Schadensersatz geleistet« habe. Das Dach des Wagens sei während der Fahrt geschlossen worden, er habe es, Verdacht schöpfend, zurückgeschlagen und »konstatiert, daß Fräulein Veith auf dem Schoße des Herrn gesessen« sei. »Der Herr selbst« habe »die Kleider noch ganz in Unordnung« gehabt, »speziell« habe er gesehen, »daß sein Hosenschlitz ganz geöffnet« gewesen sei. Bis zum Vorjahr habe »Fräulein Veith« meist mit der »Prostituierten Poldi« verkehrt, sie seien immer zusammen mit den Herren ins Hotel gegangen.

29.04.1908: Marcell Veith wird vernommen

Mit den Aussagen konfrontiert, streitet Marcell Veith bei seiner Einvernahme am Mittwoch, 29.4.1908, auch gar nicht ab, seine Tochter in die von den Zeugen genannten Lokale begleitet zu haben. Er pocht allerdings auf seine lauteren Absichten: Er sei als Aufpasser, nicht als Kuppler zugegen gewesen. Anfangs habe ihn seine Tochter auch immer gefragt, ob er ihr die »Unterhaltung« mit dem jeweiligen Herrn gestatte. Wäre er imstande gewesen, das für die Ausbildung seiner Tochter nötige Geld aufzubringen, hätte er ihr diesen Lebenswandel nie und nimmer erlaubt. Und nur um sie von dieser Art Nachtleben loszureißen, habe er Herrenbesuchen in der Wohnung zugestimmt. Alleiniger Zweck der Nachtlokalbesuche sei es gewesen, seiner Tochter Bekanntschaften mit Herren der besseren Gesellschaft zu ermöglichen, damit sie einen reichen Freund finden und eine gute Partie machen könne.

Den Plan dazu habe er gefaßt, nachdem Professor Carl Arnau, Inhaber und Leiter der Theaterschule in der Spiegelgasse, die seine damals vierzehneinhalbjährige Tochter besuchte, ihn darauf aufmerksam gemacht habe, daß man sie das öfteren in Begleitung eines männlichen Zöglings der Schule im Stadtpark gesehen habe. Er habe befürchtet, daß seine Tochter sich »in ein aussichtsloses Verhältnis einlassen u. von einem armen Teufel ein Kind bekommen könnte«. Um das zu verhindern, habe er sie mit einem gutsituierten Herrn liieren wollen, der nicht nur für sie, sondern auch für ihre Mutter sorge. *Er* habe, in Absprache mit seiner Gattin, vorgehabt, aufgrund der desolaten finanziellen Verhältnisse nach Amerika auszuwandern.

1904 sei er zum Derby in die Freudenau gegangen, um seiner Tochter die »Lebewelt« zu zeigen. Es habe auch nicht lange gedauert, daß Herren sich ihr und einer Freundin aus der Theaterschule, die sie mitgenommen hatten, vorstellten. Darunter ein sehr reicher »Cavalier« Mitte Zwanzig, der vom Vater die Erlaubnis erbeten habe, seine Tochter und deren Freundin abends zum Souper in den Römersaal nach »Venedig in Wien« einzuladen.

Die beiden Mädchen hätten dann in Gesellschaft des »Cavaliers« soupiert, der sie Veith um 23 Uhr am vereinbarten Treffpunkt wieder übergeben, Marie Veith 50 Kronen eingehändigt und dem Vater für den nächsten Tag seinen Besuch angekündigt habe. Da habe er dann gefragt, ob er seine Tochter »haben könne«, sie habe ihm nämlich sehr gefallen. Veith habe ihn über die mißliche pekuniäre Situation aufgeklärt und klargestellt, daß, falls er ein Verhältnis mit seiner Tochter anfangen wolle, er sie auch versorgen müsse. Er habe ihm zu verstehen gegeben, daß er auf seine Tochter keinen Einfluß nehmen werde. Auf seine Frage nach der Höhe des eventuellen Geldbetrags habe er erwidert, daß er ja wissen werde, was ein »Cavalier« unter Versorgung verstehe. Ein paar Tage darauf habe dieser Herr seine Tochter zu einer Spazierfahrt abgeholt. Weil er sie dabei »in roher Weise gezwickt« habe, habe sie von ihm nichts mehr wissen wollen, obwohl er ihr, sollte sie sich von ihm aushalten lassen, 1500 Gulden sofort und 500 Gulden monatlich versprochen habe.

Daraufhin sei er mit seiner Tochter wieder nach »Venedig« gegangen. Dort hätten sie einen älteren, etwa fünfzigjährigen Herrn kennengelernt, der Veith »ein Anbot von 200.000 Kronen« gemacht habe, die er ihm auch sofort auf den Tisch gelegt habe, zudem habe er versprochen, seiner Tochter eine Villa zu kaufen, wenn sie sich bereit erkläre, sich von ihm aushalten zu lassen. Seine Tochter habe aber die »günstige Gelegenheit dieser ganz außerordentlichen Versorgung« ausgeschlagen, weil der Herr einen Kropf gehabt habe.

Als seine Tochter die Bekanntschaft eines reichen Mannes gemacht habe, der ihr 250 Gulden und einen Brillantring geschenkt habe und sie gleichfalls aushalten habe wollen, habe er sie darauf aufmerksam gemacht, »daß sie sich nicht schon durch Versprechungen von Männern fangen lassen solle«, und sie darüber »aufgeklärt, daß sie sich nicht an Männer geschlechtlich hingeben solle, die sie dann später nicht versorgen würden«.

Seine Tochter habe im Lauf der Jahre viele Bekanntschaften gemacht, deren »platonischen Charakter« er nie bezweifelt habe. Ein einziges Mal, im Herbst 1906, habe er Verdacht geschöpft, da er bemerkt habe, daß »auch Liebe mitspiele«.

Auf die Frage, ob er wußte, daß seine Tochter »mit den Herren, die sie kennenlernte, geschlechtlich verkehrt habe«, erklärt Veith, ihm sei nur dieser eine Fall bekannt geworden. Er sei der Überzeugung gewesen, daß seine Tochter das Geld, das sie verdiente, dafür bekommen habe, »daß sie sich mit eleganten Herren in Séparées nach Art der Blumenmädchen beim Souper u. Champagner unterhält«. Daß seine Tochter »sich hiefür geschlechtlich hingeben« würde, wäre ihm nie eingefallen, wenngleich ihm bekannt gewesen sei, »daß die Herren ein solches Verlangen stellten«. Seine Tochter habe ihm noch in den letzten Tagen versichert, »daß sie sich von Herren geschlechtlich nicht habe gebrauchen lassen«.

Nach der Einvernahme setzt man Veith davon in Kenntnis, daß seine Tochter ihm via Sittenamt einen Brief geschrieben habe. Er erteilt die Erlaubnis, den Brief amtlich zu öffnen und zu lesen, bevor dieser ihm ausgefolgt wird, weil er ansonsten wegen der gegen ihn laufenden Untersuchung dem Bezirksgericht übermittelt werden müßte.

Lieber guter Papi!
Verzeihe mir, dass ich Dich durch meine Schlechtigkeit in eine solche schreckliche Lage gebracht habe. Glaube mir, Paperl, ich bin ganz verzweifelt. Was soll ich nur machen, um Dir zu helfen. Papa, ich weiss, Du wirst mich jetzt vielleicht hinaus jagen. Da hast Du ganz recht. Papi, mein armer Papa, warum musst gerade Du so leiden. Am liebsten ging ich jetzt ins Wasser, wenn es Dir etwas helfen würde. Papi, vielleicht kann ich Dir etwas helfen. Schreibe mir, was Du brauchst, Wäsche oder Bücher. Ich habe auch von Mutterl Geld bekommen, Du

wirst doch gewiss was brauchen. Die Marie ist so ein gutes Mädchen; sie hat so geweint, wie ich gesagt habe, dass Du dort bleibst. Papi, schreib mir nur ein paar Zeilen. Wenn Du willst, verfluche mich, aber lass was von Dir hören, wenn es auch nur eine Zeile ist. Ich kann heute nicht schlafen Papa, überhaupt nicht, bis Du nicht da bist, Papa. Ich kann Dir nicht helfen, als für Dich beten. Ich habe es schon lange nicht getan, aber heute werde ich es wieder tun. Papi, was wirst Du tun, wie werden sie Dich behandeln. Mich haben sie freigelassen und Dich sperren sie ein, wo doch nur ich die Schuld bin. Mein guter, armer Papa, schreib mir und sag mir, ob ich gehen soll, ob Du mich nicht mehr sehen willst oder ob ich bleiben soll. Mein armes Vaterl, ich habe dem K. geschrieben, vielleicht borgt er mir etwas Geld, dass ich Dir Deine entsetzliche Lage, in die Du durch meine Schuld gekommen ist, etwas erleichtern kann. Papa, ich sehe Dein Bild am Schreibtisch, dein gutes, liebes Gesichterl. Papi, ich war schlecht, aber ich habe Dich immer gerne gehabt, das weisst Du doch. Bitte, sage mir, ob Du Wäsche oder was brauchst.

Es küsst Dich Deine unglückliche Mizzi.

30.04.1908: Das Sittenamt erkennt »schwer belastendes Tatsachenmaterial«

Am 30.4.1908 übermittelt die k.k. Polizei-Direktion in Wien, Bureau für sittenpolizeiliche Agenden, der k.k. Staatsanwaltschaft Wien eine mit »Dr. Baumgarten« unterzeichnete neunseitige maschinschriftliche Zusammenfassung der Vorerhebungen. Die hätten »ein die Eheleute Veith schwer belastendes Tatsachenmaterial« ergeben. Marie Veith, die anfänglich versucht habe, sämtliche Zeugenaussagen als bösartige Verleumdungen darzustellen, habe schließlich gestanden, »dass sie schon mit 15 Jahren mit den Männern geschlechtlich, jedoch pervers verkehrte und sich in weiterer Folge von den Herren, die sie im Café Ronacher, Café Europe, Café Ritz und in ›Venedig in Wien‹ kennenlernte, im Hotel Modern, Hotel London, Hotel Derby und Hotel römischer Kaiser gegen hohes Entgelt, zumeist 100 Kronen, normalmäßig geschlechtlich gebrauchen ließ«.

Nur die Not habe sie zu diesem Leben veranlaßt. Aus ihrem bei der Wohnungsdurchsuchung sichergestellten Tagebuch gehe hervor, »dass Marie Veith schwere seelische Kämpfe mitmachte, bis sie sich dem liederlichen Lebenswandel vollständig ergeben« habe. Es könne »keinem

Zweifel unterliegen, dass sie diesbezüglich unter einem äußeren Zwange gestanden habe«. Sie habe aber versucht, ihren Vater »durch die Angabe zu entlasten, dass ihm von ihrem liederlichen Lebenswandel nichts bekannt« gewesen sei. Sie habe »geleugnet, auch in ihrer Wohnung mit den Herren geschlechtlich verkehrt zu haben«, habe versucht, glauben zu machen, »dass die Herren nur zum Thee gekommen« seien.

Im vergangenen Monat habe sie ihrer Angabe zufolge »durch Ausübung des Unzuchtgewerbes« circa 1800 Kronen verdient. Auf die Frage, »ob sie von den Eltern nie um die Provenienz des Geldes befragt« worden sei, habe sie erklärt, »dies sei nie geschehen, da die Eltern annahmen, dass sie das Geld ›für nichts‹ erhalten habe«.

Bemerkenswert erscheint dem Sittenamt auch Marie Veiths Angabe, daß ihr Vater mit ihr gezankt habe, weil sie »mit einem Herrn namens Victor, der nicht besonders geldkräftig war, ein Verhältnis unterhielt und er die Befürchtung aussprach, dass sie von ihm ein Kind bekommen könne«. Diese Angabe sei deswegen so wichtig, weil Marcell Veith glauben machen wolle, »dass er bei den Unterhaltungen seiner Tochter nie an einen geschlechtlichen Verkehr gedacht habe«.

Schließlich habe Marie Veith noch zugegeben, daß ihr Vater sie zur Wahl eines reichen Freundes aufgefordert habe, damit die Not der Familie ein Ende habe. Auf diese Weise habe das Mädchen, »welches auffallend schön« gewesen sei, die verschiedensten Bekanntschaften gemacht, »bis sie schließlich zur gewöhnlichen Dirne wurde«. Marcell Veith habe gestanden, daß er seiner Tochter eingeschärft habe, sie solle sich nur Herren hingeben, die ihre Zukunft glänzend sicherstellen würden.

Er habe »rückhaltlos zugegeben, daß Marie in den ersten 3 Jahren jährlich durchschnittlich 3½-4000 Gulden, das letzte Jahr 6000 Gulden verdient habe«. Diese Einnahmen habe er »gewissenhaft – wie er sich ausdrückt – gebucht«. Davon sei in allererster Linie der Zins bezahlt worden. Außerdem habe Marie ihren Eltern in den ersten Jahren 60 und in den letzten zwei Jahren 90 Gulden monatlich an Kostgeld bezahlt. Daraus gehe »also klar hervor, dass Marie Veith den ganzen Haushalt mit ihrem Schandlohn bestritten habe«.

Die Aussagen der im Etablissement Ronacher beschäftigten Büffetdamen und Zahlkellner hätten ergeben, »dass Marie Veith ein tolles Lasterleben geführt habe und nach dieser Richtung hin im vollsten Maße von ihrem Vater favorisiert« worden sei. »Mit Rücksicht auf diesen gravierenden Tatbestand« könne »ruhig behauptet werden, dass Marcel Veith die sittliche Verwahrlosung seiner Tochter verschuldet habe«. Ebenso könne »über die Mitschuld seiner Gattin, die vom Lebenswandel ihrer Tochter Kenntnis haben musste, kaum ein Zweifel bestehen«. »Ihre hierämtliche Vernehmung« sei aber »mit Rücksicht auf ihre hier zur Schau getragenen Aufregungszustände vorläufig unterlassen« worden.

Von einer Bestrafung des Mädchens sei »trotz vollständig erwiesenen Tatbestandes Abstand genommen worden, da sie nach der derzeitigen Aktenlage als verführtes Opfer ihrer Eltern betrachtet werden muss, die mit Rücksicht auf ihr jugendliches Alter den Bestrebungen ihrer Eltern nicht den entsprechenden Widerstand entgegensetzen konnte«.

Marcell Veith habe sich nach der Konfrontation mit dem Geständnis seiner Tochter »in der Rolle des unglücklichen Vaters« gefallen, angefangen zu weinen und erklärt, »dass er erst auf der Polizei von dem liederlichen Lebenswandel seiner Tochter Kenntnis« erhalten habe. Als man ihm das Tagebuch seiner Tochter gezeigt habe, habe er anfangs behauptet, er habe von dessen Existenz nichts gewußt. Später habe er zugegeben, »dass er wohl das Tagebuch gesehen, aber nie in demselben gelesen habe«. In einer offenen Lade sei im Zimmer von Marie Veith »eine ganze Reihe obscöner, die gröbsten sexuellen Verirrungen darstellenden Fotografien vorgefunden« worden, die ihr vorgeblich von einem Herrn, der sie besuchte, geschenkt worden seien. »Diese Tatsache allein dürfte die in der Wohnung abgehaltenen Theenachmittage genügend charakterisieren.«

Daß Marcell Veith »Komödie spiele«, unterliege keinem Zweifel. Ihm sei schließlich schon zu der Zeit, da die Familie noch in der Kriehubergasse wohnte, bekannt gewesen, daß gegen ihn ermittelt wurde.

30.04.1908: Über Marcell Veith wird Untersuchungshaft verhängt

Die Polizei-Direktion erstattet Anzeige gemäß § 132 III St.G. (Verführung zur Unzucht) und § 132 IV St.G. (Kuppelei in Beziehung auf eine unschuldige Person) wider Marcell Veith und Anna Veith.

*

Die k.k. Staatsanwaltschaft beantragt die Einleitung der Voruntersuchung gegen Marcell Veith wegen des an Marie Veith verübten Verbrechens nach § 132 IV St.G. sowie Verhängung der Untersuchungshaft. Anna Veith wolle als derselben Delikte verdächtig »abgehört« werden.

*

Der »Übernahmsbericht« über den am 30.4.1908 um 14.30 Uhr ins k.k. Landes-Gerichts-Gefangenenhaus überstellten und in Zelle 60 »verwahrten« Untersuchungshäftling hält unter anderem fest: »Marcell Graf von Veith / Geburtsort: Liboch / Politischer Bezirk und Land: Wegstädtl, Böhmen / Zuständigkeitsort: Prag / Politscher Bezirk und Land: Böhmen / Geburtsjahr: 1862 / Glaubensbekenntnis: katholisch / Familienstand: verheiratet / Beruf: Privat / Letzter Aufenthalt: IV., Schönburgstraße 19, Parterre 3 / Größe: 180 / Gestalt: schlank / Haare: dunkel, leicht ergraut / Augen: braun / Augenbrauen: weiß / Bart: weißer Schnurrbart.«

Die »Ärztliche Beschau« ergibt unter der Rubrik »Gebrechen u. Merkmale«: »Rechtsseitiger Leistenbruch« sowie »Schnurrbart u. Augenbrauen immer weiß gewesen, während die Kopfhaare mit Ausnahme einiger Inseln am Hinterhaupt braun sind«.

Der »Abfuhr-Schein« über die von der k.k. Polizei-Direktion Wien durch das Depositenamt des k.k. Landes-Gerichts übernommenen Gegenstände verzeichnet unter anderem: »I. Briefschaften und Korrespondenzen, dem Marcel röm. Grafen Veith gehörend. II. Ein Tagebuch, 20 Stück obscöne Fotografien und Korrespondenzen, der Comtesse Mizzi Veith gehörend«.

05.05.1908: Die Causa gerät zum »Großstadtscandal«

Die Zeitungen bekommen Wind von der Sache. Sie zeigen sich bestens informiert über den Stand der Ermittlungen. Die »Neue Freie Presse« informiert unter der Spitzmarke *»Tragischer Selbstmord«* in der Rubrik »Lokales« nüchtern, daß es sich bei dem jungen Mädchen, das am Abend des 28.4. von der Elisabeth-Promenade in den Donaukanal gesprungen und ertrunken sei, um die »19jährige Komtesse Marie *Veith*, eine in der Wiener Lebewelt sehr bekannte Beauté«, gehandelt habe, deren Vater unter der Beschuldigung verhaftet worden sei, »seine Tochter zu einem unsittlichen Wandel veranlaßt zu haben«. Er werde durch ein Tagebuch, »in welchem das unglückliche junge Mädchen seine seelischen Kämpfe schildert, schwer belastet«. Das Mädchen habe in einem Abschiedsbrief »ihre Schande« als Motiv für den Suizid angegeben. Tags darauf füllt sie unter dem Titel »Die Abgängigkeit der Komtesse Veith« eine ganze Spalte mit der Genealogie der männlichen Linie der böhmischen Familie Veith vom 18. Jahrhundert bis zum Großvater Marcell Veiths, dem von Papst Pius IX. der Titel »Conte« verliehen worden sei, der auf dessen

Sohn übergegangen sei, der das ihm hinterlassene Vermögen nach und nach durchgebracht habe. Die Mutter der »Komtesse«, »eine einfache Frau, verteidigt ihre Tochter gegen die Anschuldigung der Lasterhaftigkeit und erklärt, es werde sich bei dem gerichtlichen Verfahren die Haltlosigkeit der Beschuldigungen erweisen«. Ihre junge und schöne Tochter habe zwar Einladungen auf Einladungen erhalten, aber kaum welche angenommen. Auch Besuche habe sie nur wenige empfangen. Sie, die Mutter, könne nicht glauben, »daß ihre Tochter schlecht sei«. Sie habe, seit das Mädchen am Dienstagabend die Wohnung verlassen habe, keine Nachricht von ihr.

Groß aufgemacht und reißerisch servieren Blätter wie die »Illustrierte Kronen-Zeitung« oder das »Illustrirte Wiener Extrablatt« ihren Lesern, den sogenannten »kleinen Leuten«, den »Großstadtscandal«, indem sie den Polizeibericht über drei Ausgaben auswalzen, ein – gezeichnetes – Porträt der »Unglücklichen« inklusive. Vor fünf Jahren etwa sei eines Abends im Etablissement Ronacher »ein wunderschönes Mädchen mit einem kinderhaften Puppengesicht« aufgetaucht, »trotz seiner Jugend schon mit einer prächtigen Soiréetoilette bekleidet«: die kaum vierzehnjährige »Comtesse Mizzi Veith«. »Aus allen Logen wurden die Operngläser nach der jugendlichen Schönheit gerichtet.« Alsbald vielfach umworben, habe sich »in den Kreisen der Lebewelt« schnell herumgesprochen, daß sich die Comtesse, inzwischen Stammgast im Ronacher, »alles eher als spröde zeige« und daß der Vater »den – willfährigen Kuppler spiele«. Nur eine Geldfrage sei es gewesen, wenn man mit dem bildhübschen Mädchen habe »in Beziehungen treten« wollen. Trotzdem habe der »hochgeborene Herr Graf« streng auf den Ruf seiner Tochter geachtet und gegen eine Kassierin des Café Ronacher, die ihm auf den Kopf zugesagt habe: »Sie sind ein ganz niederträchtiger Mensch, Herr Graf. Sie sind viel schlechter als ein gewöhnlicher Zuhälter, denn Sie leben von der Schande Ihrer Tochter!« eine Ehrenbeleidigungsklage angestrengt. Der »Beschützer seiner Tochter« habe dem Gericht ein ärztliches Attest »über die damals wohl noch nachweisbare Unschuld seiner Tochter« vorgelegt, und die Geklagte habe nur durch eine Ehrenerklärung der Verurteilung entgehen können, wenngleich »die Comtesse« schon damals »grundverdorben« gewesen sei und an »zahlreichen wilden Orgien, die in den verschwiegenen Chambres séparées hiesiger Vergnügungs-Etablissements abgehalten worden seien«, teilgenommen habe.

Voll Neid mochte manches Arbeitermädchen der »herrlich schönen, entzückenden Erscheinung«, der scheinbar »sorgenlosen, vornehmen jungen Dame« nachgeblickt haben, wenn sie im Fiaker durch die Straßen fuhr – wie hätten sie auch ahnen können, »daß sie ebenso arg dran war wie die von einem habgierigen Zuhälter auf die Straße geschickte Dirne. Der Fall lag hier umso trauriger, als derjenige, der aus dem unsittlichen Lebenswandel des Mädchens seinen Vorteil zog, der *eigene Vater* der Unglücklichen war.«

Der »pflichtvergessene Vater«, der seine »kaum den Kinderschuhen entwachsene Tochter, sein einziges Kind, als Kapital« betrachtet habe, habe anfangs alle ihm zur Last gelegten Verbrechen rundweg abgestritten, aber inzwischen unter der erdrückenden Beweislast eines »vorgefundenen Cassabuches und eines von der Comtesse geführten Tagebuches« ein Geständnis abgelegt. Das Kassabuch weise allein für das Jahr 1907 12.370 Kronen aus, welche die »Comtesse« von ihren zahlreichen »Cavalieren« erhalten habe. Und im Tagebuch, in dem sich detaillierte »Aufzeichnungen über die wilden Orgien einzelner Lebemänner, über Halbweltdamen und Séparéegeheimnisse« fänden, kämen die »verschwiegenen Leiden der von dem Vater der Schande Preisgegebenen zum Ausdruck«. Aus zahlreichen Stellen sei ersichtlich, welcher »Lebensekel das Mädchen erfaßt hatte, das Einladungen der Cavaliere annahm«, indes der Vater ihr »den Schandlohn« abgenommen habe. Sie schildere dort »ihre seelischen Kämpfe, ihre moralischen Leiden, als sie, die kaum Vierzehnjährige, die Bahn des Lasters betreten« habe. Lebensmüde, habe die Unglückliche durch Selbstmord »ihrem durch das Laster früh verdorbenen Leben ein freiwilliges Ende bereitet«. Sie habe den Tod »einem Leben der Schande« vorgezogen.

Eine »furchtbare Anklage gegen den gewissenlosen Vater und gegen alle jene« seien diese Aufzeichnungen, die »den moralischen Ruin und schließlich auch den Tod des Mädchens verursacht haben«. Gegen jene »Kreise, in denen man sich nicht langweilen will«, gegen den »sauberen Herrn Papa«, der seiner Tochter vor allen Leuten die heftigsten Vorwürfe gemacht habe, wenn sie ihm zu wenig Geld brachte. Hatte denn keiner der »noblen Cavaliere von Wien« gewußt, geahnt, »mit welchem Widerwillen sich die Verlorene den Wünschen ihres Vaters fügte«? – Die »noblen Herrchen« hätten sich einen Dreck drum geschert, »welche seelischen Qualen die Unglückliche ausstand. Sie wollten sich amüsieren«. Nun, nach der Verhaftung des päpstlichen Grafen Marcell Veith und dem »tragischen Geschick seiner von ihm der Schande zugeführten Tochter«, herrsche »in den Kreisen der Lebewelt große Bestürzung, da eine ganze Reihe von Personen über die im Tagebuch der Komtesse Mizzi geschilderten Vorgänge gerichtlich einvernommen werden müssen«.

Das »Prager Tagblatt«, das die Berichte der Wiener Blätter über das »Sittendrama« übernommen hat – unter dem Hinweis, daß Graf Marcell Veith ein Sohn des dem italienischen Adel angehörigen Conte Veith sei, der vor dreißig Jahren »im Prager High Life« eine große Rolle gespielt habe –, druckt in der Morgenausgabe vom 9.5.1908 die Zuschrift eines Lesers aus Bilin / Bílina ab: »Es ist nicht ganz richtig, im Falle Veith von einem Grafen zu sprechen, da nach einem Akt des Ministeriums des Innern Z. 337/A ex 1875, der Comes-romanus-Titel keinen Adel begründet, somit auch nicht zur Führung des Grafentitels berechtigt.«

*

Brisante Details aus dem Vorleben der »Hauptperson der Wiener Skandalaffäre« kennt der Autor einer anonymen Zuschrift an das »Berliner Tageblatt« vom 5.5.1908, der in einer seltsamen Affäre, über die die Wiener Zeitungen nur unter Verschweigen des Namens des Hauptbeteiligten berichten, Roß und Reiter nennt: »Graf *Marcell Veith,* der wegen gewerbsmäßiger Verkuppelung seiner Tochter verhaftet worden ist, war *Offizier* eines österreichischen *Dragonerregiments* und wurde vor etwa fünfzehn Jahren wegen eines Unfalls, den er im Dienste durch Sturz vom Pferde erlitten hat, als Oberleutnant pensioniert. Nach seinem Abschied vom Militär heiratete er ein hübsches Mädchen, das Kammerzofe in Gmunden war. Seine Gattin brachte ein Kind in die Ehe, die jetzt neunzehnjährige Comtessa Maria Veith, die die Tochter eines sehr hohen österreichischen Kavaliers sein soll ... Wie viele österreichische Offiziere aus verarmten Adelsfamilien schlug sich Veith oft recht mühsam durchs Leben. Er war als *Diätar* bei verschiedenen Bahnen tätig, wo er immer den früheren Offizier herauskehrte und zahlreiche Konflikte mit seinen Vorgesetzten hatte. Der Graf war auch am Exekutionsgericht in Wien tätig, wurde aber entlassen. Dann wurde er Sekretär des *Fürsten Karl Fugger zu Babenhausen.*

Fürst Fugger, damals noch Erbgraf, hat in seinen damaligen großen Geldnöten (der Fürst steht heute noch unter Vormundschaft) seinen Regimentskameraden Grafen Veith als Geldagenten benutzt. Infolge der Verschwendungssucht des Erbgrafen und seiner maßlosen Spielneigungen wurden alle Künste Veiths im Auftreiben von Geld schließlich zunichte, und als Veith nichts mehr aufzutreiben wußte, gingen die beiden Freunde auseinander. Graf Veith war auch die Persönlichkeit, die dem Bierbrauer Anton *Dreher* einen Herrenhaussitz verschafft hat. Als ihm der Millionär die versprochene Provision nicht zahlte, verschaffte sich

Veith durch eine kühne Wechselfälschung Geld und verstand es, durch Kenntnisse intimer politischer Details dem Staatsanwalt zu entwischen.

[...] Der Graf lebte in Saus und Braus, machte große Schulden und die Gläubiger gingen regelmäßig leer aus. Er war auch Inhaber einer sogenannten *Tabaktrafik*, das ist in Österreich ein kaiserlich königlicher Vertrieb von Zigarren, Zigaretten, Stempeln, Marken und Zeitungen. Der *Kaiser* verleiht die Konzession hierzu an pensionierte Offiziere, ihre Witwen und Waisen. [...] Diese staatliche Konzession war für das kupplerische Gewerbe, das er in letzter Zeit übte, der sichere Deckmantel.«

Auch dem »Illustrirten Wiener Extrablatt« gehen »interessante Mittheilungen« über die »sonderbare Rolle« zu, die Marcell Veith bei der Berufung »eines bekannten Multimillionärs und Großindustriellen« ins Herrenhaus gespielt habe. Es weiß weiters zu berichten, daß »Graf Veith damals in den ärmlichsten Verhältnissen [lebte], er litt mit seiner Familie bittere Noth, so daß er [...] wiederholt aus Mitleid ›Darlehen‹ von einer Krone ›auf Brod‹ für sich und seine Familie erhielt.«

10.05.1908: Der »Fall« erscheint (neuerlich) als Feuilleton

Am 11.5. verständigt das Sittenamt das k.k. Landes-Gericht in Strafsachen Wien davon, daß Victor Widakovich einen in den »Wiener Caricaturen« unter dem Titel »Arme Komtesse Mizzi!« erschienenen Artikel überbracht habe. Der Autor dieses Beitrags sei ihm bekannt und wisse um die Verhältnisse Marie Veiths aus eigener Anschauung.

Der in der Nummer vom 10.5.1908 (wieder)abgedruckte Artikel »Der Vater«, erstmals in den »Wiener Caricaturen«* vom 6.8.1905 erschienen, wird von einer redaktionellen Vor- und Nachbemerkung gerahmt.

Arme Komtesse Mizzi!

Die Totengräber aus dem »Hamlet« mit ihrem Shakespeareschen Friedhofshumor müßten her, deinen schönen, feinen Mädchenleib – kein jungfräulicher wohl, aber ein schöner Mädchenleib immer doch –

* Ein in Bild und Text ganz auf frivol – à la »Die neue Gouvernante: ›Aber Herr Baron, kaum einen Tag in Ihrem Hause, kommen Sie schon in mein Schlafzimmer!‹ – ›Ja hatten Sie denn nicht eine Stellung mit Familienanschluß gesucht?‹« – gestelltes Wochenblättchen.

in die Grube zu senken, wenn ihn das Wasser herausgibt. Da aber die just nicht bei der Hand sind, mußt du dich schon, so inkommensurabel weit der Abstand ist, mit den »Wiener Caricaturen« als Leidtragenden begnügen. Armes Komteßlein *Mizzi Veith*, du bist an einer stark »freien« Variante des vierten Gebotes zugrunde gegangen. »Du sollst Vater und Mutter ehren, auf daß du lange lebest auf Erden« – das hieß in deines Herrn Papas Übersetzung: »Du sollst dich für deinen Vater schänden und schänden lassen, auf daß *er* gut lebe auf Erden, bis du selbst ins Wasser gehst!« Jetzt liegst du als Bettgenossin des Stromes – der ehrwürdige Wassergreis hat auch seine verliebten Gustos – und der Herr Papa sitzt hinter Schloß und Riegel und die Lebegreise und Lebejünglinge, die dich unter seiner väterlichen Leitung dahin gebracht haben, sehen sich »halt« nach anderen um und gehen über dich zur Tages-, heißt zur Nachtordnung über.

Der lustige Freund Hein hat sich den »Caricaturen«-Jux gemacht, die Schlußpointe der launigen »Kleinen Erzählung ohne Namen« zu liefern, die schon vor drei Jahren dahier an dieser Stelle zu lesen gestanden war. Das war nämlich das folgende Lebensbildchen:

Der Vater

Entzückende Komtessa! Eine kleine Sylphidengestalt, die aus ätherischen Schleiern gewebt schien, ein Botticelli-Köpfchen und Augen von smaragdgrüner Pracht, aus denen manchmal aphroditische Feuerströme schossen und die dann wieder mit so keuscher Unbefangenheit in die Welt guckten, halb Madönnchen, halb Hetäre ... Man konnte sie überall sehen. Im Winter auf dem Korso, im Sommer in »Venedig«. Hinter ihr schritt immer ein sehr eleganter Herr mit aristokratischer Hakennase und einem frechzynischen Lächeln auf den Lippen ... Er machte den Eindruck eines Lakaien, dessen Plebejerblut durch eine kleine Eheirrung mit aristokratischen Säften vermengt ist.

Das ungleiche Paar interessierte mich. Einer meiner Freunde, der die verschleierten Bilder der »Vergangenheit« gerne enträtselte, gab mir Bescheid.

»Das ist die kleine Baronin Erna. Ein reizendes Nippfigürchen, eine blaublütige Sumpfpflanze. Ihre Familie ist verarmt, und sie, der letzte Sprößling des ahnenreichen Geschlechtes, lauert, wie ihre Vorfahren, reichen Kaufleuten auf den Straßen auf. Ein kleiner Raub in allen Formen, mit vollendeten Manieren exekutiert. So kleine Patschhändchen läßt jeder gerne in seinen Taschen wühlen ...«

»Und der Herr hinter ihr? Ihr Freund oder Diener ...«

»Weit gefehlt. Das ist ihr Vater ...«

Ich öffnete vor Erstaunen weit meine Pupillen. »Das ist der Baron?« fragte ich in höchstem Grade gespannt.

»Ja, zweibeinig, mein Lieber. Ein eigenartiges Verhältnis. Er ist ihr erotischer Mentor, der ihre Seitenpfade mit seiner väterlichen Weisheit erhellt. Sie führen mit einander das denkbar schönste Familienleben. Sie veräußert ihren Körper und er verlizitiert ihre Seele. Sie läßt ihren Vater das Leben eines Grand-Seigneurs führen und er lehrt sie, die Funktionen einer Dirne mit dem Geschmack und der Sensibilität einer Weltdame auszuführen. Er ist der Impresario dieser Liebesartistin ...«

»Der Mensch interessiert mich«, unterbrach ich den Redeschwall dieses Unterrock-Ästheten.

»Deiner Neugierde kann leicht abgeholfen werden. Gehen wir ins Café Opera, dort residiert er, und ich werde dich ihm vorstellen ...«

Wir saßen bald bei einem Täßchen Kaffee beisammen. Der Baron erwies sich als ein recht charmanter Gesellschafter. Wir plauderten über gemeinsame Bekannte, über Tagesereignisse und landeten bald bei dem unerschöpflichen Thema: bei den Weibern.

»Weiber gibt es eigentlich nur zwei Sorten«, meinte der Baron. »Die einen, die sogenannten Anständigen, kennen keinen Kaufzwang, die anderen, vulgär unanständig gescholtenen, keinen Heiratszwang. Die Moralischen sind völlig uninteressant. Ihre Jungfräulichkeit lebt mühsam vom Mangel an Gelegenheit. Die anderen sind schon vielgestaltiger. Anständig kann man ja nur geradlinig, in einer einzigen, unsäglich faden Form sein. Unanständigkeit versteckt sich hinter den schwärzesten Larven, hinter den duftigsten Geweben und ist mit so dichten Schminkschichten bedeckt, daß man ihr eigentliches Gesicht schwer erkennen kann. Die Neugierde wird aufgestachelt, man möchte so gerne hinter die Paravents schauen ... Wenn nur die Mädchen wissen würden, daß sie auch auf ihre Seele Puderstaub legen, daß sie auch ihre Seele mit *Eau d'Espagne* parfümieren müssen. Aber ein solches Dirnenseelchen ist so glatt poliert, ohne jeden prickelnden Odeur, und enthält nur geruchslose Gefühlsessenzen ... Diese Feminina ahnen auch nicht, welche Fülle subtiler Feinheiten ihr Körper birgt. Sie treiben Vandalismus mit ihm, sie schleudern, wie der Verschwender die Goldstücke, Bruchstücke ihrer Schönheit fort, und schließlich werden sie selbst nur ein Mosaik farbiger Scherben. Wie könnten sie die Männer beglücken, würden sie jede Liebkosung nach ihrem Tauschwerte taxieren und Respekt vor ihrer eigenen Vollkommenheit haben. Dem Manne die Illusion des Erobertseins, die Illusion der meinetwegen täglich niederzuzwingenden Reinheit vorzugaukeln, das ist der Inbegriff der Dirnenästhetik.«

Er machte eine kurze Pause und zündete sich mit lässiger Handbewegung eine Zigarette an. Dann setzte er fort: »Sie werden wohl schon von meiner Tochter gehört haben?«

Ich bejahte und horchte etwas gespannter.

»Ich mache kein Hehl daraus, daß sie die Philisterbrut eine Gefallene nennt. Gefallen nennt man alle jene Geschöpfe, die sich über den Moralkodex der Küchenstube erheben. Wodurch unterscheidet sich denn meine Tochter von den aristokratischen Gänschen? Hören Sie: Es gibt hier im Café zweierlei Weine: Schank- und Flaschenweine. Schankwein wird Ihnen im Glase serviert, und Sie können ihn bequem schlürfen. Bouteillenwein können Sie erst nach der Entkorkung sich munden lassen. Die meisten Leute bilden sich nun ein, daß der vornehme Behälter einen ganz exquisiten Inhalt beherbergt, aber im Grunde genommen, ist es dasselbe Gesöff, das ihnen im Glase kredenzt wurde ... So ist es auch mit den Weibern. Man glaubt, die zu entkorkende Unschuld verheißt viel edlere Wonnen als die bereits ausgeschenkte Sünde. Meine Tochter betrügt wenigstens keinen. Sie verbindet die seelische Keuschheit mit dem Männer enthusiasmierenden Verstehen. Dafür sorge ich, ihr Vater. Die geschäftlichen Agenden regle ich. Sie hat keine Ahnung von meinen Transaktionen. Ich verabrede die Rendezvous, ich bestimme deren Dauer und ich vereinbare die Summe von Zärtlichkeiten, die als Äquivalent gegeben werden soll. Und immer hole ich meine Tochter von ihren Schäferstunden ab, um mich persönlich von der Beachtung meiner Instruktionen zu überzeugen. Ich weise alle Anträge zurück, die der Schönheit meiner Tochter Abbruch tun könnten. Vor dem Schicksal, ein Opfer sinnlicher Grausamkeiten zu werden, bewahre ich sie fürsorglich. Die Männer haben alle die sadistische Neigung, den Leib des Weibes, den sie so riesig anbeten, durch ihre sexuellen Feuerwerke zu zerstören. Ich schütze sie vor diesem Unglück: ich bin doch ihr Vater ... Ich mache prinzipiell nur gute Geschäfte, das sind Geschäfte, die beide Teile befriedigen. Ein alter Greis, der der Jugend strotzende Kraft in sich einsaugen will, ist mir willkommen. Der Poet, der meine Tochter im Bade belauschen will, wie das Wasser sich kosend an ihre linnenweißen Glieder anschmiegt und mählich vor berückender Wonne gischt, erhält von mir den Passierschein. Der Lüstling, der sich nur zu Halbheiten aufraffen kann, findet bei mir stets Gehör. Nur der gute, junge Bauernknabe, den der Natürlichkeitsfanatismus noch immer in den Klauen hat, wird von mir an andere Mädchen gewiesen, an Mädchen, die keinen Vater haben …«

Er hielt einen Augenblick inne. Mit halbverzücktem Blick vollendete er seine Erzählung: »Ist es nicht der hehrste Beruf, der Hüter und Schirmer weiblicher Schönheit zu sein, den Schlüssel zum Mysterium in Händen zu haben, das entzückt, indem es verhüllt! Können Sie sich eine edlere Väterrolle ausmalen als die, seine Tochter vor dem doppelten Unglück zu bewahren: vor der voraussetzungslosen Unberührtheit und dem voraussetzungslosen Laster. Andere Mädchen verwittern und verfallen frühzeitig, sie waren zu freigebig, sie kannten nicht die Diätetik der Dirnenliebe. Ihnen fehlt eben, was meine Tochter erfreulicherweise besitzt: der Vater …«

Ernst Ely

Dieser »Vater« war aber kein anderer als der Herr *Graf Veith* und die Tochter die *arme Komtesse Mizzi,* die jetzt ihr letztes Abenteuer überstanden hat.

*

Gerüchte laufen um. Am 4.5. will ein Bekannter Marie Veiths diese in Wien gesehen haben, berichtet das »Illustrirte Wiener Extrablatt«. Die »Illustrierte Kronen-Zeitung« meldet, daß kurz nach dem vermeintlichen Suizid der Abgängigen im Prater ein Mädchen gesehen worden sei, »auf das die Personsbeschreibung der unglücklichen Komtesse paßt«. Marie Veith halte sich in Konstantinopel auf, weiß das »Neuigkeits-Welt-Blatt«. Sie habe einer Freundin eine Ansichtskarte aus der osmanischen Metropole geschrieben. Im Café de l'Europe erfährt man: Ein Blumenmädchen habe erzählt, daß Mizzi eine Ansichtskarte aus Konstantinopel an den Juwelier Graf in »Venedig in Wien« gesandt habe, in der sie mitteile, es gehe ihr sehr gut. Am 6.5. wird das Sittenamt telephonisch davon benachrichtigt, daß Marie Veith in der Heumühlgasse 14 – an dieser Adresse befinde sich ein Nachtcafé, und Marcell Veith habe nebenan gewohnt – bei der Hausbesorgerin Unterschlupf gefunden habe.

Mit Gerüchten begnügt sich der Untersuchungsrichter nicht, er zieht Erkundigungen bei Ämtern und Behörden ein.

Am 3.5.1908 ersucht das k.k. Landes-Gericht in Strafsachen Wien, Abteilung 39, das »löbliche Pfarramt« in Liboch um Einsendung eines Ex-offo-Taufscheins Marcell Veiths. Und erhält am 7.5. den Bescheid: »Marcell Julius Ladislav Wenzel Maria Veith, ehel. Sohn des Anton Veith, Besitzer der Herrschaft Liboch, und der Helena, Tochter des Emerich, Baron Paszthory, k.k. Generalmajors – ist in Liboch / Königreich Böhmen am 2. Jänner 1862 geboren worden.«

Am 3.5. ersucht es die k.k. Staatsanwaltschaft Prag um eine Strafkartenausfertigung. Am 7.5. die Auskunft: »Vermerk des Strafregisteramtes: Kommt nichts vor.«

Am 3.5. ersucht es den Magistrat der Stadt Prag »über Marzell Veith nachstehende Auskünfte erteilen zu wollen: 1. Leumund und Vermögensverhältnisse, 2. Name, Aufenthalt, Beschäftigung und Vermögensverhältnisse der Eltern, 3. Vorabstrafungen«. Am 21.5. langt die Antwort des Konskriptionsamts Prag ein: »Marzell Veith, 2.1.1862, Sohn des Anton Ladislav, römischer Graf, und der Helene, Freifrau von Pasztori, verheir. (Ehegattin Anna, geb. Wimmer), Diurnist, wohnhaft in Wien V, ist hier bisher als Prager Heimatzuständiger eingetragen.« »Obgenannter« besitze hier kein »bekanntes grundbuchliches Vermögen« und wurde »laut hierortigen Strafregisters mit Urteil des k.k. Bezirksgerichtes Wien Wieden dto 14. Mai 1897 Zl 4939 wegen Übertr. nach § 516 St.G. zu 8 Tagen strengen Arrest verurteilt«.

Am 8.5. sendet das Kommando des k.u.k. Husaren-Regiments Prinz Esterházy Nr. 8 aus Kecskemét das »abschriftliche« Grundbuchblatt, um das das k.k. Landes-Gericht in Strafsachen Wien unter dem 3.5. ersucht hatte, um feststellen zu können, ob die Angaben des Untersuchungshäftlings, er sei »im Jahre 1882 Frequentant der k.u.k. Kavallerie-Kadettenschule zu Mährisch-Weißkirchen gewesen, dann als Kadett-Korporal zum dortigen Regimente ausgemustert und wegen eines Sturzes superarbitriert«, also für dienstuntauglich erklärt worden, richtig seien. Das Hauptgrundbuchblatt von »Marcell comes romanus Veith« bestätigt diese Angaben. In der Rubrik »Veränderung« allerdings der Vermerk: »Aus dem 4. Jahrgang der Kadettenschule wegen ungenügender Konduite [...] entfernt«.

Das Leumundszeugnis, das die k.k. Polizeidirektion in Wien dem k.k. Landes-Gericht in Strafsachen Wien unter dem 11.5. übermittelt, vermerkt »laut Evidenzblatt 6352 aus dem Jahr 1898« eine Verurteilung zu acht Tagen schweren Arrests wegen § 516 St.G. (»Gröbliches und öffentliches Ärgerniß verursachende Verletzung der Sittlichkeit oder Schamhaftigkeit«) durch das Bezirksgericht Wieden vom 14.5.1897.*

Das Ministerium des Innern »beehrt sich«, dem k.k. Landes-Gericht unter dem 9.5.1908 »Nachstehendes« mitzuteilen: »Der Besitzer der Herrschaft Liboch in Böhmen Anton Veith erhielt mittelst päpstlichen Breves vom 12. November 1869 für seine Person und für die männliche Erstgeburt den Titel eines ›Comes romanus‹ und mit Allerhöchster Entschließung Seiner k.u.k. Apostolischen Majestät vom 28. März 1870 die Allerhöchste Bewilligung zur Annahme und zur Führung dieses Titels mit der Einschränkung, daß dieser Titel nie mit dem deutschen Worte ›Graf‹ übersetzt werden dürfe und keine Ansprüche auf die Prärogative des österreichischen Grafenstandes gewähre. [...] Falls der Untersuchungshäftling Marcell Veith tatsächlich ein Sohn des Anton Veith, Comes romanus, ist [...], so ist derselbe [...] zur Führung irgend eines Adelstitels sowie auch des päpstlichen Titels ›Comes romanus‹ oder ›Conte romano‹ nicht berechtigt. Ebensowenig kommt seiner Gattin und Tochter eine solche Berechtigung zu.«

Am 7.5. fertigt das Pfarramt Pram, Bezirk Ried, Ober-Österreich, die gewünschte Abschrift von »Taufschein und Geburtszeugnis« der Marie Veith aus. Demnach wurde, »ämtlich bezeuget«, am 14.9.1889 »folgendes Kind *geboren* und vom hochm. Herrn Beneficiaten Karl Kettl am 14. September 1889 nach römisch-katholischem Ritus *getauft«*: »Maria. Unehelich«. Unter der Rubrik »Vater«: »Marzellus Julius Ladislaus Wenzel Maria [...] hat am 5. Febr. 1898 die Mutter dieses unehelichen Kindes in der Kirche St. Florian in Wien geehelicht [...], ist somit dieses Kind [...] legitimirt.« Unter der Rubrik »Mutter«: »Anna, eheliche Tochter des Johann Wimmer, Bauers am Hoisengute zu Lacken, Pfarre Taiskirchen, u. der Theresia, geb. Püttinger«.

Die k.k. Statthalterei in Österreich ob der Enns, Linz, »beehrt sich« unter dem 19.5.1908, dem k.k. Landes-Gericht in Strafsachen Wien, Abteilung 33, »mit Beziehung auf die d.ä. [dortämtliche] Zuschrift vom 15. Mai 1908 den h.ä. [hierämtlichen] Verhandlungsakt, betreffend die

* Die Anstoß erregenden Vorfälle: Marcell Veith stellte sich an das offene Fenster seiner Wohnung in der Oberen Bräuhausgasse Nr. 26 und zeigte »den Frauen und Kindern der Nachbarschaft seine reiche Sammlung obszöner Bilder. Die Bilder erklärte er dann durch nicht näher zu beschreibende Gesten und Geberden« (Arbeiter-Zeitung, Jg. 9, Nr. 134, 16.5.1897, Morgenblatt, S. 6).

Legitimation der Marie Wimmer auf den Namen Veith gegen seinerzeitigen Rückfluß zu übermitteln«.*

17.-24.05.1908: Der Geliebte Marie Veiths sagt aus

Am 16.5. wird Victor Widakovich erneut bei der Polizeidirektion vorstellig. Er habe sich für den Fall, daß die Zeitungsmeldungen über den Suizid Marie Veiths stimmen sollten, vorgenommen, zu bezeugen, daß »Mizzi Veith nicht aus eigenem Antriebe sich dem liederlichen Lebenswandel ergeben, sondern lediglich das Opfer ihres gewissenlosen Vaters gewesen« sei. Der habe den Verkehr seiner Tochter mit einer gewissen Leopoldine Jellinek, »die notorisch den Ruf einer Halbweltdame genossen« habe, gefördert, um sie »systematisch der Schande zuzuführen und davon seinen Lebensunterhalt zu bestreiten«. Es sei sein Wunsch, »dem Marcell Veith vor dem Herrn Untersuchungsrichter alles ins Gesicht zu sagen«.

Bei der sich über drei Tage erstreckenden Zeugeneinvernahme durch den Untersuchungsrichter, k.k. Gerichts-Adjunkt Artur Ritter von Unkhrechtsperg – am 17., 21. und 24.5. –, geht Widakovich, unter Wahrheitspflicht stehend, ins Detail.

In der Nacht vom 1. auf den 2.1.1906 kommt er um etwa 3 Uhr ins Café de l'Europe. Dort sieht er Marie Veith und Leopoldine Jellinek an einem Tisch sitzen. Er spricht die beiden an und setzt sich zu ihnen. Er hat den Eindruck, daß sie »für Geld zu haben« sind. Die Jellinek kennt er vom Sehen, er weiß, daß sie sich »gegen Entgelt geschlechtlich gebrauchen« läßt. Sie nimmt ihn in Beschlag, da sie merkt, daß er sich nur für Marie interessiert. Auf die solle er sich keine Hoffnung machen: »Mit meiner Freundin, der Comtesse, ist nichts anzufangen!« Er darauf: »Das werden wir sehen, ich habe auch schon andere dranbekommen!« Jellinek erzählt ihm, daß Marie unter strenger Aufsicht ihres Vaters stehe. Sie lasse sich nur Minette machen. »Und dafür zahlen ihr die Herren sehr viel Geld!«

Einige Tage darauf trifft er die Veith und die Jellinek erneut im Café de l'Europe. Er setzt sich wieder zu ihnen und unterhält sich mit der Veith.

* Wie der »Actenübersicht betreffend V. U. [Voruntersuchung] wider Marcell Veith« zu entnehmen ist, erfolgte der »Rückfluß« am 25.1.1909. Im Prozeßakt findet sich keine Abschrift.

Er fordert sie auf, mit ihm telephonieren zu gehen, denn er will sie in der »Telephonkammer abküssen, was sie sich auch ruhig gefallen« läßt.

Im Café de l'Europe sieht er die beiden Mädchen häufig. Immer, wenn er von der Jellinek Genaueres über den Vater Maries erfahren will, weicht sie aus. Er kann einfach nicht verstehen, daß der zusieht, wie sich seine Tochter, »noch ein rechtes Kind, einem solchen Lebenswandel ergibt«. Von den Kellnern erfährt er, daß man den Vater nur als »alten Kuppler« und »alten Louis« bezeichnet und daß ihm Cafetier Riedl, dem »das Treiben schon zu arg« war, das Lokal verboten hat.

Widakowich gewinnt den Eindruck, daß die Jellinek von der Veith lebt, was die späterhin auch bestätigt. Die Jellinek habe wegen ihres Aussehens und wegen ihres schlechten Rufs ein sehr kümmerliches Fortkommen gehabt. Von der Veith erfährt er, daß sie die Jellinek im Jahr zuvor in »Venedig in Wien« kennengelernt habe, wohin sie bis dahin immer vom Vater begleitet worden sei. Sie habe die Jellinek ihrem Vater vorgestellt, und der sei damit einverstanden gewesen, daß die ihn an seiner Statt begleitet und »die Bekanntschaft der Herren vermittelt«. Dafür habe die Veith der Jellinek viel vom verdienten Geld geschenkt.

Die Jellinek gibt Widakovich zu verstehen, daß er schon mit Marie zusammenkommen könne, und zwar in ihrer Wohnung in der Seegasse 10. Dort hätten die beiden schon viele Herren empfangen. Sie klärt ihn auch darüber auf, daß die Veith in der Seegasse mit den Herren »perversgeschlechtlich verkehre«. Wer mit der Veith »normalgeschlechtlich« verkehren wolle, müsse dafür dem Vater »schweres Geld« zahlen. »Graf Veith« komme täglich in diese Wohnung, um sich bei ihr zu erkundigen, mit wem sie zusammengewesen seien, und um sich das verdiente Geld bis auf den letzten Kreuzer abliefern zu lassen. Widakovich besucht die beiden Mädchen vier, fünf Mal in der Seegasse, einer Wohnung, bestehend aus einem Zimmer, einem Kabinett, einem Vorzimmer und einer Küche. Zweimal ist die Veith nicht zugegen, weshalb er gleich wieder weggeht, worüber die Jellinek sehr böse ist. Die anderen Herren, so Widakovich, sind auch sicher nicht wegen der Jellinek gekommen, nur wegen der Veith. Erstere hat nur die Vermittlerin gespielt. Damals, im Feber 1906, wohnt eine gewisse Gusti bei der Jellinek, »glaublich« mit dem Zunamen Schreiber.

Im April 1906 sitzt Widakovich mit der Jellinek und der Veith an einem Tisch im Café Ritz, in dem die beiden damals aus und ein gehen, als der Vater um 3, 4 Uhr früh das Lokal betritt. Die Veith springt entsetzt auf: »Um Gottes willen, mein Vater ist da!« Der Vater weiß von der Jellinek vom »bis dahin platonischen Verkehr« zwischen Widakovich und seiner Tochter. Er weiß auch, daß Marie ihn gernhat, von ihm aber keine nennenswerten Geschenke erhält. Widakovich wiederum weiß von der Jellinek, daß Veith befürchtet, seine Tochter könne durch ihn »ihre Virginität verlieren«. Marcell Veith setzt sich an einen anderen Tisch, ohne seine Tochter zu begrüßen. Widakovich geht zu ihm hin, stellt sich vor und bittet ihn, zu erlauben, daß seine Tochter noch eine halbe Stunde sitzen bleibt. Veith erlaubt es.

Ein paar Wochen darauf wird Marie Veith im »Ritz« von ihrem Vater »antelephoniert«. Eine halbe Stunde später kommt »der Graf«, wie er allgemein tituliert wird, ins Café, und als er sieht, daß seine Tochter sich mit Widakovich unterhält, macht er diesem einen Skandal und seiner Tochter Vorwürfe, daß sie nicht zu der Gesellschaft ins Unterstübchen gegangen ist, die ihn darum ersucht hatte. Widakovich ist aufgebracht über das rüde Auftreten Veiths, läßt sich aber von Marie beschwichtigen und räumt das Feld. Im Hinausgehen hört er noch, wie Veith seine Tochter anherrscht: »Jetzt gehst du sofort hinunter! Ein Herr hat mich ersucht, du mögest mit ihm zusammensein!«

Widakowich kommt dann längere Zeit nicht mehr mit Marie zusammen, weil ihm das Benehmen ihres Vaters zuwider ist. Um den 20.6.1906 erzählt ihm Marie, sie habe ihrem Vater versprechen müssen, den Verkehr mit ihm abzubrechen.

Veith verleiht seiner Forderung am 23.6.1906 brieflich Nachdruck:

Sehr geehrter Herr Widakowitsch!
Ich habe mich Ihnen gegenüber vergangene Woche zu Äußerungen hinreißen lassen, die vielleicht nicht ganz am Platze waren, obwohl Sie gewiss auch mit Schuld daran waren. Es hat mir nachträglich auch leid gethan und thut mir auch heute noch leid und bin ich gerne bereit Ihnen hiemit meine Entschuldigung anzubieten. Es wäre gewiss auch nicht so weit gekommen, wenn sich da bei mir nicht ein schon langer niedergehaltener Kummer und eine unterdrückte Aufregung Luft gemacht hätten.

Sie werden mir schon gestatten, dass ich als Vater der Mizzi ein offenes Wort mit Ihnen rede und Ihnen genau alles auseinander setze, warum ich meinem Groll in dieser Weise Luft gemacht habe. Ihre Karten und Briefe an Mizzi haben mir die Augen ganz geöffnet und das was ich schon lange vermuthet hatte ist mir damit zur Bestimmtheit geworden. Ich will Ihnen offen gestehen, ich habe Sie bis jetzt nur als einen jungen, fleissigen, tüchtigen, strebsamen und sehr anständigen sowie charaktervollen Mann kennen und schätzen gelernt, aber als Vater der Mizzi musste ich mich doch fragen, wohin soll das führen, was hat das Ganze für einen Zweck und Nutzen? Und da wurde mir ganz bange. Handelt es sich doch um das Glück und die Zukunft meines einzigen Kindes. Das Ganze hat ja keinen Sinn. Und als Spielerei ist die Sache denn doch zu gefährlich. Sprechen wir doch ganz offen. Heiraten werden Sie und können Sie doch meine Tochter niemals; das ist doch ganz ausgeschlossen, ganz undenkbar. Also was soll das Ganze bedeuten. Ich kann mir nicht denken, dass Sie nur darauf ausgehen meine Tochter zu verführen, dafür halte ich Sie für zu charaktervoll. Also nur um einem jungen Mädchen den Kopf zu verdrehen dazu ist dies dann doch zu ernst und die Folgen zu schwer. Muss es mich dann nicht zur Verzweiflung bringen, wenn ich sehe, wie sich mein einziges Kind verändert, herunterkommt, keinen Schlaf findet etc. und das alles wegen einer unnützen aussichtslosen Liebelei. Mit der Liebe bei einem Mädchen ist es ein gefährliches Spiel und man kann da nicht genug früh auf der Hut sein.

Ich weiß es nicht, aber es ist möglich, dass Ihnen das Ganze als eine unschuldige Liebelei vorkommt. Ich als Vater der sein Kind fest unter dem Auge hat, ich sehe aber deutlicher und meine Pflicht ist es vorzubeugen bevor es zu spät ist.

Ich will von dem materiellen Schaden den Mizzi durch diese Menschen die sie schon kennen gelernt hat, erlitten hat, gar nicht reden. Das lässt sich verschmerzen. Aber so kann es nicht weitergehen. Endlich muss da ein Ende gemacht werden. Sie werden mir gewiss Recht geben und es mir glauben, wenn ich Ihnen versichere, dass es mir kein grosses Vergnügen bereitet und es mich ein grosses Opfer kostet meine Tochter Nachts in den Lokalen verkehren zu lassen. Und wenn ich es doch zugegeben habe, so war es nur mit dem Gedanken und der sicheren Hoffnung, dass es ihr auf diesem Wege gelingen werde sich ein kleines Kapital zu ersparen und in der Zeit eine für sie passende hinreichend vermögende Versorgung zu finden. Seit sie Ihnen aber kennen gelernt hat das Kind dies alles aus dem Auge und dem Sinne verloren und das ist ein Unglück für sie und für ihre Zukunft. Sie hat in dieser Zeit sehr reiche junge Männer von sich abgestoßen wie sie niemals später vielleicht solche gewinnen wird und verschuldet haben alles dies nur Sie. Lassen Sie es also bei dem Schaden den Sie ihr bis jetzt zugefügt haben genug sein und zeigen Sie, dass Sie sie doch so weit gern haben, dass Sie sich ihrem Glücke und ihrer Zukunft nicht in den Weg stellen. Machen Sie Mizzi nicht für das ganze Leben unglücklich. Geben Sie ihr und ihrer ganzen Familie den Frieden wieder. Wie lange ist ein junges

Mädchen endlich jung und hübsch? Wie schnell vergeht bei allen die Schönheit. Lassen Sie ihr die kurze Spanne Zeit, damit sie sich ihr Glück finden kann und geben Sie diese aussichtslose und hoffnungslose Liebelei ganz auf. Schreiben Sie ihr nicht mehr und gehen Sie nicht mehr in das Café Ritz. Was haben Sie davon wenn ich ihr auch dies Lokal ganz verbieten muß. Entfremden Sie nicht dem Vater sein Kind, wo es doch gar keinen Zweck hat.

Ich weiß Sie sind ein Ehrenmann und werden mich als Vater verstehen und Sie werden auch meinen Wunsch berücksichtigen und meine Tochter in Zukunft ganz meiden. Nur so ist es möglich, dass alles mit der Zeit gut wird. Ich bin überzeugt, dass Sie es nie soweit kommen lassen werden, dass ich Gewaltmaßregeln ergreifen müsste, denn der leidende Theil dabei wäre nur die arme Mizzi. Ihr zu Liebe bringen Sie also das Opfer und nehmen Sie von mir die Versicherung dass ich Sie bis jetzt und immer sehr hoch geschätzt habe und dass nur das Glück und die Zukunft meiner Tochter mich bewogen hat, Ihnen diesen Brief zu schreiben.

Mit aller Hochachtung
Marcel Graf Veith

Aus diesem Brief, den Widakovich unbeantwortet läßt, insbesondere aus der Passage »Ich will von dem materiellen Schaden …« gehe, so Widakovich bei seiner Einvernahme, deutlich hervor, daß Veith seinen »Verkehr mit seiner Tochter deshalb perhorreszierte, weil sie dadurch Zeit verlor, die sie zum Geldverdienen hätte benützen können«, während er ihr nichts geben konnte.

Widakovich versucht daraufhin, Marie von der Jellinek loszubringen. Die fürchtet aber um ihre Einnahmen und verrät Marcell Veith, daß seine Tochter sich wieder mit Widakovich trifft. Was Veith mit einem weiteren Brief, datiert mit 4.7.1906, zu unterbinden sucht.

Euer Wohlgeboren!
Sie haben es nicht der Mühe werth gefunden auf meinen Brief zu antworten. Das ist Sache der Erziehung und für deren Mangel kann man niemandem selbst die Schuld geben. Ich habe Sie aber, wie schon gesagt, bis jetzt für einen anständigen und ehrenhaften Mann gehalten und wenn Sie mir auch nicht geantwortet haben, dies nur aufs conto Ihrer mangelnden Erziehung gesetzt, mir dabei aber gedacht, dass Sie als Ehrenmann doch mein Ersuchen und seine Gründe berücksichtigen und meinen Wunsch respektieren werden.

Einer Hinterlist habe ich Sie bis jetzt nicht fähig gehalten. Nun sehe ich aber plötzlich dass ich mich in Ihnen furchtbar getäuscht habe. Meinen Brief haben Sie nicht beantwortet, aber dafür hinter meinem Rücken an meine Tochter offene Karten in ein öffentliches Caféhaus geschrieben, die meine Tochter in enormem Maße compromittieren müssen.

Wenn Sie auch nicht viel Erziehung und Bildung genossen haben, so beweist es von beiden nicht viel und ein jeder Schusterbub muß es einsehen, dass solche Karten ein jedes Mädchen bloßstellen müssen.

Ein solches Vorgehen Ihrerseits kann ich nicht anders bezeichnen als infam, ehrlos und schuftig. Wenn Sie glauben, dass Sie den Verkehr mit meiner Tochter hinter meinem Rücken fortsetzen werden können, so werde ich Sie bald eines besseren belehren. Ich weiß nicht ob Sie wissen, was ein Ehrenwort ist, aber ich gebe Ihnen mein Ehrenwort und ich habe mein Ehrenwort immer gehalten, dass ich falls ich Sie mit meiner Tochter noch einmal zusammen treffe und die Hundspeitsche den Zweck nicht erfüllen sollte Sie beide auseinander zu bringen, ich Sie wie einen tollen Hund niederschiessen werde, der Sie ja zu sein scheinen.

Sie haben mit Ihrem Benehmen gezeigt, dass Sie ein ganz ehrloser Schuft sind und Leute solcher Gattung muss und kann man nicht anders behandeln.

Marcel Graf Veith

Widakovichs Antwort (per Einschreiben): »Auf Ihren Brief kann ich nur drei Worte erwidern: ›Sie alter Kuppler!‹«

Ende Juli ein weiterer Zusammenstoß in der Spiegelgasse beim Eingang ins Café Ritz. Widakovich sieht Veith dort seiner Tochter hinterherspionieren und läßt vor dem Kellner und einem Fiakerkutscher aufgebracht die Bemerkung fallen: »Dieser alte Kuppler! Er lebt von seinem eigenen Blut und vom Blut seiner eigenen Tochter!« – Marie hatte ihm da schon eingestanden, daß sie »mit Herren geschlechtlich verkehre, u. zwar pervers, u. daß sie das ganze verdiente Geld dem Vater abliefere«. Sie tut ihm furchtbar leid. Jedesmal, wenn er mit ihr zusammenkommt, schnürt es ihm das Herz zusammen.

Nach einem längeren Aufenthalt in Karlsbad Anfang August 1906 wieder ständig in Wien, trifft Widakovich Marie nun in der Wohnung der Jellinek in der Taubstummengasse – heimlich, weil das Mädchen sich von ihrem Vater ständig heftige Vorwürfe anhören muß. Am 13.8. verkehrt er mit Marie Veith »zum ersten Mal geschlechtlich, und zwar auf normale Weise«. Er ist überzeugt, daß sie bis zu diesem Moment noch jungfräulich ist. Die Eintragung in Marie Veiths Tagebuch unter dem 13.8., die der Untersuchungsrichter vorlegt, gibt ihm recht. Auf Gerüchte, daß Veith die Jungfernschaft seiner Tochter um ein paar tausend Gulden verkauft habe, hat Widakovich nie etwas gegeben. Es sei ja möglich, daß der betreffende Herr vom Vater düpiert worden sei; er halte letzteren dafür fähig.

Von diesem Tag an verkehrt er »mit ihr häufig geschlechtlich«, in der Wohnung der Jellinek oder in einem Hotel. Marie Veith »unterhält sich« trotz ihrer Liebe zu ihm weiterhin auch mit anderen Männern, worunter er sehr leidet. Auf seine Bitten, das bleiben zu lassen, fragt sie ihn, ob er sie aushalten könne. Er verneint. Darauf sie: »Schau, Victor, da darfst du dich nicht daran stoßen, wenn ich das Leben weiterführe!« – Ob sie nicht eine Stelle annehmen könne? – Davon könne ihre Familie nicht leben. Ihre Verhältnisse seien derart »derout«, ihr Vater könne als ehemaliger Kavallerie-Offizier und Graf keine Stellung finden. Sie sei gezwungen, für ihn zu sorgen.

Wieviel sie verdient, sagt sie Widakovich nicht. Sie müsse aber einiges Geld nach Hause gebracht haben, denn ihr Vater habe enorme Beträge für ihre Toiletten ausgegeben. So habe er ihr im Herbst 1907 einen Theatermantel um 1400 Kronen gekauft. Am 14.9.1906 schenkt Widakovich ihr zum Geburtstag einen Saphirring. Drei Tage darauf gesteht sie ihm, daß der Vater den Ring versetzt hat.

Zwar erfährt Widakovich von Marie, daß ihr Vater sie von ihrem 14. Lebensjahr an nach »Venedig« geführt und sie durch ihn die ersten Herrenbekanntschaften gemacht hat; auf sein Insistieren hin, ihr Vater werde doch nicht so naiv sein, zu glauben, daß ihr die »Cavaliere« Geld »für nichts« geben, er statte sie doch nicht umsonst mit so schöner Wäsche aus, bricht sie das Gespräch stets ab.

Weil Widakovich die Jellinek spüren läßt, daß er sie nicht leiden kann, verrät sie Veith, daß seine Marie sich weiterhin mit ihm trifft, obwohl sie ihrem Vater schriftlich versprechen und sogar beim Grabe ihrer Großeltern habe schwören müssen, daß sie den Verkehr mit ihm abbreche. Marie droht ihrem Vater, sich das Leben zu nehmen oder auf und davon zu gehen, wenn sie »mit ihrem Victor« nicht zusammenkommen darf. Bei einer der Szenen, die sie ihrem Vater macht, tischt sie ihren Eltern auf, daß sie »durch Victor ihre Virginität verloren« hat. Veith habe nachgeben müssen, da er sonst »sein Subsistenzmittel« verloren hätte. Mit der Jellinek bricht Marie Veith wegen deren Verrats.

Anfang Dezember 1906 läßt Marcell Veith über seine Tochter ausrichten, daß er unbedingt mit Widakovich sprechen wolle. Widerwillig läßt der sich Ende des Monats dazu herbei. Ein Treffen im Café Maendel. *Veith:* »Schaun Sie, Sie wissen, was in den letzten Wochen mit der Poldi und mit der Mizzi vorgefallen ist. Ich weiß, wie es mit der Mizzi jetzt steht, ich habe den Verkehr mit Ihnen zugeben müssen – was, denken Sie sich, wird das für ein Ende nehmen?! Seitdem die Mizzi Sie kennt, denkt sie nicht ans Geschäft, wird mir richtig trotzig, wie sie es nie war, hat zu nichts Freude und will nur weggehen, wenn sie weiß, daß sie mit Ihnen zusammenkommt. Es ist infolgedessen ein furchtbares Elend zu Haus. Das Mädchen, das früher 700, 800, manchmal 1000 Gulden im Monat verdient hat, bringt jetzt keine 300 nach Hause!« – *Widakovich:* »Herr Graf, die Mizzi ist verdammt, sagen wir, durch die Umstände, dieses Leben zu führen. Sie haben mir immer versichert, Sie haben so hohe Bekanntschaften. Ist es Ihnen da nicht möglich, eine Stellung zu finden, mit der Sie Ihre Familie anständig erhalten können? Sie sind doch kein alter Mensch. Ich weiß von der Mizzi, Sie sind 43. Wenn das nicht möglich ist – ich kenne ja Ihr Privatleben nicht –, so werden Sie doch in Gottes Namen einen Freund von früher her haben, der das arme Mädel fertig lernen läßt oder in irgendeiner anderen Weise eine Versorgung bietet!« – *Veith:* »Sehen Sie, Victor, letzteres habe ich im Schilde. Da habe ich zwei Herren, die mir versprochen haben, daß sie mir für die Mizzi einen größeren Betrag geben, damit sie fertig studieren kann. Aber da muß das Kind zu Hause bleiben und in erster Linie den Verkehr mit Ihnen abbrechen, denn diese Herren – Prinz Rohan und Fürst Fürstenberg, meine Schulkameraden aus dem Theresianum – wissen genau, daß sie mit Ihnen oft und gern zusammen ist.« – *Widakovich:* »Wenn ich eine Tochter hätte, würde ich unter jeder Bedingung eine Beschäftigung finden, um sie zu erhalten. Es ist mir ein Rätsel, daß Sie sie nicht finden. Bevor ich die arme Mizzi auf diese Bahn gebracht hätte, hätte ich mich, meine Frau und mein Kind erschossen. Ich begreife nicht, wenn Sie sagen, daß das Mädel so viel verdient, daß nicht ein Teil zurückgelegt wird.« – *Veith:* »Sie sind noch sehr jung und wissen überhaupt nicht, was über einen Menschen kommen kann.« – *Widakovich:* »Sollte ich die Überzeugung gewinnen, daß die beiden Herren das Mädel unterstützen, so werde ich der letzte sein, der dem im Weg steht.«

Widakovich läßt sich von Veith düpieren. Im März 1907 über schriftliche Aufforderung Veiths neuerlich eine Aussprache im Café Maendel. Veith sagt, die Sache sei jetzt spruchreif. Er bekomme das Geld, habe aber den Herren ehrenwörtlich versprechen müssen, daß seine Tochter mit Victor breche. Er nimmt Widakovich sein Wort ab, daß der sich bei seiner Tochter nicht mehr zeige und von ihr nicht einmal Abschied nehme.

Widakovich läßt drei Wochen lang nichts von sich hören, es entgeht ihm aber nicht, daß Marie weiterhin in Nachtlokalen verkehrt. Als er Veith darüber zur Rede stellt, meint der: »Das kann nicht so schnell abgebrochen werden, weil die Mizzi, die sehr findig ist, sofort einen Zusammenhang finden würde, warum Sie von sich nichts mehr hören lassen.«

Kurz darauf sucht Veith Widakovich auf und beschwört ihn: »Kommen Sie heute auf jeden Fall die Mizzi abholen! Sonst stirbt mir das Mädel. Sie kränkt sich derart, daß sie seit acht Tagen keine Nahrung zu sich genommen hat und nicht schlafen kann. Ich bin zu den beiden Herren gegangen und habe ihnen gesagt, es geht nicht.« Damals, am 20.7.1907, erhält Widakovich einen Brief von Marie, den er dem Untersuchungsrichter vorlegt.

Mein süsses armes Buzzerl!
Wie kann man den nur so dumm sein und so aufsitzen und seine kleine Frau so lang weinen lassen. Du weisst doch recht gut mein Victor wie viele Dir um mich neidig sind. Ich habe geglaubt, dass Du schon alt genug bist und nicht mehr so aufsitzen wirst.

Aber mein Bubi ich will Dir nicht mehr den Kopf voll machen. Ich bin froh, dass ich Dich wieder habe.

Stell Dir vor wenn Du jemand erwartest den Du gern hast und er kommt nicht, schreibt nicht. Ich nehm dass schon gar übel.

Also wenn Du kommst so schreibe mir sobald als möglich und schreibe gleich wann Du am Sonntag kommst. Sei nicht böse dass ich nicht mehr schreibe aber es ist schon fünf und Mizzi muss schon schlafen.
Viele tausend Bussi
Dein Muzzerl

Als Widakovich Marie erklärt, was ihn zu seinem Fernbleiben bewogen hat, erwidert sie, sie hätte nicht gedacht, daß ihr Vater so schlecht sei.

Im Sommer 1907 hat Widakovich geschäftlich sehr viel zu tun und kann sich nur selten mit Marie Veith treffen. Meistens holt er sie da gegen 1 Uhr nachts im Café Maendel oder im Café Gartenbau ab. Ihr Vater ist dort immer zugegen, und immer, wenn Marie ins Café kommt, gibt sie ihm sofort ihr Ridikül, aus dem Veith ungeniert das Portemonnaie fischt, um das Geld herauszunehmen.

Im August 1907 sieht Widakovich Veith und seine Tochter um 2 Uhr nachts die Rotenturmstraße hinaufgehen. Er folgt ihnen und will ihnen auf dem Stephansplatz einen Wagen nehmen. Als er aber sieht, daß sie sich dort trennen und Marie ins Café de l'Europe geht, Veith umkehrt und das Café Maendel ansteuert, stellt er ihn am Lugeck und fragt ihn, warum seine Tochter ins »Europe« gehe. Veith: »Sie kommt aus ›Venedig‹ und hat schon den dritten Tag nichts verdient. Vielleicht kann sie jetzt im ›Europe‹ etwas verdienen.« Widakovich eilt nach Hause, nimmt an Geld, was er entbehren kann, und bringt es Marie.

Widakovich gibt Marie von 14.9.1907 – bis zu diesem Tag hat sie nie etwas verlangt und auch kaum etwas von ihm bekommen – bis Feber 1908 teils in bar, teils in Geschenken circa 2000 Kronen. Zum Geburtstag am 14.9.1907 schenkt er ihr ein Medaillon um 65 Kronen, eine Gürtelschnalle um 70 Kronen, eine Schatulle mit drei Fläschchen Parfum um 75 Kronen. Im Oktober bezahlt er für die Veith-Wohnung in der Kriehubergasse fünf Monate Zins à 60 Kronen. Marie hat ihm ihr Leid geklagt: Man mache ihr zu Hause Vorwürfe, es sei Zins zu zahlen. Weihnachtsgeschenke schlagen mit 250 Kronen zu Buche, zwei Toiletten mit je 100. Im Dezember gibt er ihr 180 Kronen in bar, im Jänner 100, im Feber noch einmal 200. An Kleinigkeiten wie Wagen und Eintrittskarten gibt er mindestens 200 Kronen aus. Von all diesen Geschenken weiß »der Graf«, und er bedankt sich jedesmal bei Widakovich.

Konfrontiert mit unter »Victor« und »Victor Widakowich« verbuchten Beträgen in den von Veith geführten »Kassabüchern« von 1.10.1905 bis 2.5.1906 und von 1.5.1906 bis 31.12.1906 gibt Widakovich an, er hat diese Beträge nicht erlegt. Vermutlich hat Marie aus Furcht vor Vorwürfen ihres Vaters diesem gegenüber angegeben, sie habe Geld von ihm bekommen, während sie es tatsächlich von anderen erhalten hat. Dem hat ja die Beziehung seiner Tochter zum »Hungerleider Widakovich« nie gepaßt. Er hat sie nur widerwillig geduldet, weil er hat einsehen müssen, daß seine Tochter nicht von ihm lassen wollte.

Generell dürften die »Kassabücher« nicht korrekt geführt sein, die verzeichneten Beträge erscheinen Widakovich zu gering. In ihrem Abschiedsbrief, den ihr im übrigen »der Graf« diktiert hat, wie ihm Marie eingestanden habe, schreibt sie ja, daß sie 1600 Kronen monatlich zum Leben brauche. »1600 Kronen« ist von anderer Hand ergänzt, vermutlich von der des Vaters. Die Einnahmen Maries dürften nicht vollständig gebucht sein, da Veith von dem dort ausgewiesenen Einkommen von 8000, 9000 Kronen im Jahr seine Tochter nicht mit einem 1400 Kronen teuren Mantel ausstaffieren hätte können. Im Herbst 1907 hat »der Graf« damit geprahlt, daß der Hut, den Marie trug, 500 Kronen gekostet habe, die Feder allein 300. Sie hat immer die kostbarsten Toiletten getragen. Er, Widadovich, ließ ihr ein paar einfache Toiletten machen, damit sie nicht so auffallend angezogen war, wenn er mit ihr ausging. Und im September oder Oktober 1907 wollte er Marie einmal vom Café Gartenbau abholen, traf dort aber nur ihren Vater an. Der wurde von seiner Tochter telephonisch verständigt, daß sie später komme, da sie eine Einladung vom alten Baron Popper bekommen habe. Veith erzählte ihm, sie bekomme von Popper 600 Kronen für diesen Abend. Dabei sprang der Graf vor Freude herum wie ein kleines Kind. Auch diese 600 Kronen sind nicht verbucht.

Im Jänner 1908 bedrängt ihn Veith im Café Gartenbau: Er solle jetzt unbedingt und endgültig Schluß machen, das gehe so nicht weiter. Durch eine Krankheit Maries sei die Familie in furchtbares Elend gekommen. Sie habe aber nun ein Verhältnis mit dem jungen Baron Kubinzky in Aussicht, der ihr 100.000 Kronen geben wolle. Der gehe aber erst ein Verhältnis ein, wenn sie mit ihm, Widakovich, gebrochen habe. Widakovich nimmt am 26.2.1908 Abschied von ihr. Seitdem hat er sie nicht mehr gesprochen.

Lieber Victor!
Es thut mir sehr leid, dass Du jetzt am Schlusse unseres Verhältnisses, wenn man es ein solches nennen will, unangenehm werden willst. Ich sehe nicht ein weshalb du mich sprechen willst. Du hast ja sonst auch viel schriftlich abgemacht. Es würde mir sehr unangenehm sein, wenn ich mit Dir zusammentreffen müsste. Ich werde lieber mit Dir wenn es schon unbedingt sein muss in meiner Wohnung mit Dir zusammentreffen. Ich war Dir lang genug Freundin, ich kann jetzt nicht mehr. Denn wo keine Liebe mehr vorhanden ist, hat doch die Sache keinen Zweck. Ich glaube es ist besser wir scheiden in Frieden. Ich hab Dich nicht mehr gern also was willst Du noch von mir? Ich habe lang genug das Herz sprechen lassen, ich muß jetzt endlich einmal gescheidt sein. Jetzt kann ich einen reichen Freund haben und Du willst mich daran hindern. Ich hoffe Du bist gescheidt genug um eine total aussichtslose Liebe aufzugeben. Du hast nichts, ich habe nichts. Also von was sollen wir leben. Ich kann nicht leben wenn ich nicht 1600 Kronen im Monat habe, dass muss ich haben, also lass mich ich bitte Dich wenn du mich einmal gern gehabt hast.

Wenn Du mich aber einmal sprechen willst, so schreibe mir und komme in meine Wohnung, anders tue ich es nicht aber es ist mir lieber wir sehen uns nicht mehr.
Herzliche Grüsse
Mizzi

Von einem »geschlechtlichen Verkehr« Marie Veiths mit ihrem Vater weiß Widakovich nichts. Frau Veith wußte jedenfalls vom Lebenswandel ihrer Tochter. Sie hat ihm gegenüber erst kürzlich gesagt: »Meine arme Mizzi ist das Opfer, das sehe ich jetzt ein. Ich habe es oft meinem Mann gesagt, aber wir waren in solchem Elend, daß mein Mann sie weggeführt hat. Sie hat Geld verdienen müssen und das Haus erhalten.«

Auguste Schreiber hat ihm im August 1906 erzählt, daß ihr »die Comtesse« sehr erbarme. Sie, die Schreiber, habe beobachtet, wie der Graf ein, zwei Jahre davor seine Tochter in »Venedig in Wien« zwang, Herren anzusprechen, und wie »die Comtesse« dabei oft in Tränen ausbrach.

Marie Veith hat sich, davon ist Widakovich überzeugt, nur deshalb das Leben genommen, weil sie es satt hatte. Es bedurfte nur eines Anlasses, um den Stein ins Rollen zu bringen. Sie war lustig, weil sie in der Gesellschaft Gefallen finden mußte. Sie hat Widakovich aber oft gesagt, daß diese Lustigkeit nur erzwungen sei und daß sie dieses Lebens überdrüssig sei.

12. u. 20.05.1908: Die Mentorin Marie Veiths wird vernommen

Am 11.5.1908 ergeht eine anonyme Anzeige »An die Löbliche Polizei Direction, Elisabethpromenade«: »In Angelegenheit des Herrn Grafen Veit ärgern sich sehr viele Leute daß man die Berühmte Busenfreundin, welche 2 Jahre mit Comtesse Veith lebte, nicht vorladet. Diejenige doch die Kronzeugin sein sollte, der Name ist Leopoldine Jellinek. [...] Wo bleibt die Gerechtigkeit.« Bereits am 7.5.1908 hat Untersuchungsrichter Unkhrechtsperg das Sittenamt telephonisch ersucht, Leopoldine Jellinek »anher stellig zu machen«. Polizeikommissär Dr. Hugo Glück vernimmt die in mehreren Zeugenaussagen genannte und als »Ronacher-Poldi« bekannte Jellinek am 12.5. auf dem Bürgermeisteramt ihres Wohnorts Hadersdorf-Weidlingau. Unter dem 13.5. wird das Protokoll der Einvernahme dem k.k. Landes-Gericht in Strafsachen Wien zu Handen von Unkhrechtsperg »zum Amtsgebrauche übermittelt«. Ob der detaillierten »Wahrnehmungen« aus nächster Nähe und der Beteuerung Jellineks, sie werde keinen Anstand nehmen, dem Herrn Grafen Veith vor Gericht ins Gesicht zu sagen, »daß er seine Tochter bewußt dem liederlichen Lebenswandel zugeführt« habe, wird die Zeugin erneut einbestellt und am 20.5.1908 ab 8.30 Uhr ein zweites Mal vernommen, diesmal am k.k. Landes-Gericht Wien.

Die 34jährige läßt von Unkhrechtsperg wissen, sie habe Marie Veith schon vor sieben Jahren beobachtet, als sie mit ihrem Vater täglich in »Venedig in Wien« gewesen sei. Eine auffallende Erscheinung sei sie gewesen, habe ausgesehen »wie eine Puppe, schön und zart«, habe ausgeschnittene Kleider und immer extravagante Hüte getragen, die sie älter gemacht hätten, als sie war.

Sie habe »das Mädel« dort oft spätnachts im Café Opera gesehen, immer in Begleitung desselben Herrn, deshalb habe sie sie für dessen Maitresse gehalten. Ihr Dienstmädchen, Auguste Schreiber, die sie meistens begleitete, habe sie einmal gefragt, was die denn von dem Herrn – es habe sich um »Graf Veith« gehandelt – halte. Die Schreiber habe erwidert: »Er führt sie halt auf den Strich. Er ist der Kuppler.« Auch sie, Jellinek, habe aus dem Verhalten des Herrn geschlossen, daß er der Zuhälter des Mädchens sei und von ihrem Verdienst lebe.

Die Veith sei mit Herren, »nur Cavaliere ersten Ranges«, in die diversen Champagnerpavillons gegangen, und zwar in die Chambres séparées. »Graf Veith« habe unterdessen im Café Opera gewartet.

Direktor Steiner habe Veith dann »Venedig« verboten, der sei aber, wenn er beim einen Eingang hinausgeworfen worden sei, beim andern wieder hereingekommen. Er habe dauernd Skandal gemacht, wie er sich denn überhaupt stets so gebärdet habe, als müßten sich die Besitzer der Nachtlokale eine Ehre daraus machen, daß seine Tochter sie aufsuchte.

Sie habe gesehen, daß die Veith, wenn sie die Séparées verlassen habe, zu ihrem Vater ins Café Opera gegangen sei und ihm Banknoten zugesteckt habe. Später habe ihr die Veith »über Befragen« wiederholt bestätigt, daß ihr Vater sie nach »Venedig« geführt habe: »Weil wir Geld brauchten.« Sie habe unumwunden zugegeben, daß sie in diesem kindlichen Alter schon Geld verdient habe, indem sie mit den Herren ins Séparée gegangen sei und gemacht habe, »was die halt verlangt haben: daß sie sich ein bißchen mit ihnen spiele«.

Vor circa vier Jahren habe sie die Veith eines Nachts nach der Vorstellung im Café Ronacher sitzen gesehen. Ihr »Cavalier« habe sie aufgefordert: »Du, Poldi, dir ist es doch ein leichtes, nachdem die grade so verkehrt wie du, ruf sie her.« Da sie längst überzeugt gewesen sei, daß die Veith »einem liederlichen Lebenswandel ergeben« gewesen sei, sei sie zu ihr hingegangen und habe gesagt: »Fräulein, der Herr möchte Sie bitten, zu unserem Tisch zu kommen.« Darauf habe die Veith sich »bei ihrem Herrn« empfohlen und sich zu Jellinek und deren »Cavalier« gesetzt. Sie hätten dann champagnisiert und sich für den nächsten Tag im Ronacher verabredet. Da habe sie sich dann als Comtesse Veith vorgestellt und sie gebeten, sie mit ihren »Cavalieren« bekannt zu machen. Sie wolle es umgekehrt genauso halten. Man habe dann mit dem Herrn vom Vorabend soupiert. Der habe anschließend mit der Veith gehen wollen, worauf die erwidert habe: »Ja, ich geh' mit dir, wenn die Poldi mitgeht.« Darauf seien sie zu dritt ins Hotel Modern gefahren. Noch im Ronacher habe ihr die Veith gesagt: »Du, Polderl, ich tu' nicht Natur verkehren, sondern Minette u. solche Sachen, das hab' ich immer so gemacht.« Sie habe sich darüber gewundert, sich aber mit der Erklärung zufriedengegeben, solange es der Vater nicht erlaube, verkehre sie nicht anders. Im Hotel Modern hätten sie mit dem Herrn beide »auf unnatürliche Weise verkehrt« und dafür je 50 Kronen erhalten.

Am Abend darauf, es müsse im Winter 1904 gewesen sein, habe die Veith sie im Restaurant Ronacher ihrem Vater vorgestellt. Der – er habe darauf bestanden, mit »Graf« angesprochen zu werden – sei sehr erfreut gewesen, als seine Tochter ihm sagte: »Weißt Papa, die Poldi hat sehr viel Cavalier', und da geh' ich jetzt mit ihr.« Er habe erwidert: »Ist gut, ist gut.« In der Folge habe er seine Tochter nur bis zur Kasse begleitet, ihr das Billet gelöst und sei dann fortgegangen.

Sie sei meistens dabeigewesen, wenn sich die Veith »von Herren gebrauchen ließ«. Entweder habe die Veith »den Herren Minette gemacht«, oder sie habe »sich Minette machen oder sich zwischen die Brüste oder die Schenkel gebrauchen lassen«. Fast alle Herren hätten von ihr in Jelineks Gegenwart verlangt, sie solle sich »auf natürliche Weise gebrauchen lassen«. Sie habe das aber jedesmal verweigert: Der Papa erlaube es nicht. Wenn sie ihre Jungfernschaft haben wollten, müßten sie sich an den Papa wenden. Der werde bestimmen, was das kostet.

»Wie bist du zu diesen Schweinereien gekommen?« habe sie ihre Freundin damals gefragt. Deren Antwort: »Ich war ja schon bei der Sachs und bei der Weiß.« – Ob der Papa von den Kontakten mit den zwei stadtbekannten Bordellbetreiberinnen wisse? – Ja. Die Sachs und die Weiß hätten ihr aber immer nur Kleider und Schmuck gegeben und kein Geld, da habe ihr der Papa nicht mehr erlaubt hinzugehen.

Die Veith könne da noch keine 14 Jahre alt gewesen sein. Die Sachs habe auch zur Veith gesagt: »Liebes Kind, solange Sie noch nicht 14 Jahre alt sind, kann ich ja Ihre Unschuld noch nicht anbringen«, womit sie gemeint habe, man könne sie unter 14 Jahren noch nicht »normal verkehren« lassen, sondern nur »pervers«.

Gleich in der ersten Zeit ihrer Bekanntschaft habe sie der Vater täglich abends zwischen 6 und 7 Uhr in ihre damalige Wohnung im 9. Bezirk, Bindergasse 4, gebracht. Er sei zu ihr hinaufgekommen, ein paar Minuten geblieben, und nachdem er sich von seiner Tochter mit den Worten »Also, Mizzerl, um 4 Uhr früh sehen wir uns« verabschiedet habe, weggegangen. Sowohl in der Bindergasse wie auch in den späteren Wohnungen in der Hüttelbergstraße, in der Bahnhofstraße, in der Seegasse, in der Taubstummengasse und in der Burggasse hätten sie Herrenbesuche empfangen. Für den Fall, daß ein Herr seine Tochter »haben« wolle, habe Veith ihr aufgetragen, ihm im vorhinein das Geld abzuverlangen – nicht unter 50 Kronen – und ihn zu benachrichtigen. Das wüßten auch ihre Mutter, Josefine Jellinek, und ihr Dienstmädchen, die Schreiber. Wenn ein Herr unerwartet in ihre Wohnung gekommen sei, habe sie »den Grafen« durch einen Dienstmann oder einen Einspänner informiert, daß seine Tochter kommen solle. Wenn das »Rendezvous« in ihrer Wohnung schon tags davor ausgemacht gewesen sei, habe es dieser Verständigung nicht bedurft, weil Veith dann schon durch seine Tochter Bescheid gewußt habe. Ihre Briefe seien immer an die »Comtesse« adressiert gewesen, es habe sie jedoch immer »der Graf« entgegengenommen und geöffnet, wie sie vom Dienstmann, von der Schreiber und auch von der Veith selbst wisse. In diesen Briefen habe sie immer »den Papa« grüßen lassen, weil sie gewußt habe, daß er alle Briefe las, und seine Tochter gewollt habe, daß sie ihm höflich begegne.

In den Wohnungen sei immer »pervers verkehrt« worden, wobei sich die »Comtesse« entkleidet habe. Der Vater habe die Zeit vorgeschrieben, die sie mit dem Herrn beisammensein durfte, so und so viel Stunden. Wenn die festgesetzte Zeit um gewesen sei, habe sie den Herrn fortgeschickt. Dann sei der Vater gekommen, und sie habe ihm das Geld, das sie verdient hatte, vor ihren Augen in die Hand gegeben. Es habe der Veith überhaupt Vergnügen gemacht, »auf unnatürliche Weise zu verkehren«, sie sei »von Natur aus pervers veranlagt« gewesen.

Wiederholt habe »der Graf« zur Schreiber gesagt, es sei ihm viel lieber, wenn seine Tochter mit den Herren ins Hotel gehe, da habe sie mehr davon. Oft sei der Herr noch in der Wohnung gewesen, wenn »der Graf« gekommen sei. Da sei seine Tochter im Hemd oder Unterrock ins Vorzimmer gegangen und habe ihm Bescheid gegeben: »Papa, warte, der Herr ist noch da.« Dann sei »der Graf« fortgegangen und später wiedergekommen.

»Der Graf« habe bestimmt vom Geschlechtsverkehr seiner Tochter gewußt. Er habe immer mit ihr, Jellinek, gestritten, weil sie sich geweigert habe, von den Herren das Geld im vorhinein zu verlangen. Sie habe darauf bestanden, nicht die Kupplerin seiner Tochter zu sein. Und ihm klargemacht: »Ihre Tochter ist doch keine Unschuld mehr, weil sie ja mit den Herren geschlechtlich verkehrt. Ob das pervers oder auf natürliche Weise geschieht, ist doch alles eins.« Darauf er: »Ha, mein Kind ist noch eine Unschuld, und solange ich das beweisen kann, kann mir die Polizei einen Dreck machen.« Darauf sie: »Herr Graf, Sie wollen mich nur als Mittel zum Zweck haben. Die Mizzi muß Minette machen im Séparée.« Darauf er: »Glauben Sie? No, da kann man halt nix machen.« Das sei oft so hin und her gegangen.

»Die Comtesse« habe sie darüber zur Rede gestellt: Warum sie ihren Papa damit konfrontiert habe?! Antwort Jellinek: »Ja weil's wahr ist! Du tust Verstecken spielen samt deinem Vater.« Es sei allerdings oft vorgekommen, daß die Veith im Café Ronacher oder im »Ritz« und im »Heinrichshof« von Herren bloß dafür Geld bekommen habe, daß sie ihnen Gesellschaft leistete, aber das seien nur kleinere Beträge gewesen, 10, 20 Kronen. Damit hätte sie ihren und ihrer Familie Lebensunterhalt nie bestreiten können. In den Wohnungen aber und in den Hotels sei es nie vorgekommen, »daß sie sich geschlechtlich nicht gebrauchen« habe lassen. Sie habe da gewöhnlich 100 Kronen bekommen.

Wenn sie von einem Herrn eingeladen gewesen seien, habe »die Comtesse« eine große Zeche gemacht. Wenn dann »der Graf« erschienen sei und ihm vorgekommen sei, der Herr sei nicht zahlungskräftig, sei er an den Tisch getreten und habe ganz trocken gesagt: »Du, an dem Herrn ist nichts. Der hat zu wenig Geld, da darfst du nicht sitzen bleiben.« Dann habe er seine Tochter weggeführt. Der jeweilige Herr habe sich natürlich geärgert, daß er die große Zeche umsonst habe bezahlen müssen, und habe sich beim Geschäftsführer beschwert. Das sei wiederholt im Ronacher, im »Europe« und im »Ritz« vorgekommen.

Als er im Café Ronacher wieder einmal so eine Szene gemacht habe, habe eine Kassierin »den Grafen« mit den Worten »Sie Strizzi! Sie sind ein Kuppler und leben vom Geld Ihres Kindes!« angefahren. Darauf habe Veith sie wegen Ehrenbeleidigung geklagt. Sie, Jellinek, sei als Zeugin darüber geladen gewesen, ob die inkriminierten Ausdrücke gefallen seien. Veith habe zur Verhandlung ein ärztliches Zeugnis mitgebracht, daß seine Tochter »geschlechtlich unversehrt« sei. Da habe die Kassierin auch noch um Verzeihung bitten müssen. Sie, Jellinek, habe natürlich um den Sachverhalt gewußt, habe ihn aber nicht aufklären können, weil die Veith ihre Freundin gewesen sei. Sie sei damals übrigens nur darüber einvernommen worden, ob die beleidigenden Ausdrücke gefallen seien, nicht darüber, ob die Veith noch Jungfrau sei.

Der Graf sei drei-, viermal in der Nacht in die Cafés gekommen, um nachzusehen, bei wem seine Tochter sitze. Im Café de l'Europe habe er sie dann in der Früh abgeholt. Da sei sie im weißen Flitterkleid gesessen, immer höchst auffallend gekleidet, dekolletiert, meistens betrunken. Der Cafetier, Wilhelm Riedl, habe »den Grafen« wiederholt zur Rede gestellt: Was er denn glaube, es kommen doch jetzt schon die Tagesgäste. »Der Graf« habe erwidert: »Nachdem dies ein Hurenlokal ist, können Sie weder mir noch meiner Tochter das Lokal verbieten.« »Der Graf« habe auch die Gäste beleidigt. Wenn er gewußt habe, daß ein Herr nicht zahlungskräftig war, habe er ihn beschimpft, den einen Gast »Judenpimpf« genannt, einen andern »stierer Leutnant«. Die Herren hätten sich bei Riedl beschwert, weshalb dieser dem »Grafen« und später auch seiner Tochter das Lokal verboten habe. Das habe »den Grafen« aber nicht gekümmert. Wenn er gewußt habe, daß Riedl nicht da war, sei er doch ins »Europe« gegangen. Auch aus dem Café Ronacher und dem »Ritz« sei »der Graf« wegen solcher »Auftritte« hinausgeworfen worden.

Sie, Jellinek, sei unter dem Namen »Ronacher-Poldi«, die Veith unter dem Namen »Gräfin« bekannt gewesen. Im Café Heinrichshof habe die Veith einmal sehr viel Geld bekommen von einem Herrn, der sich im Billardzimmer von ihr Minette habe machen lassen.

Die Einladungen der Herren, mit ihnen ins Hotel zu gehen, hätten sie während der Vorstellungen im Etablissement Ronacher empfangen oder in den Cafés Ronacher, Europe und Ritz. Die Veith habe sich nie gesträubt, solche Einladungen anzunehmen. Sie habe, ganz im Gegenteil, immer »dazu geschaut, riesig zu verdienen«. Sie sei auch oft allein mit Herren ins Hotel gegangen, dann habe sie, Jellinek, im »Europe« gewartet.

Sie hätten die Hotels Modern, London, Weintraube und Kaiserhof aufgesucht, sich dort gewöhnlich etwa eine halbe Stunde aufgehalten und seien dann wieder zurück ins Café gegangen. Zweieinhalb Jahre hindurch seien sie jede zweite Nacht mit Herren im Hotel gewesen.

Während ihrer Hotelbesuche und überhaupt während der Nacht sei »der Graf« im Café Maendl gesessen. Ein paarmal sei »die Comtesse« allein, soll heißen ohne sie, Jellinek, im Hotel gewesen, und bis 10, 11 Uhr vormittags mit einem Herrn beisammengeblieben. Da habe sie »der Graf« im Café Paulanerhof erwartet. Die Veith habe ihrem Vater in der Nacht immer telephonisch mitgeteilt, wo sie gerade war und wo er sie abholen könne. Ohne Vater sei sie nie nach Hause gekommen, damit es im Haus heiße, sie komme mit dem Papa und gehe mit dem Papa. Er habe das schon so eingeführt, denn er habe damit gerechnet, daß heute oder morgen »etwas herauskomme«.

Wiederholt habe ihr »der Graf« Vorwürfe gemacht, daß seine Tochter zu wenig verdiene.

Was in der Wohnung »des Grafen« vorgegangen sei, sei ihr nicht aus eigener Wahrnehmung bekannt, insbesondere wisse sie nicht, was in den letzten zwei Jahren geschehen sei, weil sie da mit der Veith keinen Umgang mehr gehabt habe. Wohl aber könne sie folgendes angeben: Den Herren, die zu ihr gekommen seien, habe sie gesagt, in der Wohnung der Veith würden keine Besuche empfangen. Darauf hätten ihr mehrere Herren gesagt, sie solle sich nicht auslachen lassen, sie seien doch schon dort gewesen.

Ihre Mutter habe die Veith nur als »Luder« bezeichnet. Einmal habe sie die Veith in ihrer Wohnung besucht, da habe die ihre Mutter aufgefordert: »Geh, wasch mir das weiße Hemd, weil's der Elly so gern hat.« Das sei ein Herr von der russischen Botschaft gewesen, der ihr 1000 Kronen habe geben wollen, wenn sie seine Maitresse würde. Ein »Cavalier« habe sie eines Tages gefragt: »Wo sind denn die Haare von der Mizzi?« Die Veith habe geantwortet: »Ich habe mich rasieren lassen.« Auf ihre Frage, wer sie rasiert habe: »Der Papa, weil's dem Elly g'fallt aso.«

Die Veith habe sich vor ihrem Vater nicht geniert. Sie habe sich vor ihm ganz nackt ausgezogen und gewaschen.

Es sei ihr auch aufgefallen, daß die Veith zu ihrem Vater in einem überaus zärtlichen Verhältnis gestanden sei. Einige Male sei sie mit Vater und Tochter im Fiaker gefahren, »die Comtesse« vis-à-vis vom »Grafen« sitzend. Da habe sie bemerkt, daß sie ihre Füße, die »sehr hübsch und klein« gewesen seien, »gegen die Geschlechtsteile des Grafen gepreßt« habe, wobei er sie wiederholt auf den Mund geküßt habe. Sie habe die Veith einmal gefragt, wen sie am liebsten habe. Deren Antwort: Zuerst sie, weil sie hübsch sei; dann ihren Vater – aus gewissen Gründen, die sie ihr nicht sagen könne; und schließlich den Widakovich, »weil der so gut schlecken könne«. Ihr Dienstmädchen, die Schreiber, habe ihr einmal berichtet, die Veith sei, als sie sie mit einem Brief zu ihr geschickt habe, mit dem »Grafen« in *einem* Bett gelegen. Daher sei wohl kaum zu bezweifeln, daß »Vater und Tochter miteinander geschlechtlich verkehrt« haben.

Vor zwei Jahren habe die Veith durch sie einen russischen Juden kennengelernt, einen ungebildeten Menschen, der aber sehr viel Geld gehabt habe. Sie habe ihn aufmerksam gemacht: »Die ist nicht zu haben, außer du verzichtest aufs Natürliche.« Er sei damit einverstanden gewesen. Sie hätten die Veith im Café de l'Europe abgeholt und seien alle drei in die Wohnung in der Burggasse gefahren. Dort habe der Russe die Veith »zwischen den Brüsten gebraucht«. Einige Tage später habe er sie gebeten, sie möge der Veith zureden, daß sie ihm »ihre Jungfernschaft gebe«. Sie habe ihm erwidert, er solle sich an den »Grafen« wenden, und ihm dessen Adresse gegeben. Zwei Tage darauf habe sie den Russen und den »Grafen« ohne Tochter im Café Maendel sitzen gesehen, da hätten sie wahrscheinlich wegen der Jungfernschaft der Veith verhandelt. Am nächsten Tag habe sie die Veith in betrunkenem Zustand im Café Ronacher in einem Séparée mit dem Russen angetroffen. Kurz darauf habe ihr die Veith im Café Heinrichshof anvertraut: »Ich hab' dem Russen die Unschuld 'geben. Dafür hab' ich 6000 Gulden 'kriegt. Weißt, warum? Weil ich mit dem Victor verkehren will. Wenigstens kann ich jetzt ungeniert mit ihm verkehren.«

Von diesem Zeitpunkt an habe die Veith sie nicht mehr gebraucht, ihre Freundschaft habe ein Ende gehabt. Sie habe eben keine Aufsicht mehr gebraucht.

Mit Victor Widakovich sei die Veith sehr eng gewesen. Ihr Vater habe aber dieses Verhältnis nicht leiden können, denn Widakovich habe ihr nicht viel Geld geben können. »Der Graf« habe gefunden, daß sie mit Widakovich nur ihre Zeit verliere, weil nichts zu verdienen sei. Das habe ihr »der Graf« selbst gesagt.

In den letzten zwei Jahren habe sie keinen Umgang mehr mit der Veith gehabt, habe diese aber öfters im Ronacher gesehen und von »Cavalieren« erfahren, daß sie sich nunmehr »auf normale Weise gebrauchen« lasse.

Die Veith sei sehr lebenslustig gewesen, und sie, Jellinek, glaube nicht, daß sie sich aus Kränkung über die Verhaftung ihres Vaters das Leben genommen hat. Sie glaube eher, daß der Vater ihr gedroht habe: Wenn sie ihn verrate, werde sie von ihm auch verraten werden – dann werde sie auch bestraft. Sie dürfte also aus Furcht vor Bestrafung ins Wasser gegangen sein.

Ihrer Einschätzung nach muß Anna Veith vom Lebenswandel ihrer Tochter genaue Kenntnis gehabt haben. Die Veith habe ihr gegenüber geklagt, sie müsse ihrer Mutter für die Kost täglich 10 Kronen abliefern. Mehrmals habe sie ihr weinend erzählt, daß sie von der Mutter nichts zu essen bekommen habe, weil sie mangels Verdienst kein Kostgeld habe abführen können.

Untersuchungsrichter von Unkhrechtsperg legt 34 Briefe Jellineks vor, die am 28.4. in der Wohnung der Veiths beschlagnahmt worden sind. Jellinek: Diese Briefe habe sie geschrieben. Sie habe den »Grafen« gewöhnlich grüßen lassen, weil sie gewußt habe, daß er diese Briefe alle las. In Brief 24 habe sie mit den Worten »Es wird Ihr Schaden nicht sein« zu verstehen gegeben, daß »die Comtesse einen schönen Verdienst haben« und daß dieser wie gewöhnlich dem Vater zukommen werde. Damals sei ein Pole zu ihnen gekommen, der ihr und der Veith je 200 Kronen gegeben habe. Vom Geldverdienen habe sie in ihren Briefen wiederholt sprechen müssen, sonst hätte ja »der Graf« seine Tochter nicht »fortgelassen«.

Jellinek überläßt von Unkhrechtsperg Briefe, die sie von Marie Veith erhalten hat.

18.05.1908: Die Leiche Marie Veiths wird »gerichtlich beschaut und eröffnet«

Am 18.5.1908 erfolgt über Antrag der k.k. Staatsanwaltschaft um 10 Uhr vormittags im Beisein von Untersuchungsrichter von Unkhrechtsperg, Staatsanwalts-Substitut Distler, Verteidiger in Strafsachen Hofmokl, der Sachverständigen, zweier Gerichtszeugen und eines beeideten Schriftführers die »gerichtliche Beschau und Eröffnung der Leiche der Marie Veith«. Das am 29.5.1908 vom Gerichtsarzt Dr. Emil von Pilz und vom Gerichtsanatomen Univ.-Prof. Dr. Alexander Kolisko ausgefertigte Gutachten:

1.) Die Leiche der Marie Veith war derart durch Fäulnis verändert, daß im vom gigantisch durch Fäulnisgasbildung aufgedunsenen Körper, dessen innere Organe von Fäulnisgasen durchsetzt und zum Teil, wie das Gehirn, dadurch sogar zerstört waren, jene Organveränderungen, welche sich an den Leichen Ertrunkener zu finden pflegen, erfahrungsgemäß aber durch Fäulniß verwischt werden, nicht nachgewiesen werden konnten. Es liegt jedoch mit Rücksicht auf die Umstände des Falles und in Anbetracht des Umstandes, daß die Leiche keine Spuren eines andersartig gewaltsamen Todes oder einer natürlichen Todesursache erkennen ließ, kein Grund vor, an der Annahme eines Todes durch Ertrinken zu zweifeln.

2.) Die Obduktion ergab ferner keinen Anhaltspunkt für die Einwirkung einer fremden Hand als Ursache des anzunehmenden Ertrinkungstodes und widersprach in keiner Weise der mit Rücksicht auf die Umstände des Falles berechtigten Annahme eines Selbstmordes.

3.) Trotz der vorgeschrittenen Fäulnis waren sowohl die äußeren als auch die inneren Geschlechtsorgane der Leiche so erhalten, daß in der Frage einer von Seite des Beschuldigten behaupteten geschlechtlichen Integrität ein ganz bestimmtes Urteil abgegeben werden kann.

Am Scheideneingange [...] fand sich zwar eine ringförmige Scheidenklappe (Hymen); dieselbe war aber an der hinteren Peripherie auf eine 1 cm breite Strecke narbig unterbrochen – ein Befund, der es außer Zweifel stellt, daß das Mädchen defloriert war. Dieser Hymenbefund sowie das Verhalten der Gebärmutter [...] läßt auch erkennen, daß Marie Veith noch nicht geboren hatte, wenigstens nicht in einem der späteren Schwangerschaftsmonate, es zerreißt nämlich das Hymen erst bei der Geburt vollkommen und nach der Geburt bleibt immer eine Vergrößerung der Gebärmutter zurück, während die der Leiche vollkommen jungfräuliche Verhältnisse zeigte.

Aus dem Verhalten der Eileiter, deren Bauchhöhlenöffnungen verwachsen waren und welche erweitert und mit den Eierstöcken bindegewebig verwachsen gefunden wurden, ist zu entnehmen, daß Marie Veith seit längerer Zeit überhaupt conceptionsunfähig gewesen ist, was als ein Folgezustand einer abgelaufenen unscheinbaren Bauchfellentzündung nach Eileiterentzündung – allenfalls durch eine venerische Infektion – anzusehen ist.

Ob das Mädchen wiederholt oder gar exzessiv einen geschlechtlichen Verkehr auf natürliche Weise gepflogen hatte, kann aus dem anatomischen Befunde nicht entschieden werden. Die Weite des Scheideneinganges, der bequem für 3 Finger durchgängig war, scheint hiefür zu sprechen, doch kann auch die erschlaffende Wirkung der Fäulniß hieran Schuld getragen haben.

4.) Das Verhalten der Oberhaut an den Händen und Füßen entsprach einem ungefähr 3wöchentlichen Liegen der Leiche im Wasser.

*

Am Dienstag, 19.5.1908, findet nachmittags »unter mäßiger Teilnahme der Leidtragenden«, wie die »Illustrierte Kronen-Zeitung« meldet, »vom Leichenhofe des allgemeinen Krankenhauses aus das Leichenbegängnis der Komtesse Mizzi *Veith* statt. Nach feierlicher Einsegnung wurde die Leiche gehoben und nach dem Zentralfriedhofe gebracht, wo die Beisetzung im eigenen Grabe erfolgte.« Die Beisetzungskosten trägt Victor Widakovich.

19.05.-04.07.1908: Beweismittel werden gesichert, Zeugen vernommen

Am 19.5.1908 ergeht ein Ersuchen des k.k. Landes-Gerichts in Strafsachen Wien an die k.k. Polizei-Direktion in Wien, Bureau für sittenpolizeiliche Agenden, eine Hausdurchsuchung in der Wohnung des Beschuldigten, IV., Schönburgstraße 19, vorzunehmen, und zwar nach »Aufzeichnungen des Marcell Veith über den Verdienst seiner Tochter Marie Veith«.

Das von Anna Veith und den k.k. Polizei-Agenten Alois Niederhuemer und Franz Stephan unterzeichnete Protokoll der Durchsuchung, die am 22.5.1908 um 8 Uhr vormittags erfolgt, hält als Ergebnis fest: »5 Notizbücher und mehrere Coupons von Postanweisungen«.

*

Neben der Sicherung von Beweismitteln wird die Einvernahme von Zeugen am k.k. Landes-Gericht in Strafsachen von Untersuchungsrichter von Unkhrechtsperg in unverminderter Intensität fortgeführt.

Karl Saßhofer, 38, Nachtportier im Hotel London, wird am 19.5.1908 einvernommen: Er sei seit vier Jahren Nachtportier im Hotel London, das von den Herren der besseren Gesellschaft gern aufgesucht werde, »um mit Damen der Halbwelt dort zum Zwecke des geschlechtlichen Verkehrs eine Stunde zu verbringen«. Die »Comtesse Veith« sei sommers wie winters zwei-, dreimal die Woche gekommen, nachts zwischen 2 und 3 Uhr, manchmal um 5 Uhr früh, immer in Begleitung von eleganten Herren und häufig mit einer Freundin namens »Poldi«.

Oft hätten die beiden Damen zusammen mit dem Herrn ein Zimmer bezogen, manchmal sei »die Comtesse über Wunsch des Herrn« mit diesem allein ins Zimmer gegangen. Dann habe die »Poldi« bei ihm in der Portierloge gewartet, »bis der Herr fertig« gewesen sei. Die »Poldi« habe »überhaupt zu wenig Anziehungskraft« gehabt, sie sei »nicht hübsch genug« gewesen.

»Die Comtesse« sei mit den Herren oft nur eine Viertelstunde im Zimmer gewesen. Nur einmal seien es zwei Stunden gewesen. Da habe sie einen Herrn auf Nr. 4 im Mezzanin quasi erpreßt. Sie sei schon etwa eine Stunde mit ihrem »Cavalier« im Zimmer gewesen, da habe ein Wachmann im Hotel angerufen: »Sie, mir scheint, da ist eine Närrin, die steht am Blech heraußen!« Er sei auf die Gasse gegangen und habe »die Comtesse« bei geöffneten Fenstern auf dem Blechvorsprung stehen und sich mit dem Rücken gegen die Mauer lehnen gesehen. Er sei ins Mezzanin geeilt und habe an die Zimmertür geklopft. Durch die geschlossene Tür habe der Herr gerufen: »Ich bitt' Sie, sie wird gleich hereinsteigen.« Auch »die Comtesse« sei durch die Tür zu vernehmen gewesen: »Das ist mir ganz egal, ich brauche heute *viertausend Kronen*. Entweder gibst du mir s', oder ich stürz' mich hinunter!« Der Herr habe erwidert: »Bitt' dich, steig nur herein, du kriegst es!« Er habe sie daraufhin ins Zimmer hereinspringen gehört. »Die Comtesse« müsse das Geld tatsächlich bekommen haben, denn er habe gesehen, wie sie beim Verlassen des Hotels einen Packen Banknoten, etwa fingerdick, zusammengefaltet in der Hand gehabt habe.

Es habe allgemein geheißen, »die Comtesse« sei Jungfer und »lasse sich nur pervers gebrauchen«. Eines der Stubenmädchen habe ihm aber gesagt: »Die kann sagen, was sie will, sie hat geschlechtlich und nicht pervers verkehrt!« Dieses Stubenmädchen sei entweder die Pauline Steinböck oder ihre Vorgängerin, Josefine Grabner, gewesen.

»Die Comtesse« habe im Weggehen oft von seiner Loge aus telephoniert, dabei immer darum gebeten, allein gelassen zu werden. Vor längerer Zeit schon habe er aber ein Gespräch mitanhören können. Sie habe im »Trocadero« angerufen und Bescheid gegeben, daß sie mit einem Herrn – den Namen habe er vergessen – im Hotel London sei. Sie werde in einer Dreiviertelstunde im »Trocadero« sein, um mit diesem Herrn dort zu champagnisieren. Als sie dann mit dem Herrn vom Zimmer heruntergekommen sei, sei der zu Fuß fortgegangen, sie sei in einen Einspänner eingestiegen und habe als Fahrziel »Trocadero« angegeben. Während »die Comtesse« mit dem Herrn im Zimmer gewesen sei, sei ein anderer Herr mit einer Automobilkappe gekommen und habe gefragt, ob »die Gräfin Veith« hier sei. Sie solle sich tummeln, ihr Vater warte im »Trocadero«. Daraus habe er geschlossen, daß es ihr Vater gewesen sei, mit dem sie kurz vorher telephoniert hatte.

Pauline Steinböck, Stubenmädchen in Hotel London, gibt bei ihrer Einvernahme am 20.5.1908 an: Sie habe an die zwanzigmal gesehen, wie Mizzi Veith mit verschiedenen Herren Zimmer des Hotels aufsuchte. Mehr könne sie aus eigener Wahrnehmung nicht angeben. Ihre ehemalige Kollegin Josefine Hochwieser, nunmehr verheiratete Grabner, wohnhaft im vierten Wiener Gemeindebezirk, Lamprechtsgasse Nr. 9, Tür 5, werde mehr sagen können. Die wisse von einem Skandal, den die Veith einmal einem Herrn gemacht habe: Sie habe gedroht, beim Fenster herauszuspringen, wenn sie von ihrem »Besucher« nicht mehr Geld erhalte.

Josefine Grabner, 38, Geschäftsdienersgattin, berichtet, sie sei von März 1905 bis März 1907 Stubenmädchen im Hotel London gewesen, und solange sie dort beschäftigt gewesen sei, sei die »Gräfin Veith« so regelmäßig ins Hotel gekommen, daß sie dem Personal abgegangen sei, wenn sie nicht zwei-, dreimal die Woche aufgetaucht sei. Sie habe sich immer gefreut, wenn sie kam, denn »ihre Herren« hätten gute Trinkgelder gegeben. Das erste Jahr sei sie immer mit einer »älteren, nicht hübschen Frauensperson« gekommen, die hie und da auch allein mit einem Herrn gekommen sei. Danach sei »die Gräfin« allein mit den Herren gekommen. Die beiden Mädchen seien meistens gleichzeitig mit einem Herrn im selben Zimmer gewesen. Da sie die Betten habe machen müssen, hätte sie sich überzeugen können, daß immer ein geschlechtlicher Verkehr stattgefunden habe. Einmal habe sie Champagner aufs Zimmer serviert, da sei »die Gräfin« entkleidet mit einem Herrn im Bett gelegen.

Zu einem unliebsamen Auftritt sei es im ersten Jahr gekommen. Vom Fenster eines Zimmers im Mezzanin aus habe sie zwischen 11 und 12 Uhr nachts wahrgenommen, daß auf der Gasse unten Leute stehenblieben und heraufschauten. Im Zimmer nebenan, wo sich »die Gräfin« und ein Herr befunden hätten, habe sie laut sprechen gehört. Der Portier sei von seiner Loge heraufgelaufen gekommen. Sie habe gesehen, daß der Herr der »Gräfin« schon im vorhinein Geld gegeben hatte und daß »die Gräfin« damit nicht zufrieden gewesen sei. Ansonsten habe sie nichts weiter beobachten können, weil sie zu tun gehabt habe. Sie habe dreißig Zimmer auf vier Stockwerken zu besorgen gehabt. Vom Portier habe sie dann gehört, daß sich »die Gräfin« vom Fenster habe herunterstürzen wollen, weil ihr der Herr nicht so viel Geld gegeben, wie sie gewünscht habe.

»Die Gräfin« habe sehr oft Auftritte wegen des Geldes gehabt. Einmal habe sie gesehen, wie ein Herr ihr 100 Kronen gegeben habe. Als er aber länger bleiben habe wollen, habe sie mit ihm geschrien und sei auf und davon gelaufen. Sie habe immer im vorhinein verhandelt und sei gleich weggegangen, wenn sie nicht bekommen habe, was sie verlangte. Einmal sei sie, Grabner, gerade mit frischen Handtüchern ins Zimmer gegangen, da habe sie wahrgenommen, wie »die Gräfin« dem Herrn das Geld hingeworfen und geschrien habe: »Um eine solche Bagatelle gehe ich nicht!«

Samuel Preiß, Fiakerkutscher, 43, auf den sein Kollege Franz Münichsdorfer bei der Einvernahme am 28.4. hingewiesen hatte, gibt am 12.5.1908 zu Protokoll: Er kenne »Fräulein Veith« seit vier, fünf Jahren und habe sie im Sommer oft von »Venedig in Wien« aus gefahren. »Fräulein Veith« habe gemeinsam mit Leopoldine Jellinek eine Villa in

Hütteldorf gehabt, die als »Absteigquartier« benutzt worden sei. Zusammen mit der Jellinek und in Gesellschaft eines oder mehrerer Herren habe er sie häufig in diese Villa gefahren. Meist spätabends, zwischen 10 und 11 Uhr. Vor der Villa in Hütteldorf habe er dann gewartet. Ob in der Villa mit den Herren »geschlechtlicher Verkehr« stattgefunden habe, könne er nicht sagen. Er schließe dies aber daraus, daß bereits während der Fahrt über die Höhe des den Mädchen zu machenden »Geldgeschenks« verhandelt worden sei. Die Mädchen hätten dabei immer erklärt, daß sie für weniger als 100 resp. 200 Kronen nicht nach Hütteldorf zu fahren bereit seien.

In den Morgenstunden sei er dann mit den Herren in die Stadt zurückgefahren. Die hätten ihm gegenüber bisweilen ihre Verärgerung darüber geäußert, daß »Fräulein Veith sich auf den erwarteten Geschlechtsverkehr nicht eingelassen hatte und sie sich mit der Jellinek hätten begnügen müssen«, obwohl sie so hohe Beträge gezahlt hätten.

Den Vater habe er nur einmal gefahren, gemeinsam mit seiner Tochter vom Café Ritz in die Wohnung in der Schönburgstraße. Ob zwischen ihm und der Tochter ein Einverständnis bestand, könne er nicht sagen. In den Kaffeehäusern sei er aber allgemein als Zuhälter seiner Tochter angesehen worden.

In Hütteldorf sei ihm aufgefallen, daß »Fräulein Veith« stets nach wenigen Minuten zu ihm hinausgekommen sei und sich mit ihm unterhalten habe, während die Herren mit der Jellinek in der Villa gewesen seien. Er sei damals der Meinung gewesen, daß »sie selbst mit den Herren nicht geschlechtlich verkehre«.

Von »Venedig« aus habe er »Fräulein Veith« auch wiederholt mit Herren, immer auch in Begleitung der Jellinek, in verschiedene Hotels gefahren, meistens ins Hotel Modern. Anschließend dann die Veith und die Jellinek ins Café de l'Europe.

Marcell Veith habe die Rückkunft seiner Tochter in verschiedenen Kaffeehäusern erwartet, meistens im »Europe«. Bestimmte Anzeichen dafür, »daß er um den geschlechtlichen Verkehr seiner Tochter wußte und ihn begünstigte«, könne er nicht anführen.

Franziska Megyimori, 21, Dienstmagd, wird auf Ersuchen des Bureaus für sittenpolizeiliche Agenden am Oberstuhlrichteramt in Magyaróvár / Ungarisch-Altenburg vernommen: Sie sei von 18.2. bis 18.4.1907 bei Familie Veith bedienstet gewesen. In dieser Zeit seien Vater und Tochter Tag für Tag um 10 Uhr abends zusammen fortgegangen und erst in den späten Nachtstunden wieder zurückgekehrt, zwei-, dreimal erst frühmorgens. Sie habe nicht gewußt, was Vater und Tochter unternahmen.

»Die Gnädige« habe ihr erzählt, sie gingen ins Theater oder auf einen Ball.

Marie Veith sei »ein auffallend schönes Mädchen« gewesen. Oft seien Herren zu ihr auf Besuch gekommen, nachmittags zwischen 5 und 7 Uhr, denen Tee vorgesetzt wurde. Wenn »das Fräulein« einen Gast hatte, hätten Vater und Mutter immer in einem Nebenzimmer geweilt und seien nie ins Zimmer des »Fräuleins« hineingegangen. Vier Herren, alle jung, seien regelmäßig gekommen, einmal auch ein älterer, von dem »die Gnädige« gesagt habe, er sei ein Onkel. Doch auch der habe sich nur beim »Fräulein« aufgehalten.

Daß »das Fräulein« allein Herrenbesuche empfing, sei ihr anfangs bedenklich erschienen. Da »das Fräulein« aber ein ruhiges und anständiges Benehmen an den Tag gelegt habe, habe sie schließlich nichts Schlechtes dabei gedacht.

Wenn sie den Herren den Tee servierte, habe sie immer anklopfen müssen. Sie habe aber auch immer anklopfen müssen, wenn »das Fräulein« allein war. Sie habe niemals irgend etwas Verdächtiges gesehen oder bemerkt. »Das Fräulein« und der betreffende Herr seien gewöhnlich bei Tisch gesessen.

Ihr sei nicht bekannt, ob »das Fräulein« ihren Eltern Geld für den Zins oder sonstiges gegeben hat, sie habe im Gegenteil gehört, daß ihre Kleider vom Vater bezahlt worden seien.

Sonst könne sie bezüglich der Sache nichts angeben.

Rudolf Kraus, Blumenhändler, 29, gibt zu Protokoll: Er kenne die Jellinek seit etwa zwölf Jahren, »die Gräfin Veith« seit circa fünf, weil er im Café de l'Europe, im Café Ronacher, Café Ritz, im »Trocadero«, »Maxim« und in diversen anderen Vergnügungsetablissements Blumen verkaufe. Dort habe er nachts häufig beide Damen in Gesellschaft von »Cavalieren« gesehen. Er habe die Wahrnehmung gemacht, daß »die Gräfin« sich immer wieder auf kürzere Zeit mit einem Herrn entfernt habe und allein ins Lokal zurückgekommen sei.

Auch den Vater der Gräfin kenne er gut, weil er in alle diese Etablissements hingekommen sei, nach seiner Tochter gefragt habe – »Wo ist die Mizzi?« – und sie meist gegen 3 Uhr früh, manchmal auch später abgeholt habe. Über den Lebenswandel der Tochter, »daß sie sich nämlich von Herren gegen hohes Entgelt geschlechtlich gebrauchen habe lassen«, sei man sich im klaren gewesen. Ebenso sei notorisch gewesen, daß Veith über diesen Lebenswandel genau informiert gewesen sei und vom Verdienst seiner Tochter gelebt habe. Man habe ihn in den meisten Lokalen nur als »Strizzi« oder »Treiber« bezeichnet, nicht nur die Bediensteten, auch die Gäste. Er habe öfter wahrgenommen, daß Marie Veith ihrem Vater vor dem Café de l'Europe ein Kuvert zugesteckt habe. Ob darin Geld gewesen sei, könne er nicht mit Bestimmtheit sagen.

Vor etwa eineinhalb Jahren sei er gegen 4 Uhr nachts vom Café de l'Europe mit der Veith und der Jellinek in die Wohnung nach Währing gefahren. Er habe beiden beim Eintreffen in der Wohnung je 20 Kronen gegeben. Marie Veith habe die 20 Kronen in ein Kuvert gesteckt, das sie durch das Dienstmädchen der Jellinek ihrem Vater überbringen habe lassen – gemeinsam mit der Nachricht, daß sie ein Rendezvous habe und ihn daher nicht abholen könne. Auf seine Frage, warum sie das Geld nicht lieber versaufe, habe die Veith geantwortet, sie gebe es stets dem Vater.

Er habe sich dann mit der Veith und der Jellinek »perversgeschlechtlich unterhalten«. »Der Gräfin« habe er Minette gemacht, während die Jellinek mit seinem Glied gespielt habe. Er habe die Veith »auf normale Weise gebrauchen« wollen, sie habe sich aber, ohne ihm den Grund anzugeben, nicht lassen.

Die Veith habe sehr viel Geld verdient und »die schönsten Cavaliere« gehabt.

Im Sommer 1907 habe sie vor allem das Café Ritz frequentiert. »Der Graf« sei tagtäglich hingekommen und habe gefragt: »Ist meine Tochter hier?« Wenn sie nicht dagewesen sei, habe er eine halbe Stunde darauf wieder herumgefragt. Er habe seine Tochter nie aus den Augen gelassen und sie immer so lang gesucht, bis er sie gefunden habe: Er habe sich ihren Verdienst sichern wollen.

Auguste Schreiber, 38, sagt aus: Sie sei, mit Unterbrechungen, etwa fünf Jahre lang bei Leopoldine Jellinek bedienstet gewesen. Die Jellinek habe in dieser Zeit Wohnungen in der Hüttelbergstraße Nr. 51, in der Seegasse Nr. 10 und in der Taubstummengasse Nr. 2 gehabt. Im Frühjahr 1903 habe die Jellinek zwei Monate lang bei ihr, Schreiber, in ihrer Wohnung in der Bindergasse im 9. Wiener Gemeindebezirk gewohnt. Dort sei die Jellinek zum ersten Mal von der Mizzi Veith besucht worden. Die Jellinek habe ihr damals erzählt, sie habe im Ronacher ein schönes Mädchen kennengelernt, das eine Comtesse sei.

Die Veith habe sie allerdings vom Sehen schon gekannt. Ein oder zwei Jahre davor sei sie ihr schon in »Venedig in Wien« aufgefallen, wo sie mit einem älteren Herrn unterwegs gewesen sei, den sie für ihren Vater gehalten habe. Einmal habe sie sie heftig weinen gesehen. Ihr Vater habe auf sie eingeredet, sie geschimpft. Sie sei ihm davongelaufen. Ein lichtes Schleppkleid und große Hüte habe sie damals getragen. Sie habe sich darüber gewundert, daß der Vater ein so schönes Kind in der Nacht nach »Venedig« führe.

In allen genannten Wohnungen habe auch die Veith verkehrt. Sie sei fast täglich gegen 4 oder 5 Uhr nachmittags gekommen, allein oder in Begleitung ihres Vaters, und bis 10, 11 Uhr nachts geblieben. Der Vater habe die Veith nur hingebracht und sich dann sofort mit der Bemerkung »Du weißt ja, wo ich bin, wenn du mich brauchst« entfernt.

Am Nachmittag seien verschiedene Herren gekommen, aber immer einzeln. Die seien manchmal länger, manchmal kürzer geblieben, hätten hie und da Wein und Backwerk mitgebracht. Oft habe der Herr, der gerade dagewesen sei, Klavier gespielt, und »die Comtesse« habe dazu gesungen. Was sonst während dieser Herrenbesuche vorgegangen sei, wisse sie nicht, denn sie habe sich in der Küche aufgehalten.

Gegen 11 Uhr nachts hätten die Jellinek und die Veith die Wohnung verlassen und verschiedene Unterhaltungslokale aufgesucht. Gegen 7 oder 8 Uhr früh sei dann meist »Graf Veith« gekommen und habe von seiner Tochter das verdiente Geld in Empfang genommen. »Graf Veith« habe sie, Schreiber, in der Früh oft gefragt: »War was los?« Sie habe ihm gewöhnlich keine Auskunft gegeben, weil sie sich in die Angelegenheit nicht hineinmengen habe wollen.

In der Wohnung in der Seegasse seien die Jellinek und die Veith einmal spätnachts nach Hause gekommen, die Veith habe dann in der Wohnung geschlafen. In der Früh habe sie ihr einen Brief gegeben und ihr aufgetragen, ihn bis 9 Uhr ihrem Vater in ein Kaffeehaus auf der Wieden zu bringen. Sie habe gesagt, sie solle achtgeben, in dem Kuvert seien 20 Gulden. Sie habe sich in das genannte Kaffeehaus begeben, dort »den Grafen« angetroffen und ihm gemeldet, daß seine Tochter diesen Tag nicht nach Hause komme. Das Geld, das sie dem »Grafen« gebracht habe, müsse seine Tochter in der Nacht davor verdient haben. Die habe vor ihr auch gar kein Geheimnis daraus gemacht, daß sie mit »Cavalieren« soupieren und ins Hotel gegangen sei. »Die Comtesse« habe ihr auch ganz unverblümt gesagt, daß sie das verdiente Geld jeden Tag bis auf den letzten Kreuzer ihrem Vater abliefern müsse.

Sie habe die Veith wiederholt auf deren Eltern angesprochen: »Sie sind wirklich ein gutes Kind. Sie sorgen für den Zins, Sie zahlen die Möbeln ab, erbarmt sich Ihr Vater nicht darüber, daß Sie jede Nacht auf sein müssen – so ein junges Mädel?!« Darauf habe die Veith, sehr oft unter Tränen, erwidert, daß der Vater nichts verdienen könne und daß sie die Familie erhalten müsse. Über ihre Mutter habe sie sich häufig beklagt, weil die so grob sei. Sie habe von ihr nie anders als von »der Alten« oder von »dem Luder« gesprochen. Sie müsse der Mutter täglich drei Gulden für die Kost geben, und wenn sie das nicht tue, wenn sie also nichts verdient habe, bekomme sie nichts zu essen. Oft sei es vorgekommen, daß die Veith abends zu ihr gekommen sei und ihr gesagt habe, sie habe den ganzen Tag nichts bekommen als einen Tee. Sie habe ihr dann zu essen gegeben, was sie grade zu Hause gehabt habe. Die Veith habe bei ihr oft einen Laib Brot um 20 Heller gegessen und dazu Speck.

Sie habe ihr erzählt, daß sie ihrem Vater stets telephonisch avisiere, in welches Hotel sie mit den betreffenden Herren ging. Es sei ihm lieber gewesen, wenn seine Tochter ins Hotel und nicht in die Wohnung der Jellinek ging, weil ihm dann das Geld sicherer erschienen sei. Sie habe aber auch manchmal mit Herren in der Wohnung der Jellinek »verkehrt« und sei dann mit dem Wagen des jeweiligen Besuchers zu ihrem Vater gefahren.

Die Veith habe ihr gesagt, daß sie für den Hotelbesuch mit einem Herrn oft 100, 120, 140 Kronen bekomme, und sie habe sie gefragt, was sie täte, wenn sie soviel Geld in die Hand bekäme. – Es sei klar, daß ihr die Herren »nicht fürs bloße Anschauen« soviel Geld gegeben hätten.

Einige Male habe sie die Jellinek nach »Venedig in Wien« und ins Café de l'Europe begleitet. Dort hätten die Mädchen mit Bezug auf »die Comtesse« gelästert: »Die kann leicht eine Jungfer bleiben, die Schleckgräfin.« In dieser Beziehung sei ihr auch aufgefallen, daß die Veith, wenn ein Herr bei ihr in der Wohnung gewesen sei, auffallend lang gegurgelt habe.

»Die Comtesse« habe ihr erzählt, daß ihr Vater es nicht zulasse, daß sie ihre Jungfernschaft verliere. Sie, Schreiber, habe erwidert: »So schöne Männer haben Sie, wie kann denn das sein, daß Sie noch eine Jungfer sind?!« Sie habe geantwortet: »Die schönen Männer können mich schlecken und zahlen recht viel dafür.«

Wenn ein Herr in die Wohnung gekommen sei und »die Comtesse« verlangt habe, habe die Jellinek sie in die Wohnung des »Grafen« geschickt, seine Tochter zu holen. Die Herren hätten immer ihren Wagen zur Verfügung gestellt. Sie sei dann zum »Grafen« gefahren und habe ihm gemeldet: »Herr Graf, es ist ein Cavalier da, der N.N., der will die Comtesse sprechen.« Der Graf habe dann sofort seine Tochter aufstehen und mit ihr gehen geheißen. Er habe die Namen der Besucher gekannt, ebenso deren »Tarif«.

Die Veith habe sich vor ihrem Vater gar nicht geniert, sich sogar vor ihm gebadet. Öfters habe sie ihr erzählt, daß ihr Vater sie gewaschen habe.

Als sie einmal an einem Vormittag in die Wohnung des »Grafen« gekommen sei, um eine Bluse zu holen, habe sie lang niemand eingelassen. Sie habe eine halbe Stunde lang geläutet und geklopft, bis »die Comtesse« endlich herausgekommen sei. Die sei ganz verschlafen gewesen und habe sie geheißen, in ihr Zimmer einzutreten. Da habe sie gesehen, daß in ihrem Bett eine Person lag. Sie habe sich nicht zu fragen getraut, weil die Veith sonst mit ihr grob geworden wäre. Im Zimmer sei es finster gewesen. Die Mutter sei nicht zu Hause gewesen, sonst hätte *sie* die Tür aufgemacht. Auch den »Grafen« habe sie nicht gesehen, der sonst immer geöffnet habe, wenn seine Frau nicht zu Hause gewesen sei. Niemals aber sei es vorgekommen, daß »die Comtesse« die Tür aufgemacht habe.

Das Verhältnis des Victor Widakovich mit der »Comtesse« sei dem »Grafen« gar nicht recht gewesen, er habe ständig über den jungen Mann geschimpft, den er als »stieren Lausbub« bezeichnet habe, weil er nicht in der Lage gewesen sei, »die Comtesse entsprechend zu honorieren«.

»Die Comtesse« habe oft Schmuck von den Herren geschenkt bekommen: ein goldenes Medaillon mit Brillanten, ein goldenes Armband, eine silberne Tabatiere und eine Unmenge Ringe. Diese Gegenstände seien sofort nach Erhalt verpfändet worden.

Ihren Beobachtungen zufolge und nach den Äußerungen, die die Veith ihr gegenüber gemacht habe, könne es »gar keinem Zweifel unterliegen, daß Graf Veith vom liederlichen Lebenswandel seiner Tochter Kenntnis« hatte.

Sie sei auch wiederholt in der Wohnung bei Karoline Bürger in der Burggasse 36 gewesen, weil sie den Lohn, den ihr die Jellinek schuldig war, mehrmals habe einfordern müssen. Dabei habe sie wahrgenommen, daß die Veith auch dort verkehrt und daß Frau Bürger davon Kenntnis gehabt habe. Einmal habe die Jellinek in der Früh der Frau Bürger mit der Anweisung »Besorgen Sie das durch einen Einspänner« einen Brief übergeben. Es könne gar kein Zweifel daran bestehen, daß damals ein Gast dagewesen sei und der Einspänner die Veith abholen mußte. Sie wisse das, weil sie selbst wiederholt die Veith mit einem Einspänner aus der Wohnung ihres Vaters abholen habe müssen. Sie habe sich da immer an den »Grafen Veith« gewandt, und der habe seine Tochter umstandslos mit ihr fortfahren lassen.

»Graf Veith« habe gewußt, daß die Jellinek eine »bedenkliche Person« sei, auch manchmal so getan, als ob ihm der Verkehr seiner Tochter mit ihr nicht recht sei. Gleichzeitig habe er aber die Jellinek ersucht, darauf zu sehen, daß seine Tochter gut verdiene.

Sie, Schreiber, sei gern bereit, ihre Angaben vor Gericht zu beeiden.

Karoline Bürger, 54, Private, wohnhaft in Wien VII, Burggasse Nr. 36, gibt an: Sie lebe vom Vermieten ihrer Wohnung. Leopoldine Jellinek, die sich als Artistin vorgestellt habe, habe circa ein Dreivierteljahr bei ihr gewohnt, von September 1906 bis Mai oder Juni 1907, und ein Zimmer und ein Kabinett bei ihr gemietet.

Ein-, zweimal die Woche, gewöhnlich zwischen 5 und 6 Uhr nachmittags, manchmal auch später sei ein junges Mädchen zu ihr gekommen, das die Jellinek als »Comtesse Mizzi« bezeichnet habe. Diese »Comtesse« sei allein oder in Begleitung ihres Vaters gekommen. Der Vater sei stets gleich wieder fortgegangen. Manchmal seien sie alle drei miteinander fortgegangen, und zwar gewöhnlich vor der Torsperre. Öfter seien die Mädchen auch mit einem Automobil fortgefahren, das aber merkwürdigerweise nicht vor dem Haus, sondern in der Kirchengasse gewartet habe. Da sei dann immer »ein schwarzer junger Herr in einem Kautschukmantel« heraufgekommen, der von der »Comtesse« »Victor« genannt worden sei. Er habe sich nie lang aufgehalten.

Fünf, sechs Herren seien ihres Wissens regelmäßig zur Jellinek gekommen. Was die bei ihr gemacht haben, wisse sie nicht. Sie sei den ganzen Tag in ihrer Küche gewesen. Außerdem habe die Jellinek den Wohnungsschlüssel gehabt, so daß sie, Bürger, die mit ihrem Mann ein vom Vorzimmer separiertes Hofkabinett bewohne und abends mit ihrem Mann spazierenzugehen pflege, nichts Näheres habe beobachten können. Sie könne sich nicht erinnern, »die Comtesse« je in der Früh bei der Jellinek gesehen zu haben.

Ihres Wissens sei der »Graf Veith« sechs-, siebenmal zwischen 7 und 10 Uhr früh zur Jellinek gekommen. Er habe sich dabei gewöhnlich erkundigt, ob »das Fräulein« schon auf sei. Weil die Jellinek noch im Bett gelegen sei, habe sie ihn die ersten Male nicht einlassen wollen. Er habe aber kurzangebunden gemeint, sie brauche ihn nicht anzumelden, und sei »ungeniert« zu ihr hineingegangen. Der Jellinek sei das Kommen des »Grafen« sehr unangenehm gewesen, weil sie in ihrem Schlaf gestört worden sei. Sie habe gewöhnlich bis 12 Uhr mittags oder 1 Uhr geschlafen und sich nach dem Essen wieder bis 4 Uhr niedergelegt.

Nach seiner Tochter habe »der Graf« nie gefragt. Ob die in der Nacht bei der Jellinek gewesen sei, wisse sie nicht. Sie hätte das jedenfalls nicht geduldet.

Beide, »der Graf« wie auch seine Tochter, hätten »ein sehr hochmütiges Benehmen zur Schau getragen«.

Ob in der Nacht jemand gekommen sei, habe sie in Anbetracht der Wohnungsverhältnisse nicht wahrnehmen können. Sie sei immer um 10 Uhr schlafen gegangen und wisse daher nicht, wann die Jellinek nach Hause gekommen und ob jemand in ihrer Begleitung gewesen sei oder nicht.

*

Der k.k. Polizei-Agent Alois Niederhuemer hat inzwischen in Erfahrung gebracht, daß Marcell Veith in der vergangenen Wintersaison im Café Gartenbau Stammgast gewesen sei, und zwar in der Zeit von Mitternacht bis 3, 4 Uhr früh. Nach Angabe des dort bediensteten Zahlmarqueurs Hlawaček sei er jede Nacht von seiner Tochter »telephonisch angerufen« worden, manchmal zwei-, dreimal. Jeder Marqueur habe sie schon »an der Stimme durchs Telephon« erkannt. Die Erhebungen im Hotel Athen in der Praterstraße, im Hotel Modern in der Krugerstraße, im Hotel City in der Walfischgasse, im Hotel »Römischer Kaiser« in der Annagasse und im Hotel Derby am Tiefen Graben »bezüglich des Verkehres der Mizzi Veith« seien ohne Resultat geblieben.

*

August Hlawaček, 29, Zahlmarqueur im Café Gartenbau, gibt bei der Zeugeneinvernehmung durch von Unkhrechtsperg am 23.5.1908 an: Ab Herbst 1907 sei »Graf Veith« fast jede Nacht in der Zeit von Mitternacht bis 4 Uhr früh ins »Gartenbau« gekommen. Er sei häufig angerufen worden, habe hie und da auch selbst von der im Lokal befindlichen Telephonzelle aus telephoniert. Seine Tochter sei gewöhnlich zwischen 2 und 3 Uhr nachts gekommen – »in auffallender Soireetoilette«. Sie seien dann meistens gleich miteinander fortgegangen.

*

Am 14.5.1908 richtet Dr. Siegmund Hofmokl »namens Marcell Graf Veith« einen Antrag auf Enthaftung an das k.k. Landes-Gericht Wien. Es bestehe weder Verabredungs- noch Fluchtgefahr, und er stelle den Antrag »auch als Vertreter seiner gramgebeugten Gemahlin, welche von den beiden gleichzeitig erfolgten Schicksalsschlägen dem Wahnsinn nahe« sei.

Mein Client steht, wie es gerichtsnotorisch ist, ohne einen Heller da. In seinem Alter, nach derart entsetzlichem Abschluss einer verblüffenden Laufbahn, unter dem unmittelbaren Eindruck des tragischen Todes seines einzigen Kindes, befindet sich der der Verzweiflung nahe Graf Veith gewiss nicht in jener Gemütsverfassung, welche notwendig ist, um einen Fluchtplan nur zu entwerfen, geschweige denn die Mittel dazu zu erlangen, was aber das wichtigste ist, einen Fluchtplan auszuführen. [...]

Und nun noch eine kurze Bemerkung rein menschlicher Natur.

Der Graf wurde am 27. April verhaftet. Am selben Tage gieng seine Tochter in den Tod. Die arme Frau des Grafen, welche weder aristokratischer Herkunft ist, noch die Widerstandskraft des gebildeten Kulturmenschen besitzt, derartige tragische Erlebnisse zu ertragen, ist dem Wahnsinne nahe. Die Wohnung wurde ihr gekündigt, am 1. Juni wird die Räumung vorgenommen, für eine neue sind keine Barmittel da, ohne Rat und ohne Stütze steht sie da, besorgt um ihren Mann, in Trauer um ihr Kind, an dessen Schicksal sie keine Schuld trifft.

Ist es da nicht besser und richtiger, den Grafen in der Freiheit, solange die »Fluchtgefahr« vorhanden ist, durch zwei vom Staate bezahlte Detectivs Tag und Nacht beobachten zu lassen, als diese Frau wirklich wahnsinnig werden zu lassen. [...]

Dies ist ein Appell, den mir das Gebot der Menschlichkeit diktiert.

Dem Antrag auf Enthaftung wird nicht stattgegeben.

*

Ende Mai langen die Auskünfte ein, die das k.k. Landes-Gerichts in Strafsachen erbeten hat, um Marcell Veiths Angaben zu seinen Einkünften zu überprüfen.

Die General-Direction für Österreich der »New-York« Lebens-Versicherungs-Gesellschaft beehrt sich »in höflicher Erledigung der woldortigen Zuschrift« vom 27.5.1908 dem k.k. Landes-Gericht in Strafsachen am 29.5.1908 »hochachtungsvoll ergeben« mitzuteilen, »dass der angefragte Marcell Veith *niemals* für unsere Gesellschaft als Agent thätig« gewesen sei. »Derselbe hätte gegen Ende des Jahres 1900 im Verein mit einem unserer bevollmächtigten Vertreter mit einem böhmischen Kavalier ein grosses Geschäft abschliessen sollen und es wurden ihm auf dieses zu erwartende resp. zu erhoffende Geschäft im Ganzen K. 600 als Vorschuss erteilt, welchen Betrag die Gesellschaft am 31. December 1901 als uneinbringlich abgeschrieben hat. Irgend ein anderes Verhältnis oder ein sonstiger Verkehr mit dem Angefragten hat nicht stattgefunden.«

The Gresham Life Assurance Society Ltd., Filiale für Österreich, teilt am 29.5.1908 mit, »dass ein Marcel Graf Veith im Jahre 1898 durch die

Zuführung eines Geschäftes den Betrag von K 2800, – im Verlaufe der Monate Jänner, Feber & März 1898 in Teilraten ausgezahlt« erhalten habe. Veith sei als Versicherungsagent angestellt gewesen und habe nur dieses eine Geschäft vermittelt.

Die Redaktion der »Wiener Bilder« erteilt unter demselben Datum schriftlich die Auskunft, Marcell Veith habe in den Jahren 1895, 1896 zwei, allenfalls drei Beiträge für das »Bunte Blatt« und für die »Wiener Bilder« geliefert und dafür 50, 60 Kronen erhalten. »Genauere Angaben sind leider nicht möglich, da das bunte Blatt nur im Jahre 1895 erschien, u. die Wiener Bilder im Jahre 1898 ihren Besitzer wechselten.«

Die Redaktion des »Neuigkeits-Welt-Blatts« gibt am 30.5.1908 bekannt, daß »Herr Marcel Conte Veith« vor zehn bis zwölf Jahren den Herausgeber, August Kirsch, aufgesucht und diesem einen oder zwei Aufsätze unter dem Titel »Erinnerungen eines Deutsch-Amerikaners« überreicht habe. Soweit sich Herr Kirsch der Angelegenheit noch entsinne, habe er Herrn Veith als Honorar etwa 10 Kronen gegeben. Ob die Aufsätze zum Abdruck gelangt sind, könne »ohne nähere Datumangabe nicht konstatiert werden«.*

Rafael Pollak, Oberbeamter des »Anker«, gibt bei seiner Einvernahme am k.k. Landes-Gericht Wien am 29.5.1908 an: Marcell Veith habe vor vier, fünf Jahren einige Monate lang als sein Subagent eine Handvoll Versicherungskunden akquiriert. Er dürfte damit 300, 400 Kronen verdient haben.

*

Ein Amtsvermerk hält unter dem 2.6.1908 fest, daß Marcell Veith an diesem Tag bei einem Besuch seiner Schwester ein Foto seiner Tochter und Zeitungsausschnitte präsentiert habe. Auf Befragen des Untersuchungsrichters habe er erklärt, er habe diese Sachen von einem neu eingelieferten Häftling erhalten. Von Unkhrechtsperg ersucht die k.k. Gefangenenhaus-Direktion, »Marcell Veith wolle in Bezug auf die Innehabung von Schriften, Zeitungen u. Fotografien genauestens untersucht u. die gefundenen Gegenstände dem gefertigten U.R. abgetreten werden«. Auch wolle Veith auf eine andere Zelle verlegt werden. – Antwort des Gefangenenhaus-Direktors, der die bei Veith gefundenen Gegenstände über-

* Marcell Veith hat 1895 drei USA-Impressionen im »Neuigkeits-Welt-Blatt« veröffentlicht, in den Ausgaben vom 8.8., 26.10. und 29.10., jeweils mit dem Untertitel »Aus den Erinnerungen eines Deutsch-Amerikaners«.

mittelt: Eine Verlegung sei mangels einer passenden anderen Zelle derzeit nicht durchführbar. Von wem Veith die Zeitungsfragmente erhalten hat, gebe er nicht an. Er sage, er habe »selbige« im Hof gefunden.

*

Ernst Ely, 30, Journalist, gibt vor von Unkhrechtsperg am 2.6.1908 zu Protokoll: Er kenne den Beschuldigten und seine Tochter seit circa drei Jahren. Er habe sie im Café Maendel kennengelernt. Den Artikel »Arme Komtesse Mizzi!« resp. »Der Vater« in den »Wiener Carikaturen« habe er zu einer Zeit geschrieben, da er Veith noch nicht persönlich gekannt habe. Er habe ihn »nach dem allgemeinen Ondit« verfaßt, dem zufolge »die Comtesse sich gegen Entgelt von Herren gebrauchen« habe lassen, und zwar »auf perverse Weise«, was sie ihm, Ely, später auch zugegeben habe. Ob ihr Vater von diesem Verkehr wußte, könne er nicht sagen. Er habe aber sehr wohl gewußt, daß sie viele Einladungen bekam, er habe sie ja selbst in die Nachtlokale eingeführt. Veith habe sich aber nie verraten, wie er denn »überhaupt ein aalglatter Mensch« sei.

»Insbesondere gravierend« sei ihm der Umgang der »Comtesse« mit einer gewissen Leopoldine erschienen, die in der »Nachtlebewelt« als »Schleck-Poldi« bekannt gewesen sei, während die »Comtesse« den Namen »Schleck-Gräfin« geführt habe. Er habe dem »Grafen« einmal gesagt: »Was machen Sie denn mit dem Mädel hier in Wien? Fahren Sie mit ihr doch fort, hier kennt sie ja jeder!« Veith habe geantwortet, er möge ihm einen Mäzen verschaffen, der sie ausbilden lasse. Er, Ely, habe sich auch darum bemüht, die »Comtesse« sei aber schon »stigmatisiert« gewesen. Nicht nur ihm, sondern auch anderen gegenüber habe »der Graf« behauptet, er könne seine Tochter nicht zügeln, obwohl niemand so naiv gewesen sei, das zu glauben. Einmal habe ihm »der Graf« erzählt, ein reicher Mann habe ihm – nicht seiner Tochter – 50.000 oder 60.000 Gulden für eine Nacht geboten. Ihr habe der Mann aber mißfallen, und zureden habe er ihr nicht wollen, so sei aus der Sache nichts geworden.

Otto Sperl, 39, Cafetier, Besitzer des Café Korso in der Praterstraße, läßt am 4.7.1908 durch einen Angestellten wissen, daß er der Zeugenvorladung nicht Folge leisten könne, weil er sich den Fuß verstaucht habe und daher krank zu Bette liege. Er wird noch am selben Tag in seiner Wohnung in der Praterstraße Nr. 54 von von Unkhrechtsperg vernommen: Die unter dem Namen »Comtesse« bekannte Marie Veith habe ab Sommer 1906 ein Jahr lang fast täglich im Café Ritz verkehrt, wo er Geschäftsführer gewesen sei. Sie sei immer in Begleitung einer gewissen

»Poldi« gewesen. Beide »Frauenspersonen« seien ihm »in geschlechtlicher Beziehung sehr aufgeklärt und raffiniert« erschienen. Es habe kein Zweifel bestanden, daß »die Comtesse« das Café Ritz nur zu dem Zweck aufgesucht habe, »um mit Herren geschlechtliche Beziehungen anzuknüpfen«. »Die Comtesse« habe sich äußerst frech benommen und häufig mit der Kassierin Gusti »Auftritte gehabt«. Wenn er sie ermahnte, habe sie erwidert, er könne froh sein, daß sie sein Lokal besuche. Sie habe offenbar Vergnügen daran gehabt, wenn in ihrer Umgebung »schweinische Reden« geführt wurden. Sie sei gewöhnlich nach Mitternacht gekommen und bis 3, 4 Uhr früh geblieben. Ihr Vater sei nur selten ins Lokal gekommen. Er habe vielmehr dem Portier ein Trinkgeld gegeben und seine Tochter herausholen lassen. Wenn er auftauchte, seien von den Gästen häufig Äußerungen gefallen, daß es eine Schande sei, daß er seine Tochter in ein solches Nachtlokal führe und daß er sie verkupple.

Es sei widersinnig, zu behaupten, Veith hätte nichts davon gewußt, daß seine Tochter »sich jedem hingegeben habe, der sie bezahlen konnte«. Zu diesem Zweck sei sie doch in sein Nachtcafé gekommen. Er habe nie gesehen, daß sie im Café von den Herren Geld bekommen habe, wohl aber sei sie häufig mit Herren fortgegangen. Telephoniert habe sie sehr häufig, er habe aber aus der geschlossenen Telephonzelle nicht hören können, was sie gesprochen habe.

»Das freche, g'schnappige Benehmen der Comtesse«, ihre »Auftritte« mit der Kassierin und dem anderen Personal hätten ihn im Sommer 1907 veranlaßt, ihr zu sagen, es sei ihm lieber, wenn sie nicht mehr komme. »Die Poldi« habe ihn mehrmals gebeten, ihre Freundin wieder zuzulassen, er habe das Lokalverbot aber nicht aufgehoben.

Er kenne »die Comtesse« seit circa vier Jahren, habe sie erstmals im »Ronacher« gesehen, im Jahr darauf dann im »Maxim«. Da sei sie »mit den feinsten Cavalieren gegangen«. Als sie das »Ritz« frequentierte, sei sie »lang nicht mehr so reizend« gewesen. Man habe ihr deutlich die Spuren des Nachtlebens angesehen.

»Die Poldi« habe ihn einmal aufgefordert, er solle die Veith in ihrer Wohnung in der Taubstummengasse besuchen, und ihm eine Karte gegeben, auf der der Name »Mizzi« und die Adresse gestanden seien. Seine Braut habe diese Karte in seiner Tasche gefunden, sei in die Taubstummengasse gegangen, habe dort aber nur »die Poldi« angetroffen. Die habe ihr erklärt, »sie sollten sich nicht einbilden, daß die Veith mit Leuten aus der Kellnerbranche verkehre, die gebe sich nur mit Fürsten und Grafen ab«.

Karl Pichl, 46, Geschäftsführer des Etablissement Ronacher, wird am 4.7.1908 als Zeuge vernommen: Vor circa fünf Jahren seien ein Herr und seine Tochter zum ersten Mal ins Ronacher gekommen, die, als sie dann ständige Gäste waren, von den Blumen- und den Büffetmädchen »Graf Veith« und »Comtesse Mizzi« genannt worden seien. Das Mädchen, das damals »noch sehr kindlich« ausgesehen habe, habe auffallende, elegante Toiletten getragen. Zwei Saisonen hindurch seien die beiden fast jeden Abend gekommen.

Dann habe »der Graf« mit der Kassierin Jeanette einen »Auftritt« gehabt. Die Büffetmädchen hätten sich schon des längeren darüber aufgehalten, daß »der Graf« seine Tochter verkupple, und das der Direktion gemeldet. Direktor Waldmann habe dem »Grafen« daraufhin verboten, das Lokal zu besuchen. Ab da sei »die Comtesse« in Begleitung der »Poldi« gekommen, weil sie »noch nicht so versiert in dem Ganzen« gewesen sei.

Die »allgemeine Meinung bei ›Ronacher‹« sei gewesen, daß sich »die Comtesse gegen Entgelt geschlechtlich gebrauchen« lasse. Sie habe mit den Herren, deren Bekanntschaft durch die Kellner vermittelt wurde oder die zu ihren ständigen Gästen zählten, in Logen soupiert, die durch einen Vorhang abgeschlossen waren. Gewöhnlich sei sie mit einem Herrn allein gewesen, es sei aber auch vorgekommen, daß sie sich in Gesellschaft von mehreren Herren und Mädchen befunden habe.

Anton Bretterbauer, 33, Hausbesorger, gibt am 6.7.1908 am k.k. Landes-Gericht in Strafsachen Wien vor von Unkhrechtsperg zu Protokoll: Er habe in den Jahren 1905, 1906 als Hausbesorger circa ein Dreivierteljahr in der Kriehubergasse 13 gewohnt, wo die Familie Veith im ersten Stock einen drei- oder vierfenstrigen Salon, ein Schlafzimmer, eine Küche und ein Vorzimmer gemietet hatte, wofür sie monatlich 60 Kronen Zins gezahlt habe. »Der Graf« habe sich als Privatier, seine Tochter als Schauspielerin ausgegeben. Bei Tag seien sie immer zu Hause gewesen, abends zwischen 8 und 12 Uhr sei »der Graf« mit seiner Tochter fast täglich im Fiaker fortgefahren. Ein-, zweimal pro Woche sei in der Nacht, oft um 2, 3 Uhr früh, ein Automobil oder ein Fiaker vorgefahren, er herausgeläutet und nach der »Comtesse« verlangt worden. Gewöhnlich sei es ein eleganter Herr gewesen, der allein gekommen sei, oft sei aber auch ein Fräulein mit gewesen, von dem Frau Veith seiner Gattin erzählt habe, sie sei eine Freundin ihrer Tochter aus der Schauspielschule. Einige Male habe ihm dieses Fräulein aufgetragen, er solle ausrichten, der Prinz sei da. Auch habe Frau Veith seiner Gattin erzählt, daß ihre Tochter im Automobil Ausflüge nach Baden mache, um frische Luft zu schöpfen.

Immer wenn ein Herr gekommen sei, habe er an der Wohnungstür der Veiths geklopft, »der Graf« habe ihm im Hemd die Tür geöffnet, und er habe ihm gemeldet: »Es ist ein Herr unten« oder »Das Fräulein hat gesagt, der Prinz ist da«. Ein paarmal habe er gehört, daß »die Comtesse«, die immer sofort von ihrem Vater geweckt worden sei, gerufen habe: »Aber Papa, ich bin zu müde.« »Der Graf« habe in der offenen Tür Bescheid gegeben: »Sie kommt schon.« In die Wohnung sei nie Herrenbesuch gekommen.

Wenn »der Graf«, wie fast jeden Abend, mit seiner Tochter im Fiaker fortgefahren sei, seien sie gegen 4 bis 7 Uhr früh wieder nach Hause gekommen.

Frau Veith sei immer zu Hause gewesen. »Der Graf« habe keine Beschäftigung gehabt. Er und seine Tochter hätten untertags geschlafen, erst nachmittags gegen 4 oder 5 Uhr sei er kurz außer Haus gegangen.

Jakob Opletal, 49, Hausbesorger und Schneidergehilfe, wird am 6.7.1908 einvernommen: Die Familie Veith habe von 15.8.1905 bis Dezember 1907 in der Kriehubergasse gewohnt, wo er seit 1.5.1906 Hausbesorger sei. Tagsüber seien alle zu Hause gewesen, erst in der Zeit von ½10 – ¾11 Uhr abends sei »der Graf« mit seiner Tochter fortgegangen, manchmal auch die Tochter allein. Wenn sie schlechte Geschäfte gemacht hätten, seien sie schon um 2 Uhr nachts zu Hause gewesen, bei besseren um 4 oder 5 Uhr, und wenn das Geschäft sehr gut gegangen sei, erst um 8 Uhr oder ½9 Uhr früh. Wenn sie gute Geschäfte gemacht hätten, seien sie mit dem Gummiradler, sonst im Einspänner zurückgekehrt. Sehr oft, aber nur bei Tag, seien Herren im Automobil oder im Fiaker vorgefahren und hätten ihn hinaufgeschickt, um »die Comtesse« zu holen. Gewöhnlich habe ihm der Herr einen Brief gegeben, er sei hinaufgegangen und habe angeläutet. Dann habe zumeist »der Graf« geöffnet, bisweilen seine Frau, er habe den Brief übergeben oder gemeldet, daß ein Herr unten warte. Er habe auf Antwort warten müssen. Gewöhnlich sei »die Comtesse« dann hinuntergegangen und mit dem Herrn fortgefahren. Die Briefe habe immer »der Graf« selbst in Empfang genommen und sie seiner Tochter ins Zimmer gebracht.

Es sei jedermann im Haus klar gewesen, wovon die Familie Veith lebte. Die Parteien hätten gesagt, die Tochter betreibe das Geschäft eines »Freimädels« und sollte dafür Steuern zahlen. Eine Beschäftigung habe »der Graf« nicht gehabt. Nachmittags sei er spazierengegangen.

»Die Gräfin« sei im Haus und bei allen Geschäftsleuten der Umgebung als »Bisgurn« verschrien gewesen. Sie habe viel Streit mit den Nachbarn gehabt, einmal sei es sogar zu einer Prügelei zwischen dem Ehepaar Veith und einer Nachbarin und deren Bruder gekommen.

»Der Graf« habe eingesehen, daß sie im Haus nicht bleiben könnten, und habe selbst die Wohnung gekündigt.

Waldemar Svoboda, 42, Oberinspektor in »Venedig in Wien«, erscheint anstelle von Direktor Gabor Steiner zur Zeugeneinvernahme am 6.7.1908, weil Steiner in dieser Sache nicht informiert sei, er aber sehr wohl: Der »Graf Veith« sei vor vier, fünf Jahren täglich Gast im Englischen Garten gewesen, um seine Tochter auf den Strich zu führen. Er habe den Vermittler zwischen ihr und den einzelnen Herren gespielt und auch gar kein Hehl daraus gemacht. Wenn sie mit einem Herrn fortging, habe er sie bis zum Tor begleitet und dann ruhig im Garten gewartet, bis sie wieder frei gewesen sei. Dann habe er sein Geschäft weiter getrieben.

Blumenmädchen habe er dazu benutzt, um den Herren Botschaften und Billets doux zustellen zu lassen. Unter anderem habe eine Elsa Löwenstein solche Botschaften vermittelt. Er habe das selbst mitangesehen und im Verein mit dem Vorstand, Hermann Cohn, den »Grafen Veith« vor vier Jahren in sein Büro zitiert und ihm mit Garten-Verbot gedroht, weil sein Verhalten kein gutes Licht auf das Etablissement geworfen habe. Veith sei aufgebraust, man habe ihm aber deutlich gemacht: »Benehmen Sie sich ruhig, und lassen Sie sich im gütlichen Wege das untersagen, weil wir sonst die Hilfe der Polizei in Anspruch nehmen, um ihr Treiben zu sistieren.« Man habe ihm zu verstehen gegeben, daß abgesehen davon, daß er der Vater sei, es ihnen nicht passe, daß er sein Treiben so offenkundig fortsetzte.

Er, Svoboda, habe beobachtet, daß Veith »wie ein Wahnsinniger im Garten von Lokal zu Lokal umhergeschossen« sei, immer auf der Suche nach Verdienst. »Die Comtesse« sei sehr oft mit Herren in Séparées gegangen, »wo man sich natürlich gewisse Freiheiten herausnehme«. Es sei geradezu absurd, zu glauben, daß »die Comtesse nur in platonischer Weise mit den Herren verkehrt« habe. Wozu sei sie dann nach dem Souper mit Herren weggefahren?!

Veith habe trotz der Abmahnung wie gewohnt weitergemacht, deswegen habe man ihm vor vier Jahren die Permanenzkarte entzogen und an den Toren den Auftrag gegeben, ihm keine neue Entreekarte auszufolgen. Seiner Tochter habe man ebenfalls nahegelegt, sie solle sich anständig benehmen. Sie habe nämlich ihre Kleider höher gerafft, als notwendig gewesen sei, sehr auffallende Toiletten getragen, sei immer ziemlich stark dekolletiert gewesen und habe überhaupt in ihrem Gehaben den Typus der Demimonde zur Schau getragen. Nach dieser

Ermahnung habe sie sich aber insoweit anständig benommen, als man es »von einer Person ihres Erwerbs« erwarten könne.

Im Jahr darauf habe »der Graf« darum gebeten, man möge ihn pardonieren, und zugesagt, daß er sich nunmehr anständig benehmen werde. Er sei nun seltener gekommen und habe »sein Geschäft nicht mehr so auffällig betrieben wie früher«.

Aus der Unterredung mit der Tochter habe er die Überzeugung gewonnen, daß sie ihr Gewerbe unter dem Zwang ihres Vaters ausübte und daß sie »direkt die Nahrungsquelle für ihren Vater« sei.

*

Am 23.6.1908 ordnet der Untersuchungsrichter an, daß »derzeitiger Aufenthalt u. Adresse der Besitzerinnen geheimer Bordells Sachs u. Weiß bekannt gegeben werden wolle«.

Rosa Weiß, 63, »Hausbesitzerin«, legt auf die durch Amtsdiener zugestellte Beschuldigtenladung dem k.k. Landes-Gericht Wien ein mit 3.7.1908 datiertes ärztliches Attest vor, das bestätigt, daß sie wegen Diabetes mellitus in Behandlung stehe und daß »die Patientin, die wiederholt Anfälle von Herzschwäche und Bewusstlosigkeit erlitten habe, von jeder körperlichen Anstrengung und jeder Aufregung ferngehalten werden müsse, da eine solche auch Gefahr für das Leben der Patientin nach sich ziehen« könne. Sie wird am 4.7.1908 in ihrer Wohnung in der Inneren Stadt, Führichgasse 7, von von Unkhrechtsperg vernommen: Sie habe weder den »Grafen Veith« noch dessen Tochter jemals gesehen, kenne deren Namen nur aus der Zeitung, als vom Selbstmord der »Comtesse Veith« die Rede gewesen sei. Es sei daher ganz unrichtig, daß die Veith in ihrem Haus gewesen sei. Sie erkläre sich daher nicht schuldig. Ihre Unterschrift auf dem Verhörprotokoll – durch Schriftführer Langer beglaubigt –: »□□□«.

Anna Sachs, 54, »Hausbesitzerin«, teilt von Unkhrechtsperg beim Beschuldigtenverhör am 4.7.1908 mit: Vor circa viereinhalb Jahren sei im Frühjahr ein Herr in ihre Wohnung in der Magdalenenstraße Nr. 34 gekommen und habe sie »durchaus« sprechen wollen. Er sei »äußerst defekt, wie ein direkter Bettler« angezogen gewesen. Er habe sich als Graf Veith vorgestellt und sie angefleht: Er habe eine kranke Frau, »die im Hirn nicht ganz richtig« sei. Er könne sie aber nicht ins Irrenhaus geben, weil sie gelähmt sei. Er habe sein Stubenmädchen geheiratet, weil er es geschwängert habe, und wegen dieser Heirat sei er von seiner Familie enterbt worden. Er sei jetzt brotlos und lebe auf Stroh. Ob sie ihm nicht eine Stelle verschaffen könne, eventuell als Güterdirektor. Sie habe ihm

10 Kronen geschenkt, die er dankbarst angenommen habe. Er habe versprochen, sofort nach Hause zu gehen und das Geld für seine Frau zu verwenden.

Zwei Monate darauf sei er wiedergekommen und habe sie gefragt, ob sie schon etwas unternommen habe. Nun habe er erzählt, er habe »ein Mäderl, sehr schön und jung, 16 Jahre alt«, er wolle es nicht verkommen lassen. Sie sei sehr talentiert und hätte Lust, »sich zum Theater auszubilden«. Er wisse, daß durch ihre Protektion schon Mädchen im Konservatorium untergebracht worden seien. Sie habe erwidert, sie werde schauen, könne aber nichts versprechen.

Am Tag vor dem Derby habe er sie auf der Straße abgewartet, und auf seine Bitte hin habe sie zugestimmt, daß er am Nachmittag mit seiner Tochter zu ihr komme. Sie habe einem »wirklichen Wohltäter« unter ihren Bekannten die Sache schon vorgelegt gehabt. Mit dem sei das Mädchen an diesem Tag in ihrer Wohnung zusammengetroffen. Sie habe den Veith im Vorzimmer warten lassen und das Mädchen zu sich hineingenommen. Der Wohltäter habe das Mädchen gefragt: »Mein Kind, was fehlt also deiner Mutter?« Sie habe geantwortet: »Die Mama ist krank an den Füßen und kann nicht ausgehen und sieht sehr schlecht aus.« Er habe dann das Mädchen gefragt, »wozu sie Lust habe«. Worauf sie erwidert habe, »sie möchte sich so gern zur Bühne ausbilden«. Sie sei schon bei Professor Friedrich gewesen, der habe gesagt, sie habe Talent. Der Herr habe dem Mädchen »zu seiner und seiner Familie Equipierung« 1000 Kronen in die Hand gegeben und versprochen, es und seine Familie auf sein Gut bei Prag zu nehmen. Im Herbst werde er dann sehen, ob er für das Mädchen einen Freiplatz erhalten könne. Das Mädchen habe eine große Freude gehabt, und Veith habe diese Wohltat mit größtem Dank angenommen. Das Mädchen habe »ganz kindlich ausgesehen und sei zum Erbarmen armselig angezogen« gewesen.

Das sei am Samstag zwischen 3 und 4 Uhr nachmittags gewesen. Am Sonntag sei der Wohltäter beim Derby gewesen und habe dort den Veith und seine Tochter elegant gekleidet gesehen. Beide hätten in einem Pavillon Champagner getrunken. Empört habe er ihr das geschildert und ihr »einen förmlichen Skandal« gemacht. Er habe gemeint, daß der Veith mit dem Mädchen jedenfalls etwas anderes beabsichtige.

Am Tag darauf sei Veith zu ihr gekommen, und da habe sie ihm klipp und klar gesagt, daß es von ihm eine Impertinenz sei, zum Derby zu gehen, wenn er wirklich so bettelhaft sei, und gedroht, ihn anzuzeigen, wenn er sich noch einmal erfreche, zu ihr zu kommen. Er habe kleinlaut erwidert, daß er seiner Tochter nur das Derby habe zeigen wollen.

Seit diesem Tag habe sie weder ihn noch sie noch einmal zu Gesicht bekommen. Der Wohltäter sei im übrigen ein alter Herr gewesen, der nur Gutes im Sinne gehabt habe. Das Mädchen sei ja auch »noch zu kindlich« gewesen.

Der Staatsanwalt läßt den Untersuchungsrichter unter dem 13.7.1908 wissen, daß er »keinen Grund zur Verfolgung der Rosa Weiß u. Anna Sachs finde«. Somit stellt der Untersuchungsrichter tags darauf die Vorerhebungen gegen Rosa Weiß und Anna Sachs ein.

01.05.-06.07.1908: Der Beschuldigte, Marcell Veith, wird verhört

Aus dem Protokoll des »Beschuldigtenverhörs«, zu dem Marcell Veith erstmals am 1.5.1908 aus Zelle 60 des Landes-Gerichts-Gefangenenhauses vorgeführt wird – fortgesetzt am 5.5., 6.5., 27.5., 28.5., 1.6., 2.6., 3.6., 26.6. und 6.7. – und bei dem er gleich eingangs von Untersuchungsrichter von Unkhrechtsperg »gemäß § 199 St.P.O. ermahnt [wird], die vorzulegenden Fragen bestimmt, deutlich und wahrheitsgemäß zu beantworten«:

»Ich bekenne mich nicht schuldig.

Ich gebe zu, daß ich meine Tochter mit 14½ Jahren in die reiche Lebewelt einführte, damit sie einen reichen Freund finde, der sie im Theaterfache ausbilden lasse. Ich gebe zu, daß meine Tochter seit vier Jahren verschiedene Vergnügungslokale besuchte, in welchen Damen der Halbwelt verkehren, daß ich sie mit einem reichen Manne zusammenführte, der sie aushalten wollte, daß meine Tochter mit meinem Wissen in unserer Wohnung Herrenbesuche empfing, daß sie jährlich 3½-4000 Gulden, das letzte Jahr 6000 Gulden verdiente und daß dieser Verdienst teilweise zur Bestreitung des Haushaltes verwendet wurde.

Sie gab mir den ganzen Verdienst in die Hand und ich verrechnete ihr jeden Tag das Geld. Dies alles ließ ich nur deshalb geschehen, damit meine Tochter eine glänzende Partie mache.

Ich stelle jedoch entschieden in Abrede, daß ich von einem geschlechtlichen Verkehre meiner Tochter für Geld gewußt habe.

Ich habe meine Tochter im Anfang so streng überwacht, daß es den Cavalieren lästig wurde. Ich habe auch der Versicherung meiner Tochter, daß sie unschuldig sei und bleiben werde, Glauben geschenkt.

Meine Frau wußte nicht mehr als ich und hatte keine Ahnung, daß unsere Tochter geschlechtlich verkehrte. Ich selbst erfuhr hiervon erst jetzt auf der Polizei. Ich dachte immer, daß das Geld, welches meine

Tochter mir brachte, ehrlich und anständig verdient sei und daß sie es nur dafür bekommen habe, daß sie irgendeinem reichen Herrn Gesellschaft leistete, ohne mit ihm geschlechtlich zu verkehren.«

Marcell Veith kommt mit neun Jahren als Interner ins Theresianum, wo er eine Vorbereitungs- und zwei Gymnasialklassen absolviert. Dann weitere vier Jahre Gymnasium an der Stella matutina in Feldkirch und Matura am Gymnasium Mies/Stříbro. Nach zwei Semestern Jus in Innsbruck gibt er seiner Passion fürs Militär nach und läßt sich gegen den Willen seines Vaters auf drei Jahre ins Dragoner-Regiment Nr. 8 einreihen. Sein Vater macht die Assentierung allerdings rückgängig. Veith muß sein Jusstudium in Innsbruck widerwillig fortsetzen. Er trägt dort unbefugt die Uniform eines Kadettwachtmeisters. Als er bei der ersten Staatsprüfung durchfällt, willigt sein Vater in den Besuch der k.k. Kavallerie-Kadetten-Schule in Mährisch Weißkirchen ein. 1882 zum 8. Husaren-Regiment ausgemustert, zieht er sich ein Jahr darauf bei einem Sturz vom Pferd einen Beinbruch, einen Leistenbruch, eine schwere Verletzung des linken Trommelfells und eine Gehirnerschütterung zu. Er wird für dienstuntauglich erklärt. Eine Audienz bei Sr. Majestät, bei der er darum bittet, weiter dienen zu dürfen, bleibt ohne Erfolg.

Während der Militärdienstzeit lassen sich seine Eltern scheiden. Er stellt sich auf die Seite seiner Mutter, weswegen sein Vater ihn verstößt und ihm die monatliche Unterstützung in Höhe von 400 Kronen entzieht. Er macht einen Haufen Schulden.

Er wandert in die Vereinigten Staaten von Amerika aus, wo er sich zunächst beim Zirkus Barnum in New York als Reiter, später als Reitlehrer verdingt. Mit einem reichen Pferdehändler hält er sich drei Monate in Tokio auf, nach dessen überraschendem Tod verschlägt es ihn als »Kohlenarbeiter« nach Australien.

Im Dezember 1888 mittellos wieder zurück in Wien, lebt er zwei Jahre hindurch bei Bekannten, die ihn gastfrei halten. In dieser Zeit lernt er seine nunmehrige Frau kennen, die damals Dienstmädchen ist. Aus diesem Verhältnis entspringt Marie.

1890 geht er – im Anschluß an eine sechsmonatige Reise nach Siam und Ägypten mit dem Grafen Anton Esterházy – ein weiteres Mal in die Vereinigten Staaten, kehrt, schwer erkrankt, mit Hilfe des österreichischen Konsulats zurück nach Österreich. Unternimmt als Gesellschafter beim Prinzen Rohan mit diesem ausgedehnte Reisen nach Frankreich und England. Retour in Wien, wird er Diurnist bei der Generaldirektion der Staatsbahnen, dann Sekretär beim Erbgrafen Fugger zu Babenhausen, der ihm eine Stelle als Kanzleihilfsarbeiter und Vollstreckungsorgan beim k.k. Exekutionsgericht Wien verschafft.

Wann genau er seine Frau kennenlernt, darüber will er keine Auskunft geben. »In geschlechtliche Beziehungen zu ihr« tritt er, als sie 1888 in Gmunden eine Stelle als Dienstmädchen hat. Als sie ihm mitteilt, daß sie »in der Hoffnung« sei, ist er fest überzeugt – und das bis auf den heutigen Tag –, daß es sein Kind ist, er weiß schließlich, daß sie »anständig und brav ist und mit niemand anderem Verkehr hat«. Noch bevor das Kind auf die Welt kommt, tritt er mit Graf Desfours eine Weltreise an. 1895 trifft er in Wien zufällig mit seiner jetzigen Frau zusammen. Von August 1896 an lebt er mit Anna in gemeinsamem Haushalt. 1897 holt er seine Tochter nach Wien und sorgt von da an für sie. Bis dahin lebt Marie bei ihrer Großmutter in Pram, Österreich ob der Enns; Vormund ist ein Bruder seiner Frau. Alimente hat Veith bis dahin nicht gezahlt. Nach der Heirat mit Anna, 1898, läßt er sein Kind legitimieren: Zwei Zeugen bestätigen auf dem Magistratischen Bezirksamt Wieden, daß er »der Kindesmutter in der kritischen Zeit beigewohnt habe«.

Im selben Jahr erhält er durch Vermittlung des Grafen Fugger infolge der Invalidität, die er sich während der Militärdienstleistung zugezogen hat, eine Tabaktrafik in der Kirchengasse im siebten Wiener Gemeindebezirk, erzielt damit aber kaum Gewinn, weil er nicht selbst im Laden steht, sondern eine Verkäuferin beschäftigt.

1899 verliert er nach einer Betrugsanzeige seine Stelle beim Exekutionsgericht. Die Vorerhebungen werden zwar eingestellt, die Vorstrafe wegen Erregung öffentlichen Ärgernisses aus dem Jahr 1897, die dabei ans Licht kommt, führt jedoch zu seiner Entlassung. Er verdient seinen Lebensunterhalt nun mehr schlecht als recht durch Akquisition von Lebensversicherungen und Schreiben von Artikeln für Zeitungen, wird wiederholt gepfändet und mit seiner Familie delogiert.

Von September 1903 bis Mai 1904 besucht seine Tochter die Theaterschule von Professor Arnau. Er bringt allerdings das Schulgeld nicht auf, weshalb sie unverrichteter Dinge aus dem Institut austreten muß. Als er erfährt, daß seine Tochter sich mit einem Schulkollegen im Stadtpark herumtreibt, und seine Frau sie unter dem Haustor mit einem Kadetten überrascht, wird ihm »angst und bang, daß einmal ein Unglück geschehen könne, zumal sie sehr schön war, viele Briefe an sie ins Haus kamen u. ihr auf der Gasse die Herren nachliefen. Sogar mit Fiakern fuhren sie ihr bis zum Hause nach und erkundigten sich beim Hausbesorger nach ihr.«

Deswegen faßt er den Entschluß, »seine Tochter mit reichen Lebemännern bekannt zu machen«, die sie versorgen, indem sie sie entweder heiraten oder ihr ein paar tausend Gulden geben und sie ausbilden lassen. Er selbst will wieder nach Amerika gehen und seine Tochter unter der Obhut seiner Frau lassen.

Erst nachdem sich keiner seiner Bekannten bereit findet, seiner Tochter eine Schauspielausbildung zu finanzieren – sie fürchten allesamt, »ins Gerede zu kommen« –, führt er sie 1904 zunächst in die Freudenau und dann nach »Venedig in Wien« und ins Ronacher. Selbst wenn sie mit Herren ins Séparée geht, hat er »keine Besorgnisse, daß sie geschlechtlich mißbraucht würde«. Er denkt sich, »sie werde sich schon halten und nicht wegwerfen«. Er redet ihr immer zu, »daß sie brav bleiben soll«, und schärft ihr ein, »nicht um eine Million dürfe sie etwas Unanständiges machen«. Die Beträge, die die Herren ihr spendieren – mal 50 Gulden, mal 25, manchmal auch 300, sehr oft aber auch bloß fünf –, erhält sie ausschließlich für die Gesellschaft, die sie den Herren leistet.

Die Einnahmen seiner Tochter – gewöhnlich 200 bis 300 Gulden monatlich, im letzten Jahr bis zu 900 – zeichnet er akribisch auf. Von dem, was sie verdient, bezahlt seine Tochter die Miete, ferner zuletzt sechs Kronen täglich für ihre Verpflegung. Der Rest wird für »Toiletten, Hüte, Wäsche, Schuhe, Wägen, Theaterlogen u. dgl.« ausgegeben. Für sich selbst verwendet er davon keinen Kreuzer.

Was er für seine gewöhnlichen Bedürfnisse braucht, verdient er selbst. Er schreibt Artikel für das »Welt-Blatt« sowie für die »Wiener Bilder«. Das trägt ihm jährlich 1200 bis 1600 Kronen ein. Außerdem ist er noch als Versicherungsagent tätig: für Gresham, den »Anker« und die »New York«.

Das Café de l'Europe sucht seine Tochter hinter seinem Rücken mit der Jellinek auf, nachdem ihr der Besuch des Café Ronacher verboten wird, weil sie von dort mit ihrer Herrenbegleitung noch in andere Lokale geht und Direktor Waldmann den Geschäftsentgang nicht dulden will. Im »Europe« erhält wiederum er Lokalverbot. Ein Gast gibt seiner Tochter einen Klaps auf den Hintern, Veith nennt ihn einen Lausbuben, der Gast beschwert sich beim Cafetier, und der meint, es ist ihm lieber, wenn Veith nicht mehr kommt, wenn der seine Gäste wegen so einer Kleinigkeit gleich beleidigt. Darauf Veith: »Ich habe geglaubt, Sie haben hier ein anständiges Kaffeehaus – und kein Hurenlokal.«

Er wäre aus der Haut gefahren, hätte er erfahren, daß seine Tochter mit einem Herrn ins Hotel geht. Dann hätte er nämlich annehmen müssen, »daß sie das Hotel nur zum Zwecke geschlechtlichen Verkehrs aufgesucht habe«. Das hätte er nie erlaubt.

1904 fragt seine Tochter im Ronacher eine Kassierin, ob Briefe für sie hinterlegt seien. Die erwidert, sie sei nicht dazu da, einer Hure Briefe aufzuheben. Veith stellt die Kassierin zur Rede. Die beschimpft ihn daraufhin als Strizzi und Kuppler seiner Tochter. Vor der Gerichtsverhandlung – Veith hat eine Klage auf Ehrenbeleidigung angestrengt – fragt er seine Tochter, »ob man ihr etwas vorwerfen könne, ob sie sich etwas zuschulden habe kommen lassen«. Sie verneint zwar auf das entschiedenste, um aber auf Nummer Sicher zu gehen, läßt Veith sie untersuchen, »ob sie defloriert sei oder nicht«. Er kann bei der Verhandlung ein gynäkologisches Attest vorweisen, das bestätigt, daß seine Tochter »unversehrt« ist. Die Kassierin muß Abbitte leisten.

Erst Monate nachdem seine Tochter die Jellinek kennengelernt hat, erfährt er von deren neuer Begleiterin. Er weiß damals noch nichts vom zweifelhaften Ruf der »Schleck-Poldi«. Ab Sommer 1905 bemüht er sich, seine Tochter von der Jellinek loszubekommen. Seine Tochter widersetzt sich, sie schätzt Jellineks Abgebrühtheit und Routine. Sie droht, mit der Jellinek durchzugehen. Er gibt nach, denn wenn sie ihre Drohung wahr macht, denkt er, wird seine Tochter »noch tiefer sinken«. »Die Jellinek hatte einen dämonischen Einfluß auf das Mädel.«

Daß die Jellinek in ihrer Wohnung Besucher empfängt, und das auch, wenn seine Tochter bei ihr ist, weiß er. Das sind Herren, die er selbst gesprochen hat und die ihm sagten, sie seien verheiratet, könnten sich abends in den einschlägigen Lokalen nicht sehen lassen, wollten sich aber trotzdem mit seiner Tochter »unterhalten«. Wenn er erfährt, daß die Jellinek seine Tochter mit Herren zusammenbringt, die er nicht kennt, macht er ihr jedesmal »einen Tanz«.

Anfang 1906 kommt seine Tochter oft sehr spät und ohne Geld nach Hause, gibt dann häufig an, der jeweilige Herr habe sie »geblitzt«. Er kommt ihr dahinter, daß sie sich halbe Tage und Nächte lang von einem Victor Widakovich im Automobil herumfahren läßt, und setzt alles daran, sie von dem jungen Mann wegzubringen. Denn er weiß, daß sein Kind, selbst wenn Widakovich es heiraten würde, mit ihm unglücklich wäre. Denn »er hat nichts, und sie macht die größten Ansprüche an das Leben. Sie verlangt die teuersten Toiletten, bei ihr spielt das Geld gar keine Rolle.«

Aus einem anonymen Brief erfährt er, daß seine Tochter, die ihm schriftlich geschworen hat, sich von Widakovich zu trennen, sich doch noch mit ihm trifft. Er macht ihr eine Szene. Sie fällt auf die Knie, weint herzzerreißend. Sie habe Victor so gern und könne nicht von ihm lassen. Sie gesteht ihm auch, daß sie sich mit ihm »näher eingelassen« hat. Er will ihr nicht das Herz brechen, erlaubt den Umgang mit Widakovich, aber unter der Bedingung, daß sie mit der Jellinek bricht. Was seine Tochter verspricht und auch hält.

Er hat seine Tochter durch seine Frau »sexuell vollkommen aufklären« lassen. Aus Gesprächen mit ihr schließt er, daß sie von »Perversitäten« Kenntnis hat. Ihm ist es nur darum zu tun, »ihre Virginität zu erhalten«. Daß sie sich »pervers gebrauchen« lasse, hält er nicht für möglich. Er sagt ihr oft: »Mach das nicht, vergiß dich doch nicht, man würde dich anspucken.« Sie selbst spricht mit Verachtung von den Herren, die so etwas verlangen, und von den Mädeln, die so etwas tun. Die Jellinek zischt ihn allerdings einmal wutentbrannt an, »daß Widakovich seine Tochter schlecke«. Er stellt beide zur Rede. Beide leugnen es. Und die Jellinek widerruft und erklärt, daß sie das nur aus Wut auf Marie gesagt habe.

Von Unkhrechtsperg konfrontiert Veith nun mit Zeugenaussagen, die dessen Angaben widersprechen. Im Protokoll des »Beschuldigtenverhörs« jeweils mit »Nach Vorhalt ...« vermerkt.

»Nach Vorhalt der Aussage der Leopoldine Jellinek.

Es ist möglich, daß ich die Jellinek zu gleicher Zeit wie meine Tochter kennenlernte. Ich hatte, wie bereits gesagt, keine Ahnung, daß meine Tochter allein oder mit der Jellinek in Herrenbegleitung Hotels aufsuchte.

Nach Vorhalt der Aussage des Franz Münichsdorfer.

Ich habe allerdings gewußt, daß meine Tochter in der Nacht Ronacher verließ, und da hat sie mir immer telephoniert, daß sie zu ›Maxim‹ oder ›Trocadero‹ mit einem Herrn fahre. Nie aber hat sie mir mitgeteilt, daß sie mit einem Herrn ein Hotel aufsuche.

Nach Vorhalt der Aussage der Elisabeth Kortner.

Es ist unrichtig, daß die Herren in meiner Wohnung mit meiner Tochter stets allein waren. Ich bin jedesmal hineingegangen. Es ist auch nicht wahr, daß immer nur ein Herr bei meiner Tochter gewesen ist, meistens sind zwei, drei Herren zu gleicher Zeit auf Besuch gewesen.

Nach Vorhalt der Aussage des Franz Schwankhart.

Es ist eine Lüge, daß meine Tochter die Herren nur mit Hemd und Rock bekleidet an der Tür verabschiedete. Richtig ist, daß ein Herr zu uns nicht hereingehen wollte, weil der Baron Popper, den er nicht leiden konnte, bei uns war.

Nach Vorhalt der Aussage des Viktor Thomanik.

Wenn meine Tochter nicht im Café Ritz war, so wußte ich, sie ist im ›Europe‹, oder sie hatte mir vorher telephoniert, daß sie woanders ist.

Nach Vorhalt der Aussage der Marie Nagel.

Die Geschichte von dem Herrn, welchem ich meine Tochter angeboten haben soll, ist unrichtig.

Nach Vorhalt der Aussage des Sandor Rosenthal.

Es ist unrichtig, daß mir das Ronacher verboten wurde.

Nach Vorhalt der Aussage des Leopold Jöstl.

Es ist unrichtig, daß mir das Ronacher verboten wurde.

Nach Vorhalt der Aussage des Samuel Preiß.

Ich wußte, daß sie manchmal früh in die Wohnung der Jellinek nach Hütteldorf fuhr, nicht aber, daß dies um 10 oder 11 Uhr nachts geschah. Ebenso habe ich nicht gewußt, daß in der Wohnung der Jellinek ein geschlechtlicher Verkehr stattfand. Ich glaube auch nicht, daß meine Tochter mit den Herren über die Höhe der Entlohnung verhandelte. Während sich das zugetragen haben soll, was der Zeuge erzählt, glaubte ich meine Tochter in ›Venedig‹.

Nach Vorhalt der Aussage des Victor Widakovich.

Meine Tochter hatte damals überall Schulden für Kleider, und ich mußte für alles gutstehen. Auch der Mutter blieb sie das Kostgeld schuldig. Dazu kam noch das Verhältnis mit Widakowich, der sie vom Verdienen abhielt, so daß ich mit Recht von einem materiellen Schaden sprechen konnte. Früher verdiente sie 600, 700 Gulden monatlich, seit sie Widakovich kannte, nur noch 200. Richtig ist, daß ich meiner Tochter einen Theatermantel um circa 900, aber nicht um 1400 Kronen kaufte. Der Hut hat auch keine 600 Kronen gekostet. Mit Ausnahme eines einzigen Hutes hat sie sich alle Hüte selbst gemacht. Den Ring habe ich über Auftrag meiner Tochter versetzt.

Ich gebe zu, daß ich vor den Wohnungen Taubstummen- und Burggasse gepaßt habe, aber nur auf Widakovich – damit er mit meiner Tochter nicht zusammenkomme. Das Gespräch im Café Maendel mit ihm ist ziemlich richtig wiedergegeben, nur ist vieles falsch gedeutet. Den Ausdruck »Geschäft« habe ich gebraucht. Sie ist doch als Animiermädchen gegangen, sie hat doch verdient. Tatsächlich haben nicht zwei, sondern sogar drei Cavaliere sich mir erbötig gemacht, meine Tochter ausbilden zu lassen – unter der Bedingung, daß sie mit niemand anderem verkehrt. Da meine Tochter mit Widakovich nicht brechen wollte, zogen sich die Herren gänzlich zurück, und ich ließ sie daher wieder zu Ronacher gehen.

Das verdiente Geld habe ich mit Einverständnis meiner Tochter an mich genommen, damit sie es nicht verliert.

Die Einladung bei Baron Popper war nur erdichtet. Sie hat die

600 Kronen nicht bekommen. Sie hat mir telephoniert, daß ich dem Victor sagen soll, sie gehe mit dem Popper, damit er nicht beleidigt ist. Er wußte ja, daß sie von diesem Herrn am meisten Geld bekam.

Richtig ist, daß Widakovich den Wohnungszins für fünf Monate bezahlt hat und daß meine Tochter von ihm Geld und Geschenke bekommen hat. Richtig ist auch, daß ich mich immer dafür bedankt habe. Es ist unrichtig, daß *ich* im Februar 1908 Widakovich den Abschied gegeben habe. Ich habe mich zwischen die zwei gar nicht hineingemischt. Auf den Abschiedsbrief habe ich nicht den geringsten Einfluß genommen.

Nach Vorhalt der Aussage des Karl Saßhofer.

Von den 4000 Kronen weiß ich gar nichts. In meinem ganzen Leben bin ich nicht im ›Trocadero‹ gewesen. Meine Tochter hat mir nie telephoniert, daß sie in einem Hotel sei. Sie hatte eine Doppelgängerin, die sich für sie ausgab und sich Elfriede Veith nannte.

Nach Vorhalt der Aussage des Johann Wagner.

Ich gebe zu, daß meine Tochter in meiner Wohnung einen jungen Mann geküßt haben kann.

Nach Vorhalt der Aussage der Leopoldine Jellinek.

In den Champagnerpavillons in ›Venedig‹ gab es gar keine Séparées. Meine Tochter saß draußen, so daß jeder sie sehen konnte. Das erste Jahr habe ich von meiner Tochter überhaupt kein Geld genommen, sondern erst dann, als sie einmal bei Ronacher 600 Kronen verloren hatte. Sie hat mir nicht erzählt, daß die Herren von ihr in den Séparées Unsittlichkeiten verlangten. Nie hat sie mir erzählt, daß sie mit den Herren pervers verkehrte. Ich hätte das niemals geduldet. Es ist absolut unwahr, daß meine Tochter gesagt haben kann, die Herren sollen sich wegen ihrer Jungfernschaft an mich wenden. Daß meine Tochter bei der Sachs und bei der Weiß war, ist überhaupt nicht denkbar. Jedenfalls hätte ich meine Zustimmung dazu nicht gegeben.

Unwahr ist, daß ich forderte, sie müsse den Herren das Geld im vorhinein abverlangen. Wenn meine Tochter von Herren in der Wohnung der Jellinek eingeladen wurde, glaubte ich, meine Tochter unterhalte sich dort so wie bei Ronacher.

Es ist wahr, daß mir die Tochter in der Wohnung der Jellinek das verdiente Geld in die Hand gegeben hat.

Das Wort ›Hotel‹ ist mir nie aus dem Mund gekommen. Ich hatte keine Ahnung, daß sie in Hotels ging.

Ein einziges Mal war ein Herr in der Taubstummengasse, als ich hinkam. Das Zimmer war versperrt. Ich schickte die Zimmerfrau hinein und machte einen Mordsskandal. Meine Tochter kam sofort heraus – ganz angezogen! Es ist möglich, daß ich öfter in die Wohnung der Jellinek kam, wenn ein Herr da war. Entschieden unwahr ist, daß meine Tochter in Hemd und Unterrock herauskam, wenn Herren dort waren.

Ich habe meiner Tochter nur solche Herren gestattet, von welchen ich nach Name und Stellung schließen konnte, daß sie mit ihr nicht geschlechtlich verkehren würden. Mit der Jellinek hatte ich immer Krawall, weil sie meine Tochter mit unbekannten Herren gehen ließ. Ich sagte zu ihr: ›Poldi, wenn Sie die Mizzi verleiten, mit Herren zu gehen, die sie nicht kennt, so müssen Sie von den Herren das Geld im vorhinein verlangen, damit sie nicht umsonst die Nacht verdraht.‹

Die Angabe der Jellinek, daß sie mich über den Geschlechtsverkehr meiner Tochter aufklärte, ist falsch. Sie hat nie auch nur eine Andeutung davon gemacht.

Die Worte: ›Mein Kind ist noch eine Unschuld, und solange ich das beweisen kann, kann mir die Polizei einen Dreck machen‹ sind richtig. Die Jellinek wurde von der Polizei vorgeladen wegen ihres Lebenswandels, und da sagte sie mir, meine Tochter und ich werden auch einen Anstand haben.

Die Sache mit dem ›Hurenlokal‹ habe ich schon aufgeklärt.

Es ist nicht wahr, daß ich meiner Tochter die Schamhaare abrasiert hätte.

Es ist nicht wahr, daß sie sich vor mir ausgezogen hat.

Ich stelle in Abrede, daß ich mit meiner Tochter irgendwie geschlechtlich verkehrt hätte.

Der Russe, von dem die Jellinek spricht, ist meiner Tochter viel nachgestiegen. Er hat mich um die Erlaubnis gebeten, mit ihr zu soupieren. Als er sein Geld ausgegeben hatte, fuhr er nach Paris. Er war nobel und hat ganz anständig gezahlt und Präsente gemacht. Alles andere ist nicht wahr.

Meine Tochter war nie bei der Sachs – soviel ich weiß. Die Sachs kennt jeder Mensch als Aufführdame. Ich war als lediger Mensch oft in Gesellschaft von Cavalieren bei ihr. Die Weiß kenne ich nicht.

Waren Sie nicht selbst bei der Sachs wegen Ihrer Tochter?

Darüber gebe ich keine Auskunft.

Nach Vorhalt der Aussage der Anna Sachs.

Ich wollte, daß die Sachs meiner Tochter eine Bekanntschaft mit einem jungen reichen Herrn vermittelt.

Warum haben Sie sich wegen Ihrer Tochter an eine Bordellbesitzerin gewandt?

Die Sachs ist keine Bordellbesitzerin, sondern eine Aufführfrau, die sich auch mit Heiratsvermittlungen befaßt. Unwahr ist, daß ich von meiner Frau erzählte, sie sei gelähmt und im Hirn nicht ganz richtig. Die weitere Erzählung der Sachs von meinem, meiner Tochter und des Wohltäters Zusammentreffen in der Wohnung der Sachs ist richtig. Meine Tochter war damals 14½ Jahre alt. – Ich habe nicht zugeben wollen, daß ich bei der Sachs war, weil ich andere Personen nicht in die Untersuchung verwickeln wollte.

Nach Vorhalt der Aussage des Rudolf Kraus.

Ich habe ja gesagt, daß mir die Tochter das Geld gegeben hat. Es war nicht immer Geld im Kuvert. Wenn ich nicht wußte, mit dem sie ging, gab sie die Visitenkarte des Herrn ins Kuvert.

Nach Vorhalt der Aussage der Auguste Schreiber.

Es ist richtig, daß ich oft mit meiner Tochter gestritten hatte. Sie war damals noch ein Kind und hat Dummheiten gemacht, worüber ich mich geärgert habe. Sie hat damals kein Schleppkleid getragen, erst bei Ronacher.

Ein- oder zweimal hat sie bei der Jellinek übernachtet, aber gegen meinen Willen, und ich habe das abgestellt.

Ich habe schon gesagt, daß ich das, was ich für meine persönlichen Verhältnisse brauchte, selbst verdient habe.

Es ist nicht wahr, daß meine Tochter nichts zu essen bekommen hat. Alles im Hause drehte sich um sie. Jede Laune, jeder Wunsch ist ihr erfüllt worden.

Meine Tochter kann niemals gesagt haben, sie müsse mir telephonieren, in welches Hotel sie geht. Richtig ist, daß sie mir telephoniert hat, wo sie sich befindet: ›Papa, darf ich noch ein paar Stunden bleiben? Warte bis soundso viel Uhr im Café auf mich. Der und der hat mich eingeladen.‹ Es ist nicht möglich, daß meine Tochter das Wort ›Hotel‹ herausgebracht hat. Sie hat die Schreiber nicht leiden können und bei der Jellinek darauf gedrungen, daß sie sie entlasse, was auch geschehen ist. Dadurch entgingen der Schreiber Trinkgelder, und sie bekam einen Haß gegen meine Tochter. Es ist daher nicht denkbar, daß meine Tochter mit der Schreiber so vertraut gesprochen hat.

Richtig ist, daß ich den Tarif der Herren kannte. Ich wußte nach dem Kassabuch, wieviel sie zahlten.

Richtig ist, daß meine Tochter durch die Schreiber von meiner Wohnung abgeholt wurde. Richtig ist ferner, daß meine Tochter nicht die Tür aufmachte, sondern ich oder meine Frau. Unwahr ist, daß ich mit meiner Tochter jemals in *einem* Bett gelegen wäre. Die Wahrnehmungen der Zeugin gründen sich vielmehr auf folgendes: In unserem Schlafzimmer stand die Nähmaschine. Wenn meine Tochter auf derselben nähte, so konnte ich wegen des Lärms nicht schlafen. Es kam deshalb sehr oft vor, daß ich nachmittags in das Zimmer meiner Tochter ging und mich auf ihr Bett legte, um zu schlafen. Diwan hatte sie keinen. Dies kann auch vormittags gewesen sein, aber selten.

Nach Vorhalt der Aussage des Karl Pichl.

Es ist unrichtig, daß ich bei Ronacher ausgewiesen wurde. Im Gegenteil, Direktor Waldmann hat mir erklärt, daß er meine Tochter in Schutz nehme. Ich möge sie nur hinbringen und abholen.

Nach Vorhalt der Aussage des Anton Bretterbauer.

Ich bin oft mit meiner Tochter zu Hause geblieben, damit sie sich ausruhe. Die Herren trafen dann die Jellinek allein bei Ronacher und fragten nach meiner Tochter. Es ist nur ein paarmal vorgekommen, daß die Herren meine Tochter zu Hause abholten. Ich habe aber dem Hausbesorger ausdrücklich den Auftrag gegeben, zu sagen, wir seien nicht zu Hause, oder er darf nicht hinaufgehen, um das Abholen zum Drahn nicht überhandnehmen zu lassen. Ich habe, bevor ich meine Tochter wegfahren ließ, vom Fenster heruntergeschaut und sie nur dann fortfahren lassen, wenn ich wußte, wer der Herr war.

Nach Vorhalt der Aussage des Waldemar Svoboda.

Es ist unrichtig, daß ich aus dem Englischen Garten ausgewiesen wurde. Die ganze Aussage ist von A bis Z unwahr.

Nach Vorhalt der Aussage des Rafael Pollak.

Das ist richtig. Ich habe mit Herrn Pollak keine anderen Geschäfte gemacht, wohl aber mit einem anderen Beamten des ›Anker‹, den ich nicht nennen will, weil er sonst Scherereien hätte.

Nach Vorhalt der Zuschrift der ›New York‹.

Das ist richtig. Aber ich habe als Subagent noch weitergearbeitet. Namen will ich nicht nennen, weil der Betreffende sonst Anstände wegen der Fatierung hätte.

Nach Vorhalt der Zuschrift der ›Wiener Bilder‹.

Ich habe mehr Artikel geliefert und habe mich ausgeglichen, obwohl ich viel mehr zu fordern hatte.

Nach Vorhalt der Auskunft des ›Gresham‹.

Das ist richtig.

Nach Vorhalt der Auskunft des ›Welt-Blatts‹.

Ich habe wenigstens 16 oder 17 Artikel geschrieben, wofür ich einige hundert Gulden erhalten habe. Das letzte Honorar habe ich vor zweieinhalb, drei Jahren bekommen.

Nach Vorhalt des Artikels ›Arme Komtesse Mizzi!‹.

Ich habe den Ernst Ely Ende 1905 im Café Maendel in der Praterstraße kennengelernt. Über meine Tochter haben wir allerdings gesprochen, niemals aber im Sinne des Artikels. Ich sagte ihm vielmehr, daß ich sie gern gut versorgt wüßte. Darauf bot er mir selbst an, er wisse einen reichen Herrn, der mir die Mittel zur Ausbildung vorstrecken werde. Nachträglich teilte er mir mit, die Frau des Betreffenden lasse es nicht zu. Äußerungen im Sinne des Artikels habe ich nicht gemacht. Ely kannte auch meine Tochter und saß mit ihr zusammen, während ich Schach spielte.

Nach Vorhalt der Aussage des Ernst Ely.

Es ist richtig, daß ich gesagt habe, ich könne meine Tochter nicht mehr zügeln. Das war der Fall, ich hatte den Einfluß verloren, und sie drohte mir durchzugehen.

Nach Vorhalt der Note des k. k. Ministeriums des Innern.

Das habe ich alles nicht gewußt. Ich besaß einen Taufschein mit dem Titel Comes romanus.

Nach Vorhalt der Zuschrift des k. u. k. Husaren-Regiments Nr. 8.

Es ist richtig, daß ich aus der Kadettenschule nicht ausgemustert, sondern entlassen wurde. In Privatgesprächen habe ich mich als Offizier ausgegeben, behördlich nie.

Haben Sie nie erfahren, daß ein anderer der Vater der Marie ist?

Ja, später.

Wann?

Über das gebe ich keine Auskunft.

Haben Sie Ihre Frau schon gekannt, bevor das Kind geboren wurde?

Ja.

Sie wurden aber als Vormund bestellt, nachdem Sie das Kind acht Jahre vorher legitimiert hatten?

Darüber will ich keine Auskunft geben.

Hat der Kindesvater Alimente gezahlt?

Ich gebe darauf keine Antwort.

Nach Vorhalt der Aussage der Anna Veith.

Ich gebe zu, daß ich gewußt habe, daß Alimente gekommen sind.

Nach Vorhalt des Tagebuchs der Marie Veith.

Aus dem Tagebuch geht allerdings hervor, daß meine Tochter mit einer Anzahl von Herren zusammengekommen ist, nicht aber, daß sie, außer mit Widakovich, mit diesen Herren geschlechtlich verkehrt hat. Von obscönen Fotografien weiß ich nichts.

Nach Vorhalt der Briefe 1 bis 132.

Die vertraulichen Anreden der Herren habe ich immer beanständet. Meine Tochter ließ sich aber diese Anreden trotzdem gefallen. Vor mir haben sie die Herren immer mit ›Sie‹ angesprochen.

Nach Vorhalt der Kassabücher:

Wie aus dem letzten Buch vom Mai 1907 bis Mai 1908 ersichtlich ist, habe ich während dieser Zeit von den Einnahmen meine Ausgaben nicht bestritten. Früher habe ich allerdings auch meine eigenen Ausgaben dazugeschrieben. Manchmal habe ich den Verdienst meiner Tochter zur Deckung meiner persönlichen Bedürfnisse herangezogen und später mit ihr verrechnet. Aus den Kassabüchern wolle entnommen werden, daß die Ausgaben stets die Einnahmen überschritten. Die Differenz habe ich durch meinen eigenen Verdienst gedeckt.«

29.05.1908: Die Beschuldigte, Anna Veith, wird verhört

Aus dem Protokoll des »Beschuldigtenverhörs« mit Anna Veith, das Untersuchungsrichter von Unkhrechtsperg am 29.5.1908 vornimmt:

»Ich erkläre mich nicht schuldig.

Ist die Marie Veith die Tochter des Marcell Veith?

Das kann ich nicht sagen. Ich muß das mit meinem Gewissen verantworten.

Kannten Sie den Marcell Veith überhaupt vor der Geburt Ihres Kindes?

Darauf verweigere ich die Antwort.

Nach Vorhalt des Vormundschaftsaktes der Marie Veith.

Ich gebe zu, daß Karl Viehböck der Vater der Marie Veith ist. Ich habe dies auch dem Marcell Veith gesagt. Ich weiß auch, daß er das Kind legitimiert hat. Warum, weiß ich nicht. Karl Viehböck hat über von mir veranlaßte Klage und Exekutionen Alimente gezahlt. Es war aber nicht viel. Die Alimente wurden bis zum 14. Jahre des Kindes gezahlt. Im ganzen dürfte Viehböck 800 bis 1000 Kronen gezahlt haben. Ich habe diese Beträge für das Kind verwendet. Mein Mann hat von den Alimenten gewußt. Die Zahlungen haben erst begonnen, als das Kind sechs Jahre alt war.

Nach Vorhalt des Briefes des Vormunds vom 20.12.1905 aus dem Vormundschaftsakt.

Ich habe selbst geglaubt, daß mein Mann Offizier gewesen ist, weil er es mir sagte. Meinem Bruder teilte ich mit, daß wir das Kind ausbilden lassen. Wenn es eine tüchtige Schauspielerin geworden sei, könne es 2000 bis 3000 Gulden verdienen.

Nach Vorhalt des Protokolls mit Marcell Veith vom 15.2.1906 aus dem Vormundschaftsakt.

Ich weiß, daß mein Mann 1906 zum Vormund bestellt wurde. Anläßlich der Legitimation bin ich nicht beim Pfarramt gewesen. Warum acht Jahre nach der Legitimation ein Vormund bestellt wurde, kann ich nicht sagen. Ich überließ alles meinem Mann und glaubte, daß er es recht mache. Ich verstand nichts davon.

Bis zu ihrem achten Jahr war meine Tochter bei meiner Mutter in Pram. Fünf Tage nach der Hochzeit faßten ich und mein Mann zugleich den Entschluß, das Kind nach Wien kommen zu lassen. Ich wollte mein Kind, da ich verheiratet war, selbst erziehen. Die Großmutter hat um das Kind sehr geweint und wollte es nicht hergeben. Mein Mann kaufte dem Kind gleich über unsere Verhältnisse Kleider und Spielereien und verhätschelte es in jeder Beziehung. Das Kind besuchte fünf Volksschul- und drei Bürgerschulklassen und lernte sehr gut. Als es nach Wien kam, wußte mein Mann schon, wer der Vater war. Die näheren Umstände, wie er das erfahren hat, will ich nicht angeben.

Als das Kind noch in die Schule ging, liefen ihr die Herren überall nach, und man sagte, sie sei sehr schön. Wenn mein Mann Geld hatte, konnte er es nicht halten. Er kaufte zuviel, insbesondere dem Kind. Ich wußte, daß er mit dem Kind abends fortgeht und in der Nacht nach Hause kommt und daß das Kind Geld verdiente. Wenn ich sie fragte, woher sie das Geld habe, so sagte sie, sie habe es von den Herren geschenkt bekommen, die sie eingeladen haben. Ich meinte, sie werde doch keinen schlechten Lebenswandel führen, was sie entschieden verneinte. Sie sagte: ›Die Herren wissen, daß ich arm und ein lustiges Mädel bin, und so schenken sie mir das Geld. Diese Herren werden mich doch nicht verführen, die selbst über das Gesetz verfügen.‹ Geld hat sie mir nie gezeigt, nur hie und da gab sie einen Fünfer. Mein Mann gab mir 180 Kronen, zuletzt 200 Kronen monatliches Kostgeld. Aber manchmal gab er mir nur 120 oder 140 Kronen. Wenn ich gefragt habe, woher das Geld kommt, sagte mein Mann immer: ›Sie tut nichts Schlechtes.‹

Den Verkehr meiner Tochter mit der Jellinek habe ich nie geduldet, denn ich wußte, daß die einen liederlichen Lebenswandel führt. Ich habe sie selbst aus meiner Wohnung hinausgeworfen und habe meiner Tochter verboten, mit ihr zu verkehren. Sie ließ sich aber davon nicht abhalten.

Von einem Geschlechtsverkehr meiner Tochter gegen Entgelt wußte ich gar nichts. Mein Mann sagte mir immer, das Kind mache nichts Unrechtes. In der Wohnung haben nur Theresianisten verkehrt, und ist in derselben bestimmt nichts vorgefallen.«

*

Am 26.6.1908 stellt Marcell Veith den Antrag, daß ihm noch »im Laufe der Voruntersuchung die Zeugen: Leopoldine Jellinek und Victor Widakovich gegenübergestellt werden, da sich in deren Aussagen sehr viele Widersprüche befinden und weil ich befürchte, daß diese Zeugen bei der Hauptverhandlung nicht erscheinen wollen. Schließlich, weil die erstere Zeugin sehr viel gelogen hat.« Weiters beantragt er Akteneinsicht für seinen Anwalt, Siegmund Hofmokl.

Noch am selben Tag läßt Untersuchungsrichter von Unkhrechtsperg Hofmokl wissen, daß die von Veith gestellten Anträge auf eine »Konfrontierung mit den genannten Zeugen« und auf Gestattung der Akteneinsicht abgewiesen wurden, weil erstere vom Untersuchungsgericht »zur Aufklärung der Sache nicht für notwendig« gehalten wird und letztere »mit dem Zwecke des Verfahrens nicht vereinbart« werden könne.

Veith erhebt gegen diesen Beschluß Beschwerde bei der Ratskammer. Hofmokl führt aus: Das Begehren seines Klienten auf Konfrontierung mit den Zeugen sei vollauf begründet, die Hauptbelastungszeugen seien schließlich »Individuen bedenklichster Art«, und es könne nur im Interesse der Wahrheitsfindung liegen, wenn man deren Aussagen im Wege einer Gegenüberstellung schon im Vorverfahren »auf das richtige Maß des Tatsächlichen« einzuschränken vermöge.

Die Ratskammer des k.k. Landes-Gerichts in Strafsachen Wien gibt nach Anhörung der k.k. Staatsanwaltschaft der von Marcell Veith angemeldeten und von Siegmund Hofmokl ausgeführten Beschwerde gegen den Beschluß des Untersuchungsrichters keine Folge.

13.07.1908: Die Anklage lautet auf »Kuppelei nach § 132 IV St.G.«

Mit 13.7.1908 ist die Anklageschrift ausgefertigt. Die k.k. Staatsanwaltschaft Wien erhebt gegen:

1. Marcell Veith, am 2.1.1862 in Liboch, Bezirk Douba in Böhmen geboren, nach Prag zuständig, katholisch, verheiratet, Privatier, zuletzt in Wien IV, Schönburgstraße Nr. 19 wohnhaft gewesen. Derzeit in Haft, vorbestraft;

2. Anna Veith, am 28.4.1861 in Peuerbach, Bezirk Schärding, Oberösterreich geboren, nach Prag zuständig, katholisch, verheiratet, Private in Wien V, Zentagasse Nr. 22, unbescholten, die

Anklage:

Marcell Veith und Anna Veith haben sich in der Zeit vom März 1904 bis zum April 1908 in Wien, und zwar ersterer als Vormund und Stiefvater, letztere als Mutter der Kuppelei gegen ihr Stiefkind und Mündel beziehungsweise Kind Marie Veith schuldig gemacht und zwar:

Marcell Veith und Anna Veith vom März 1904 bis zum April 1908 dadurch, daß sie aus der gewerbsmäßigen Unzucht der Marie Veith ihren Unterhalt suchten, und weiters vom Dezember 1907 bis zum April 1908 auch dadurch, daß sie der Marie Veith zur Betreibung ihres unerlaubten Gewerbes als Schanddirne Unterschleif gaben;

Marcell Veith allein, vom März 1904 bis Mitte 1906 überdies dadurch, daß er sich als Unterhändler in unerlaubten Verhältnissen dieser Art in Bezug auf Marie Veith gebrauchen ließ.

Hiedurch haben Marcell Veith und Anna Veith das Verbrechen der Kuppelei nach § 132 IV St.G., strafbar nach § 133 St.G., begangen. […]

Gründe:

[…] Zu welchem Zeitpunkte Marcell Veith seine Stieftochter in die Lebewelt einführte, ist nicht ganz klargestellt. Manche Angaben sprechen dafür, daß er sie schon mit 12 oder 13 Jahren in herausfordernden Toiletten nach »Venedig in Wien« führte und dort mit Herren Séparées aufsuchen ließ.

Mit Sicherheit läßt sich aber feststellen, daß sie am 27. März 1904 so zu »verdienen« begann, wie sie es seither tat, oder richtiger gesagt, tun mußte. Damals war sie ein Kind von 14 1/2 Jahren. Dieses Datum läßt sich dadurch feststellen, daß mit jenem Tage die Buchführung des Marcell Veith über die Einnahmen seiner »Tochter« und die hieraus bestrittenen Ausgaben beginnt, die er bis zu seiner Anhaltung fortgesetzt hat. […]

Von da an bis zu ihrem Tode betrieb Marie Veith das Gewerbe einer geheimen Prostituierten, und zwar bis Mitte 1906 in ausschließlich perverser Betätigung, von da ab jedoch auch auf normalem Wege. Daß dies der Fall war, ist durch eine Reihe von Zeugenaussagen sichergestellt. Marcell Veith stellte dies zuerst überhaupt in Abrede, modifizirte aber schließlich seine Angaben dahin, daß dies ohne sein Wissen und gegen seinen Willen geschehen sei. Die unten folgenden Erörterungen führen jedoch zur Widerlegung dieser Verantwortung. [...]

Aus den Rechenbüchern läßt sich vielmehr der Beweis erbringen, daß die Familie von diesem Zeitpunkte an ausschließlich vom Schandlohne der Tochter lebte, der in dieser Zeit in Summe mindestens 44.000 K betrug und zur Gänze aufgebraucht wurde.

Nicht nur Zins und Dienstlöhne; Haushalt und Möbelankäufe wurden daraus bestritten, sondern auch die Kleidung für die Eltern; selbst seinen täglichen Cigarrenbedarf und den Raseur bestritt Marcell Veith aus diesem Einkommen. Das Tagebuch zeigt, wie hart Marie Veith unter dem Zwange litt, die Lasten des ganzen Hauses zu tragen.

*

Am 14.7.1908 wird »Marcell Veith (in Haft)« und »Anna Veith (auf freiem Fuß)« die Anklageschrift kundgemacht. Beide nehmen die Anklageschrift zur Kenntnis, verzichten auf Zustellung einer Ausfertigung der Anklageschrift und erheben gegen die Anklage Einspruch beim k.k. Ober-Landes-Gericht Wien. Am 15.7. ziehen sie den Einspruch zurück, womit die Anklage »in Rechtskraft erwachsen« ist. Marcell Veith kündigt an, die Vorladung von Zeugen und Sachverständigen zu beantragen, die nicht bereits in der Anklage vorgesehen sind.

*

Am 20.7.1908 wird den Angeklagten der Termin der Hauptverhandlung bekanntgegeben: 30.7.1908, ¼9 Uhr vormittags.

*

Am 27.7.1908 – gerade noch fristgerecht – stellt Siegmund Hofmokl »namens Conte Marcell Veith« den Antrag, unter anderem als Zeugen zu laden:

– Polizei-Oberkommissär Dr. Baumgarten.

»Beweisthema: Gründe des Selbstmordes der Marie Contessa Veith. Der Zeuge hat [dieselbe] stundenlang einvernommen; einen Bruchteil hievon enthält der Polizeiakt. Von eminenter Wichtigkeit für die Verteidigung ist der Nachweis, daß dem Conte Veith der Verkehr seiner Tochter mit Männern in seiner wahren Form bis zum Tode seiner Tochter unbekannt blieb; weiters, daß die Gründe des Selbstmordes, wie sie im Vernehmungsprotokoll der Leopoldine Jellinek und des Victor Widakovich enthalten sind, vollständig falsch sind.«

– Vier Theresianisten: Franz Freiherr von Kubinzky, Julius Ritter von Wichkowski, Paul Graf Keglevich, Paul Baron Lebel.

»Beweisthema: Die Besuche der Zeugen im Hause Veith waren harmlose Theeabende. Es ist unwahr, daß die Herren aufeinander warten mußten. Im Gegenteil! Die Herren kamen gleichzeitig zum Thee und verabschiedeten sich auch gleichzeitig; weiters, daß der Contessa Marie Veith von ihrem Vater strengstens verboten wurde, irgendwelche Einladungen anzunehmen oder gar in Hotels zu gehen.«

– Sämtliche im Kassabuch verzeichneten »Cavaliere«.

»Beweisthema: Der Angeklagte hat seine Tochter nicht einem einzigen von diesen Herren angetragen, geschweige denn von ihnen Geld erhalten.«

Hofmokl beantragt weiters die Beschaffung der Leumundsnote des Fiakers Franz Münichsdorfer, »um Widersprüche in seinen Aussagen und insbesondere seine Unglaubwürdigkeit nachzuweisen«. Sowie die »Ausscheidung des Verfahrens gegen Anna Contessa Veith und die Prüfung ihres Geisteszustandes«. Begründung: »einerseits der untrügliche Charakter eines Schwachsinns, andererseits die vollständig zurückgebliebene Bildung, welche die Erkenntnis des wahren Charakters des Anklagedeliktes ausgeschlossen hat«.

In der »Begründung« führt Hofmokl weiter aus: Der Untersuchungsakt enthalte »lediglich mit Bienenfleiß gesammeltes Belastungsmaterial«. »Entlastende Momente« seien »nicht genügend berücksichtigt« worden. So sei das Untersuchungsgericht »peinlich bestrebt gewesen, Personen und Namen zu schonen, wobei jedoch vergessen wurde, daß Conte Veith unter dem Verdachte des Verbrechens der Kuppelei stand und Kuppelei schon nach Laienbegriffen nichts anderes ist als eine Vermittlertätigkeit, und es in erster Linie doch von Belang gewesen sein mußte, diejenigen über die Handlungsweise des Angeklagten zu befragen, welchen eben die verstorbene Contessa Veith angeblich verkuppelt worden war«. Der Verteidigung sei klar, daß die Ladung »sämtlicher im Kassabuch verzeichneter Cavaliere« sich als schwierig erweisen werde, weswegen »die Gefahr einer Vertagung der Verhandlung eine eminente« sei. Eine Vertagung könne »aber unmöglich im Interesse eines Angeklagten liegen, welcher bereits mehrere Monate der Freiheit beraubt ist«. Die Verteidigung schlägt vor, den Versuch zu unternehmen, »sämtliche der im Antrag gestellten Ladungen nach Tunlichkeit und Möglichkeit ergehen zu lassen«, und behält sich vor, »erst im Laufe der Verhandlung zu dem Ergebnisse dieses Versuches Stellung zu nehmen, eventuellen Falles die ausgebliebenen Zeugenatteste durch andere Beweismittel zu ersetzen oder aber auf diese Entlastungsmomente unter dem Drucke der Vertagungsgefahr zu verzichten«.

*

Mit 28.7.1908 datiert und damit nicht mehr fristgerecht ein Schreiben Anna Veiths an den vorsitzenden Richter der Hauptverhandlung, Baron Distler. Dieser Protest gegen die Anklageschrift ist denn auch keine formale Eingabe, sondern vielmehr ein sehr persönlicher Ausdruck tiefster Empörung.

Euer Hochwohlgeboren!
Man sollte nicht glauben, daß es einen Gott giebt, und daß Gott alwiesend ist. Wenn man das ganze bedenkt was die Menschen im Stande sind, einen so zu verleumden, wie Poldie Jelinek in Stande ist; zu mir sagte Sie immer Mizzi ist brav und macht nichts unrechtes und Ich sollte doch daß Kind nicht so ungerecht seckieren. Bei Ihr sagte Sie geschieht ja nichts unrechtes mein Kind hat Sie aufgehetzt und gesagt daß Ich eine Raben Mutter bin. Auch hetzt Sie meinen Mann gegen mich, wen man daß alles betrachtet wie vieles in dieser Anklageschrift nicht war ist. Poldie sagte mir, Mizzi hätte ja schon 10.000 auch 15.000 von die Herren erhalten aber mein Mann sagt Sie mir erlaubte es nicht. Was kan man sich über eine solche Zeugin denken Ich glaube daß alles nicht war ist. Auch sollte Poldie eine verheiratete Frau sein was Ich gehört habe, auch sehe Ich in dieser Anglageschrift, daß mein liebes Kind in Grabe keine Ruh haben kann; Ein so schönes Mädchen wie meine Mizzi war hatte es nicht notwendig gehabt etwas unanständiges zu machen, und wen die Zeugen noch so schlecht über Sie reden. Aber die Liebe werden Sie mir nie aus den Herzen reißen und Ich werde sehr bald zu Ihr komen, wen mir nicht Gott hüft so werde Ich mir selbst helfen

auch ist es unwahr das mein Mann das Geld in Empfang nahm was mir Viebek gezahlt hatte auch bemerke Ich das es eine Schande ist daß mich mein Mann als Magd geheiratet hat. Warum mann grade in der Anklageschrift das Wort Magd so betont. Auch hatte man mich schon Ihn Wien über daß gespotet weil Ich arbeite überhaupt sehe Ich daß in Wien die Leute was arbeiten minder betrachtet werden. Auch spotet man meinen Mann wegen den Päpstlichen Titel warum muß man einen Menschen noch mehr unklücklicher machen. Er war nicht allein auch seine Geschwister haben in geführt. Ich werde es durch Briefe und Karten Beweise bringen. Auch ist es nicht wahr daß nur ein Herr in die Wohnung darf es war ganz etwas anderes Baron Walberg stieftete immer Zwistikeiten so daß man sich fürchten mußte daß Sie sich gegenseitig Schlagen.

Auch daß ist nicht wahr was Ronacher sagte weil es Ihm nicht recht war das Mizzi von die Herren bevorzugt wurde er sagte es müssen die Buffetdamen auch eingeladen werden, weil Sie überhaupt nicht viel verdienen, und alles sagte er möchte Mizzi einladen. Wahr ist es nicht daß meine Tochter Mizzi in der Nacht immer aus dem Hause gegangen ist das ist zweimal so lange wir in der Schönburggasse gewohnt haben, da hate Sie mir gesagt Sie hat was vergesen und die 2 1/4 Jahre was wir in der Grühubergasse gewohnt haben da ist Sie aber nur bei Tag aus dem Hause drei bis viermal per Woche gegangen übrige Zeit war Sie zu Haus. So viel was Ich noch weiß dürfte Poldie, Mizzi vier bis fünfmal diese Zeit was wir in der Grühubergasse gewohnt haben in der Nacht abgeholt haben und zum Heurigen gefahren was mir nie recht wahr und habe jedes mal gezankt darüber.
Hochachtungsvoll, *Anna Veith*

30. u. 31.07.1908: Die Hauptverhandlung »wider Marcell Veith u. Anna Veith« findet unter Ausschluß der Öffentlichkeit statt

Die auf zwei Tage anberaumte Hauptverhandlung »wider Marcell Veith, ›in Haft‹, u. Anna Veith, ›auf freiem Fuße‹, wegen Verbrechens gemäß §132 IV. St.G. vor dem k.k. Landes-Gerichte Wien« findet am Donnerstag, 30.7.1908, und Freitag, 31.7.1908, statt. Den Vorsitz des Erkenntnisgerichts hat Ober-Landes-Gerichts-Rat Karl Freiherr von Distler inne. Beisitzende Richter sind: Ober-Landes-Gerichts-Rat Ladislaus von Szilvinyi, Landes-Gerichts-Rat Wilhelm Neumann sowie Gerichts-Adjunkt Dr. Philipp Hotter. Die Anklage vertritt Staatsanwaltschafts-Substitut Dr. Friedrich Wiesner. Die Verhandlung findet »aus Gründen der öffentlichen Sittlichkeit« unter Ausschluß der Öffentlichkeit statt.

Um 8.30 Uhr erklärt der Vorsitzende die Sitzung für eröffnet. Der Schriftführer ruft die Strafsache auf. Der Vorsitzende verkündet den Beschluß auf Ausschließung der Öffentlichkeit und ermahnt die Angeklagten »zur Aufmerksamkeit auf die vorzutragende Anklage und den Gang der Verhandlung«. Er erinnert die erschienenen Zeugen und Sachverständigen an die »Heiligkeit des von ihnen abgelegten oder abzulegenden Eides« und vernimmt dann die Angeklagten über den Inhalt der Anklageschrift. Beide erklären, sie seien nicht schuldig.

Der Kuppeleiprozeß gegen den Grafen Veith. Ein entsetzliches Sittenbild der „vornehmen Gesellschaft".

Der Kuppeleiprozeß gegen den Grafen Veith. Ein entsetzliches Sittenbild der »vornehmen Gesellschaft«.

Marcell Veith, in den Schriftstücken, die er auf einem Tischchen vor sich ausgebreitet hat, herumblätternd und vom vorsitzenden Richter aufgefordert, sich zu verantworten, entscheidet sich dafür, das »zusammenhängend« und nicht anhand von Fragen Distlers zu tun. Er erzählt, immer wieder aufschluchzend und in Weinen ausbrechend, drei Stunden lang sein »Vorleben«, wiederholt von Nachfragen Distlers unterbrochen und aufgefordert, sich kürzer zu fassen. Er schildert des langen und breiten, daß Marie sich seinen Versuchen widersetzt habe, sie kurz nach dem Kennenlernen von Leopoldine Jellinek wieder wegzubringen, nachdem er im Ronacher erfahren habe, daß diese ehemalige Chansonette nun Einladungen von Herren annehme und sich »unnatürlichen Neigungen« hingebe.

Veith: Mizzi sagte nur: »Wenn ich nicht nach ›Venedig‹ gehen darf, gehe ich mit der Poldi nach Paris durch.« Hoher Gerichtshof! Ich habe mein Kind selbst erzogen. Sie war von festen Grundsätzen. Ich habe ihr eine gute Erziehung gegeben, und sie war von eiserner Entschlossenheit. Daß sie von solcher Entschlossenheit war, geht daraus hervor, daß sie ins Wasser *gegangen* ist. Sie *ging* ins Wasser, sie sprang nicht hinein. Nein – Schritt für Schritt ist sie ins Wasser gegangen. Immer höher und höher sind die Wellen der Donau gestiegen und haben mein Kind klaglos weggerissen. Weil ich also diese Entschlossenheit kannte, habe ich gefürchtet, daß sie wirklich durchgeht. Daher gab ich die Versuche, sie von der Jellinek fernzuhalten, vorläufig auf. Die Jellinek, die ab Sommer 1905 mit meiner Tochter nach »Venedig« ging, hat mir auch versichert, sie könne es am besten machen, daß meiner Tochter nichts geschieht.

Im Herbst 1905 hat der Besitzer des Café Ritz in der Spiegelgasse meiner Tochter einen Antrag gemacht. Er wollte ein »Unterstübchen« eröffnen mit Musik, sie sollte dort einen Tisch allein haben, und kein anderes Mädchen sollte außer ihr und der Jellinek sich dort aufhalten. Meine Tochter ist zu ihm gegangen, und sie hat sein Geschäft sehr gehoben. Ich habe nie einen Zwang auf meine Tochter ausgeübt, mir war auch ihr Geschäft gar nicht recht. Ich habe ihr gesagt: »Such dir einen Erwerb bei Tage.« Ich habe sie bestürmt, von diesem Leben abzulassen. Noch fürchterlicher hat sie meine Frau bestürmt. Das Tagebuch erzählt von den verzweifelten Szenen, die sich bei uns abspielten.

Meine Tochter hat dann die Bekanntschaft eines Herrn gemacht, in einem Stadtcafé. Ich habe gefürchtet, daß sie jetzt auf Abwege kommen wird, denn ich wußte, daß nur die Liebe sie zu Fall bringen kann. Es hat sich gezeigt, daß meine Kalkulation gut war, denn sie kam wirklich durch die Liebe zu Fall.

Die Jellinek hat mir eines Tages berichtet, die Mizzi habe unehrbare Zusammenkünfte mit einem Herrn Widakovich. Als ich dann die Mitteilung erhielt, daß meine Tochter mit Widakovich pervers verkehre, verbot ich ihr den Umgang mit ihm. Das war damals eine fürchterliche Szene, die ich meiner Tochter gemacht habe. Fast um hundert Gulden Sachen habe ich zerschlagen. Sie schwor, daß das nicht wahr ist. Ich ließ mich damals hinreißen und sagte ihr: »Bevor du das tust, ist es mir lieber, du gehst ins Wasser.« Als ich eingeliefert wurde, habe ich dem Oberkommissär, der mich einvernahm, gesagt, es sei nicht meinetwegen, es sei wegen meiner Tochter, sie überlebe den heutigen Abend nicht. Denn damals, als ich ihr das gesagt habe, staunte sie mich an und erwiderte: »*Die* Worte vergess' ich in meinem Leben nicht.«

Ich schrieb damals an Widakovich zwei Briefe. Die Worte »materieller Schaden« sind dahin zu verstehen, daß meine Tochter durch die Eifersucht des Widakovich von Herrengesellschaften abgehalten wurde und daher auch keine Geschenke erhielt. – *Distler:* Auf einen der Briefe hat der Betreffende Ihnen geantwortet. Die Antwort war sehr kurz. Wissen Sie, wie sie lautete? – *Veith:* Das will ich eben sagen: »Auf Ihren Brief habe ich Ihnen nichts zu erwidern als: Kuppler!« *(Bewegung im Saal.)* Meine Tochter hat ihre Beschäftigung – man kann es »Animiermädchen« nennen – als Beruf aufgefaßt. Sie hat den Herren Gesellschaft geleistet und ist dafür beschenkt worden. Mich haben nur drei Leute »Kuppler« genannt, nämlich Herren, denn was Weiber reden ... Diesen drei Herren ist es schlecht ergangen. Danach boten sich auch einige Herren an, die Mizzi ausbilden zu lassen, aber unter der Bedingung, daß sie mit Widakovich nicht verkehre. Ich hielt dies auch Widakovich vor. Darauf blieb er drei Wochen aus. Aus Kränkung hierüber wurde Mizzi krank, und nun bat ich selbst Widakovich, er möge wieder mit Mizzi verkehren. – *Distler:* Ihre Tochter erzählte, daß sie wiederholt bei der Sachs war. Aus dem Umstand, daß Sie immer die Virginität behauptet und gesagt haben, man könne Ihnen nichts tun, muß geschlossen werden, daß Sie selbst sie zur Perversität angeleitet haben. – *Veith:* Ich behielt meine Tochter stets im Auge und schaffte Herren, welche mir nicht paßten, aus der Gesellschaft meiner Tochter. Dadurch machte ich mich verhaßt, und man streute das Gerücht, ich wolle meine Tochter verkuppeln. Es gab einen Auftritt mit der Kassierin im Ronacher. Ich führte dann meine Tochter ins Café de l'Europe, denn sie hatte gesagt, der Besuch dieses Lokals rentiere sich mehr als Ronacher. Dort kam es jedoch zu einem Auftritt zwischen mir und einem Herrn, der sich unanständig benommen hatte, und der Kaffeesieder verbot mir den Besuch seines Lokals. Auch in »Venedig« kam es zu verschiedenen peinlichen Auftritten, weil ich Cavaliere, welche sich unanständig gegen meine Tochter benahmen, zur Rede stellte. Ich beschwerte mich endlich beim Direktor Cohn. Der sagte mir, mein Benehmen werde mir schlecht ausgelegt. – *Distler:* Es kommen auch Zeugenaussagen vor, daß Sie selbst ein Verhältnis mit der Tochter hatten. *(Anna Veith schlägt die Hände zusammen.)* – *Veith:* Das ist eine Gemeinheit von der, die das sagt. – *Distler:* Jedenfalls war sie gegen Sie sehr zärtlich, gegen die Mutter aber nicht. – *Veith:* Ich habe das Kind sehr fein erzogen, so daß es wegen seiner Bildung von der Mutter nicht mehr verstanden wurde. – *Distler:* War die Mizzi Ihr leibliches Kind? – *Veith:* Darauf gebe ich keine Antwort. – Auf Verlangen von Staatsanwalt Wiesner rekapituliert Distler den Vormundschaftsakt zu Marie Veith: Ihr Vormund, Johann Wimmer, ein Bruder ihrer Mutter, dem man vortäuschte, daß »Graf« Veith pensionierter Rittmeister sei, willigte im Glauben, das Los seines Mündels zu verbessern, ein, daß das Kind aus Ober-Österreich zur Mutter nach Wien komme. Bald darauf, am 20.5.1898, ließ Marcell Veith vor dem Magistratischen Bezirksamt Margareten das Kind legitimieren. Diesen Schritt hielt er vor dem Vormund geheim. Am 2.3.1906 ließ er sich auch noch zum Vormund für sein inzwischen eheliches Kind bestellen. – *Wiesner:* Warum der Angeklagte das getan hat, wird klar, wenn man den Prozeßakt des Bezirksgerichtes Neumarkt aus dem Jahre 1890 kennt. Dort bezeichnet die Mitangeklagte den Bahnbediensteten Karl Viehböck als Vater Maries und klagt auf Alimentation. Ganz ruhig hat der Angeklagte als ehelicher Vater der Marie im Einverständnis mit der Mitangeklagten bis zum Jahre 1906 gegen den unehelichen Vater des Kindes durch den Vormund Exekution auf die Alimente führen lassen, die er in die eigene Tasche gesteckt hat, obwohl der Vormund sie zu einem Notpfennig für das Kind aufsparen wollte – und obwohl das damals 16jährige Mädchen bereits seit zwei Jahren durch seine Prostituierung Tausende verdient und den Eltern abgeliefert hat. Dem Vormund hat man weisgemacht, das Mädchen werde in Wien zur »feinsten Schauspielerin« ausgebildet und die Alimente würden für ihren Unterricht verwendet.

Anna Veith wird wegen eines Fußleidens sitzend vernommen. Sie wirkt verloren, überfordert. Ihre Antwort auf die meisten Fragen: »Ich kann mich nicht erinnern.« *Distler: Ich* erinnere mich. Sie waren ja bei mir und haben mich gefragt, ob denn der Prozeß nicht niedergeschlagen werden kann, weil so viele hohe Herren dabei vorkommen. Erstens waren es gar nicht so hohe Herren, und zweitens haben die ja nichts angestellt. – *Anna Veith:* Meine Tochter hat mir immer gesagt: »Ich gehe nur mit lauter hohen Herren. Die tun ja nichts Unrechtes.« – *Distler:* Sie haben auch Herrenbesuche in Ihrer Wohnung gehabt? – *Anna Veith:* Aber da ist nichts vorgekommen. So etwas bemerkt man doch sonst. – *Distler:* War Ihre Tochter nie im tiefen Negligé? Haben Sie nie bemerkt, daß die Herren, die zu Besuch kamen, sie küßten? – *Anna Veith:* Das hätte ich nie geduldet! – *Distler:* Wann haben Sie Widakovich gegenüber die Äußerung gemacht »Das sehe ich jetzt ein. Sie hat Geld verdienen müssen und das Haus erhalten«? – *Anna Veith:* Nach der Katastrophe.

Anna Veith wird unwohl. Sie verläßt den Gerichtssaal.

Robert Glauber, Hof- und Gerichtsadvokat, gibt auf Befragen von Distler als Zeuge an, er sei Rechtsvertreter von Jeanette Weiß, einer Kassierin bei Ronacher, in einem Ehrenbeleidigungsprozeß gewesen, den der Angeklagte gegen Weiß wegen der Ausdrücke »Strizzi« und »Kuppler« führte. Für den zweiten Ausdruck sei der Wahrheitsbeweis mit 23 Zeugen angeboten worden. Der Direktor des Ronacher habe jedoch gebeten, von einem Wahrheitsbeweis abzusehen, da dieser dem Etablissement schaden könne. Dafür habe er sich verpflichtet, alle Kosten zu tragen. Seiner Meinung nach hätte der Wahrheitsbeweis gelingen müssen. – *Wiesner:* Haben Ihnen, Herr Doktor, die Zeugen erzählt, was Mizzi Veith in den Séparées mit den Herren gemacht hat? – *Glauber:* Die Zeugen haben erzählt, in den Séparées würden perverse Orgien gefeiert. – *Verteidiger Hofmokl:* Ich protestiere gegen den Zeugen! Er weiß nichts aus eigener Wahrnehmung.

Die Zeugin *Jeanette Lepeschka, geborene Weiß*, gibt, vorschriftsmäßig beeidet, an: Ich war Kassierin bei Ronacher. Bei einem Wortwechsel mit dem Angeklagten nannte ich ihn einen »Strizzi« und »Kuppler«. Er klagte mich wegen Ehrenbeleidigung. Ich nahm mir Dr. Glauber als Vertreter. Ich erbot mich für das Wort »Kuppler« zum Wahrheitsbeweis. Die Sache wurde jedoch ausgeglichen. Direktor Waldmann legte mir nahe, den Prozeß zu vermeiden. – *Distler:* Sie haben ihm eine Ehrenerklärung abgegeben! – *Lepeschka:* Da ich fürchtete, daß der Graf wie in anderen Cafés, wo er überall bekannt war, Schwierigkeiten bereiten würde, gab ich in ironischem Ton die Erklärung ab, daß er ein höchst anständiger Mensch sei. – *Distler:* »In ironischem Ton«? – *Lepeschka:* Ich habe geglaubt, daß er als Aristokrat bei Gericht mehr Recht findet wie ich als arme Person. Dann habe ich auch befürchtet, daß ich meinen Posten verliere. Der Graf hat meine Entlassung verlangt, weil ich ihm als Grafen so etwas getan habe. Er hat behauptet, er führt seine Tochter nur ins Ronacher, damit sie eine gute Partie macht. Dabei hat er es geduldet, daß das Mädel in Séparées geht. Dort habe ich immer Zigaretten hingebracht. – *Distler:* Haben Sie jemals gehört, daß man im Séparée beim Ronacher einen Bräutigam findet? – *Lepeschka (laut lachend):* Nein!

Anna Sachs ist nicht zur Verhandlung erschienen. Die Vorladung konnte nicht zugestellt werden. Die »Polizei-Relation« vom 23.7.1908: »Anna Sachs, Köstlergasse 4, ist verreist und ist dem Dienstpersonale der Aufenthalt nicht bekannt. Dieselbe dürfte sich angeblich Anfang August in Marienbad aufhalten, eine nähere Adresse ist nicht zu bestimmen, da Sachs dort erst Wohnung mieten wird u. wird die Rückkunft der Sachs nach Wien erst Ende September erfolgen.« Marcell Veith besteht auf der Einvernahme Sachs'. Der Staatsanwalt erklärt, auf die Einvernahme der Sachs, auch auf die Verlesung ihrer Aussage in der Voruntersuchung verzichten zu wollen, wenn auch die Verteidigung auf dieses Beweismittel verzichtet. Der Verteidiger behält sich einen diesbezüglichen Antrag vor.

Anna Veith kommt in den Gerichtssaal zurück. Auf Rekapitulation des Verfahrens wird einverständlich verzichtet.

Victor Widakovich wird als Zeuge aufgerufen (→ S. 32ff.).

Hofmokl: Hat die Jellinek nicht auch Bekanntschaften der Mizzi vermittelt? – *Widakovich:* Erst später. Da lebte sie geradezu davon. Anfangs aber war Veith der Vermittler. Erst als ihm der Boden zu heiß wurde, betraute er die Jellinek mit dieser Aufgabe. – *Hofmokl:* Warum, glauben Sie, ist Marie Veith in die Donau gegangen? – *Widakovich:* Ich bin der festen Überzeugung, daß Mizzi dieses Lebens überdrüssig gewesen ist. Es war nur ein geringer Anstoß nötig, um sie zum Selbstmord zu veranlassen. Jeder Mensch hat gewußt, daß der Angeklagte seine Tochter zur Führung dieses Lebens *zwang*. Er nahm ihr immer sofort das Geld bis auf den letzten Kreuzer ab, oder sie steckte es ihm zu. Er hat es auch meistens gezählt. – *Hofmokl:* Hohes Gericht, spricht ein Mädchen so zu einem Vater, der sie zur Prostitution zwingt? Spricht ein Mädchen so über einen Vater, der sie zur Prostitution zwingt? Ich beantrage die Verlesung der Abschiedsbriefe der Marie Veith an ihren Vater und an ihre Mutter.

Distler verliest die zwei Briefe:

Lieber guter Papi!
Verzeihe mir, dass ich Dich durch meine Schlechtigkeit in eine solche schreckliche Lage gebracht habe. Glaube mir, Paperl, ich bin ganz ver-

zweifelt. Was soll ich nur machen, um Dir zu helfen. Papa, ich weiss, Du wirst mich jetzt vielleicht hinaus jagen. Da hast Du ganz recht. Papi, mein armer Papa, warum musst gerade Du so leiden. Am liebsten ging ich jetzt ins Wasser, wenn es Dir etwas helfen würde. Papi, vielleicht kann ich Dir etwas helfen. Schreibe mir, was Du brauchst, Wäsche oder Bücher. Ich habe auch von Mutterl Geld bekommen, Du wirst doch gewiss was brauchen. Die Marie ist so ein gutes Mädchen; sie hat so geweint, wie ich gesagt habe, dass Du dort bleibst. Papi, schreib mir nur ein paar Zeilen. Wenn Du willst, verfluche mich, aber lass was von Dir hören, wenn es auch nur eine Zeile ist. Ich kann heute nicht schlafen Papa, überhaupt nicht, bis Du nicht da bist, Papa. Ich kann Dir nicht helfen, als für Dich beten, ich habe es schon lange nicht getan, aber heute werde ich es wieder tun. Papi, was wirst Du tun, wie werden sie Dich behandeln. Mich haben sie freigelassen und Dich sperren sie ein, wo doch nur ich die Schuld bin. Mein guter, armer Papa, schreibt mir und sag mir, ob ich gehen soll, ob Du mich nicht mehr sehen willst, oder ob ich bleiben soll. Mein armes Vaterl, ich habe dem K. geschrieben, vielleicht borgt er mir etwas Geld, dass ich Dir Deine entsetzliche Lage, in die du durch meine Schuld gekommen ist, etwas erleichtern kann. Papa, ich sehe Dein Bild am Schreibtisch, dein gutes, liebes Gesichterl. Papi, ich war schlecht, aber ich habe Dich immer gerne gehabt, das weisst Du doch. Bitte, sage mir, ob Du Wäsche oder was brauchst.
Es küsst Dich Deine unglückliche Mizzi.

Verzeihe mir Mutter. Ich kann nicht anders. Küss mir den Vater.
Mizzi

Hofmokl: Wie hat der Conte Veith gelebt? – *Widakovich:* Gut. – *Hofmokl:* Kommt es vor, daß Herren Mädchen für ihre Gesellschaft Geschenke geben, ohne etwas Unbedenkliches von ihnen zu verlangen? – *Widakovich:* Gewiß, aber meistens bei Blumenmädchen. In den Kassabüchern sind solche Beträge von 20, 30 Kronen eingetragen, das waren Geschenke für Unterhaltung. Wofür aber bekam sie 200 Kronen? – *Hofmokl:* Sind Ihnen nicht Umstände bekannt, aus denen Conte Veith schließen mußte, daß seine Tochter nichts Bedenkliches tue? – *Widakovich:* Der Veith hat mir erzählt, im Jockeyklub sei zwischen zwei Grafen, deren Namen ich kenne und von denen mir einer persönlich bekannt ist, eine Wette auf 50.000 Gulden abgeschlossen worden, ob die Mizzi einem von beiden in die Wohnung folge. Der Zuversichtliche soll die Wette verloren und die 50.000 Gulden gezahlt haben. Die Verstorbene hat mir von der Wette nichts erzählt, sie hat mir nur gesagt, daß sie nicht in die Wohnung des Grafen gegangen sei. Nach dem Tod der Tochter hat mir aber die Mutter erzählt, daß der Graf die Tochter abgeholt, in seine Wohnung gebracht und daß ihr Mann das gewußt habe. – *Hofmokl:* Wußten Sie, wessen Tochter Mizzi Veith war? – *Widakovich:* Die Leute sagten, der Veith sei nicht der richtige Vater. Mizzi glaubte, daß der Veith ihr Vater ist. – *Hofmokl:* Ist Ihnen bekannt, daß die Zärtlichkeit zwischen Vater und Tochter bedenklicher Art war? – *Widakovich:* Nein. Ich glaube, daß dieses Gerede von einer feindlich gesinnten Person, nämlich der Jellinek, erfunden worden ist. – *Distler:* Hat Veith gewußt, daß Sie mit seiner Tochter intim sind? – *Widakovich:* Ja. – *Distler:* Hat er von anderen Beziehungen gewußt? – *Widakovich:* Einmal hat er erzählt: »Wenn sie mit dem Baron P. beisammen ist, bekommt sie 300 Gulden. Sie hat auch heute 300 Gulden bekommen.« Dabei hat er vor Freude getanzt wie ein kleines Kind. – *Distler:* Haben Sie öfter mit Veith gesprochen? – *Widakovich:* Er hat mir viele Namen von Leuten genannt, die ihm soundso viel für die Jungfräulichkeit seiner Tochter geboten haben sollen. – *Distler:* Aber so ist sie nicht gestorben, da war nichts mehr zu verkaufen? – *Widakovich:* Daran bin ich schuld. Es war am 13. August 1906. – *Distler:* Ist das dem Angeklagten bekannt geworden? – *Widakovich:* Drei Monate später hat sie es ihm gesagt. Er war darüber entsetzt.

Auf Verlangen Marcell Veiths werden die zwei Briefe an Widakovich zur Verlesung gebracht, in denen er ihn auffordert, den Verkehr mit seiner Tochter zu unterlassen (→ S. 34ff., 36f.).

Widakovich (zu Veith): Auf diese Briefe habe ich Ihnen nur drei Worte erwidert: »Sie alter Kuppler!« Haben Sie mir denn nicht selbst gesagt: »Vor der Bekanntschaft mit Ihnen hat das Mädel 700 bis 1000 Gulden monatlich verdient, und jetzt verdient es kaum 300 Gulden«? – *Veith (erregt):* Warum haben Sie mir dann nie ins Gesicht gesagt, daß ich aus den Verfehlungen meiner Tochter Nutzen ziehe. – *Widakovich:* Weil es meine Überzeugung war, Herr Graf, daß Sie alles wußten. Überdies genügt es wohl, wenn man jemandem sagt, er sei ein alter Kuppler. Habe ich Ihnen denn nicht sogar einmal gesagt, Herr Graf, es ist jammerschade um Ihr Kind. – *Veith (aufgebracht):* Wenn ich es verführen ließ, sind Sie daran schuld. *(Heiterkeit)* – *Widakovich:* Sie haben mir ja selbst gesagt: »Mein lieber Victor, Sie sind jung, Sie wissen noch nicht, was das Leben heißt. Ich kann nicht verdienen, und so muß die Mizzi verdienen.« – *Veith:* Ich habe nur gesagt, wenn sie solche Ansprüche ans Leben stellt, muß sie verdienen. – *Distler:* Wer hat denn dazu beigetragen, daß sie solche Ansprüche stellte, wer hat sie das gelehrt? – *Veith:* Die Theaterschule. *(Heiterkeit)* – *Veith (erregt):* Sie haben mich niemals auf die Verirrungen meiner Tochter aufmerksam gemacht. – *Distler:* Aber, Veith, wenn in solchen Lokalen, wo man es mit der Keuschheit nicht so genau nimmt, man Sie wegen skandalösen Benehmens ausweist ... – *Veith:* Nie, nie, nie hätte ich das von meinem Kinde gedacht. Hätte ich diese Absicht gehabt, die man mir unterschiebt, dann hätte ich es gescheiter gemacht und stünde heute nicht hier. *(zu Widakovich)* Sie haben gesagt, daß Sie meine Tochter moralisch beeinflußt haben. Und so moralisch waren Sie, daß Sie sie ... verführt haben. – *Distler:* Sie unterscheiden sehr genau zwischen Schuld und Unschuld. – *Widakovich (mit Nachdruck):* Jedenfalls aber habe ich sie auf den natürlichen Weg gebracht. – *Veith:* Wenn Sie so was von mir gedacht haben, dann wäre es Ihre Pflicht gewesen, mir zu sagen: Sie sind ein elender Kerl! – *Widakovich:* Aber das habe ich Ihnen ja gesagt. – *Wiesner:* Sogar schriftlich hat er es Ihnen gegeben. – *Veith (zu Widakovich):* Wie gesagt: Wie einen tollen Hund ... wenn die Hundspeitsche nichts nutzt! – *Widakovich:* Wenn die Verstorbene da wäre, hätten Sie nicht den Mut, so zu sprechen. – *Veith (heftig):* Wissen Sie, was sie gesagt hat? Daß Sie ein ehrloser Schuft sind! Das war ihr letztes Wort. Sie hat in ihrem Tagebuch geschrieben, daß sie nur mehr mit geladenem Revolver zum Rendezvous mit Ihnen gehen kann. – *Distler:* Die Stelle kommt im Tagebuch vor. – Widakovich übergibt Distler den Abschiedsbrief, den Marie Veith ihm geschrieben hat. – Distler verliest den Brief (→ S. 42). – *Widakovich:* Herr Präsident, sie hat mir dann noch eine Zusammenkunft gewährt und mir eingestanden, daß ihr Vater ihr den Abschiedsbrief in die Feder diktiert hat. Der Brief sei nicht ihre eigene Meinung, ich möge mich nicht kränken. – *Hofmokl:* Warum ist das Mädchen in die Donau gegangen? – *Widakovich:* Meine Meinung ist, daß sie dieses Leben satt hatte und nun jeder kleine Umstand den Stein ins Rollen bringen mußte.

14 Uhr. Die Verhandlung wird auf eine Stunde unterbrochen.

Nach der Verhandlungspause ist die Reihe an Auguste Schreiber. Sie wiederholt »nach W.E. [Wahrheitserinnerung] und vorschriftsmäßiger Beeidigung« ihre in der Voruntersuchung gemachten Angaben (→ S. 58ff.).

Leopoldine Jellinek sagt »wegen der vom Verteidiger behaupteten feindseligen Gesinnung gegen den Angeklagten« unbeeidet aus: Der Graf hat von dem Lebenswandel seiner Tochter gewußt, denn Mizzi hat mir mehr als einmal gesagt: »Der Papa spielt nur Komödie.« Er hat mir auch Direktiven bezüglich der Honorierung gegeben. Wenn ich zu Mizzi schickte, ließ er mir sagen, er muß wissen, was der Herr bezahlt, sonst darf sie nicht kommen. Der gewöhnliche Tarif war 50 Kronen. Ich habe ihn einmal gefragt: »Wissen Sie, was Ihre Tochter im Séparée macht?« Er sagte: »Was soll sie schon tun? Champagner trinken.« Ich erwiderte: »Die Herren verlangen doch andere Sachen.« Darauf entgegnete er: »Ich glaube das nicht.« – *Distler:* Was wissen Sie denn über die Beziehungen zwischen Vater und Tochter? – *Jellinek:* Ich habe oft zu ihr gesagt: »Was ist das eigentlich für eine Liebe, die du zu deinem Papa hast?« Sie sagte: »Ich bitte dich, frag mich nicht, er ist der einzige, den ich liebe. Wenn ihm etwas zustoßen würde, würde ich mich erschießen.« Mir ist aufgefallen, daß das ein überaus zärtliches Verhältnis gewesen ist. Ich bin einige Male mit Vater und Tochter im Fiaker gefahren, und da habe ich bemerkt, daß die Comtesse, die ihrem Vater gegenüber gesessen ist, ihre Füße gegen die Geschlechtsteile des Grafen gepreßt hat. – *Veith:* Unerhört! – *Jellinek:* Mein Dienstmädchen, die Auguste Schreiber, hat, wie ich sie einmal mit einem Brief zur Comtesse geschickt habe, den Grafen mit seiner Tochter in *einem* Bett gesehen. *Veith (springt auf):* Lüge! Gemeine Lüge! – *Distler:* Hat der Angeklagte seiner Tochter die Schamhaare abrasiert? – *Jellinek:* Ja. Ein Cavalier, ein Herr aus der Russischen Botschaft, wollte das so. – *Veith:* Infame Lüge! – *Distler:* Haben Sie gesehen, daß der Vater selbst seine Tochter gebadet hat? – *Veith:* Es ist unerhört! – *Jellinek:* Sie hat sich vor ihrem Vater überhaupt nicht geniert, hat sich in seiner Gegenwart nackt gewaschen. – *Veith (springt auf):* Das können Sie hier sagen!? – *Jellinek (ruhig):* Gewiß. Sie haben schon öfters Komödie gespielt. – *Veith (schreiend):* Schimpfen Sie über mein Kind im Grabe! Wenn es hier wäre … *Wiesner:* Seien Sie froh, daß sie nicht hier ist. – *Veith:* Weil es diese Person sagt! *(zu Jellinek)* Sie, die Sie mir Strizzis ins Haus geschickt haben, um mich schlagen zu lassen! – *(Jellinek wehrt mit einer wegwerfenden Handbewegung ab)* – *Distler:* Ich bitte! Wir sind hier nicht beim Ronacher! – *Jellinek (zu Veith):* Sie haben es not! Sie haben einem russischen Juden die Jungfernschaft Ihrer Tochter um 6000 Gulden verkauft! – *Veith:* Alles Lüge! – *Hofmokl:* Diese Geschichte hat die Zeugin ersonnen aus Rache darüber, daß Conte Veith seiner Tochter den Verkehr mit ihr verbot. – *Jellinek (zu Veith):* Das stimmt nicht! Ich weiß es von der Mizzi! Sie hat mir erzählt, daß Sie dem Russen ihre Jungfernschaft um 6000 Gulden verkauft haben. Im nachhinein war's ihr gar nicht unrecht, so hat sie mit Victor ungeniert verkehren können. – *Veith:* Wann hat Ihnen die Mizzi das erzählt? – *Jellinek:* Im Winter. – *Hofmokl:* Ich beantrage die Verlesung des Tagebuchs der Verstorbenen, das Blatt vom 13.8.1906. – Distler verliest die Eintragung. Marie Veith spricht da überschwenglich von Victor, dem sie »alles« geopfert habe, und davon, daß die Jellinek, die »elende Hündin und giftige Schlange«, aus Eifersucht dem Vater das Geheimnis jenes Tages – Marie verkehrt mit Widakovich zum ersten Mal »normalgeschlechtlich« – verraten habe. – *Jellinek:* Im Tagebuch steht viel! Die Comtesse hat auch vieles nicht ins Tagebuch geschrieben, weil ihr Vater es gelesen hat. – *Veith:* Das ist nicht wahr. – *Distler:* Nun, die Mutter hat sie ja auch im Tagebuch ein »Luder« genannt und hat es nicht so gemeint. Später hat sie über die Zeugin ganz anders geschrieben. So am 25.12.1907: Sie trage der ehemaligen Freundin nichts nach, empfinde beinah Sehnsucht nach ihr.

Der Blumenhändler Rudolf Kraus »gibt nach einverständlichem Verzicht auf Beeidigung und W.E. an wie« vor dem Untersuchungsrichter (→ S. 57f.).

Der Besitzer des Café de l'Europe, Wilhelm Riedl, konnte der Zeugenvorladung nicht Folge leisten. Er läßt sich durch den an seiner Statt erschienenen Geschäftsführer des Cafés, Wilhelm Förstel, entschuldigen: Er habe zu seiner erkrankten Frau nach Karlsbad reisen müssen. *Förstel* »gibt nach W.E. und Verzicht auf Beeidigung an«: Mein Herr hat dem Veith das Café de l'Europe verboten, weil das Benehmen desselben Ärgernis erregte. Er mied von da an das Lokal und wartete immer vor demselben auf seine Tochter. Diese besuchte weiterhin das Lokal. Die Stimmung der Gäste war gegen den Grafen. Nähere Details kann ich nicht angeben.

Auch der Zeuge Sandor Rosenthal, Oberkellner im Café Alcazar, ist nicht erschienen. Er ist zur Kur in Franzensbad. Der Staatsanwalt erklärt, auf die Verlesung der Aussage Rosenthals (→ S. 13f.) zu verzichten, wenn auch die Verteidigung auf diesen Zeugen verzichtet. Hofmokl behält sich einen diesbezüglichen Antrag vor.

Leopold Jöstl, ebenfalls Zahlmarqueur im Café Alcazar, konnte der Zeugenladung nicht folgen. Staatsanwalt Wiesner beantragt die Verlesung der Aussage Jöstls aus der Voruntersuchung. Verteidiger Hofmokl protestiert dagegen und verlangt einen Beschluß des Gerichtshofs. Der Gerichtshof beschließt die Verlesung der Aussage Jöstls, da die gesetzlichen Voraussetzungen der Verlesung vorhanden sind. *Distler:* Ich verlese also – selbstverständlich unter Widerspruch der Verteidigung – die Aussage des Leopold Jöstl in der Voruntersuchung (→ S. 14). – *Hofmokl:* Ich kann das Schicksal des Beschuldigten nicht ruhig diesem Gerichtshof und diesem Staatsanwalt überlassen. – *Distler:* Ich ersuche Sie, Herr Doktor, um Aufklärung, wie Sie das gemeint haben. – *Hof-*

mokl: Mein Widerspruch gegen die Verlesung der Zeugenaussagen ergab sich aus den Pflichten der Verteidigung. Daher hätten Sie, Herr Vorsitzender, nicht die Bemerkung machen sollen: »Ich verlese selbstverständlich unter Widerspruch der Verteidigung.« Das sind wir ja gewöhnt. Ich habe überdies die Beobachtung gemacht, daß das Benehmen des Beschuldigten sowie seine Verantwortung auf den Gerichtshof einen unsympathischen Eindruck machen. Es ist daher nicht ausgeschlossen, daß die Verteidigung die Vertagung der Verhandlung beantragen wird.

Die Zeugin Marie Papp, Büffetdame bei Ronacher, ist nicht erschienen. Sie ist nach Karlsbad verreist. Der Staatsanwalt erklärt, auf dieses Beweismittel zu verzichten, wenn dies auch die Verteidigung tue. Hofmokl behält sich einen diesbezüglichen Antrag vor.

Marie Nagel, ebenfalls Büffetdame bei Ronacher, wiederholt ihre Angaben aus der Voruntersuchung (→ S. 13): Ein Gast hat mir erzählt, daß ihn der Graf Veith im »Europe« auf seine Tochter mit den Worten aufmerksam gemacht hat: »Unter 50 Kronen nicht zu haben, sehr billig.« – *Veith:* Erstunken und erlogen! – *Nagel:* Einmal hat der Graf Veith im Ronacher seine Tochter gesucht, sie aber nicht gefunden. Da ist ein junger Mann gekommen, glaublich ein Graf, der hat mit Veith gesprochen, und kurz darauf hat Veith dem jungen Mann seine Tochter zugeführt. Alle drei haben dann champagnisiert. Was weiter geschehen ist, weiß ich nicht. – *Veith:* Das ist ein alter Bekannter gewesen, den ich zufällig getroffen habe. Dem habe ich dann meine Tochter vorgestellt. – *Distler:* Wir wissen ja, was wir einer solchen Zeugin glauben können: Natürlich muß es mindestens ein Graf gewesen sein.

Zeuge *Waldemar Svoboda,* Oberinspektor in »Venedig in Wien«, teilt dem Gericht mit: Ich habe gesehen, wie Veith seiner Tochter Herrenbekanntschaften vermittelte. Daß er dazu auch Blumenmädchen verwendete, weiß ich, weil ich einmal ein Blumenmädchen, Elsa Löwenstein, wegen Dienstvernachlässigung zur Rede gestellt habe. Und die hat sich damit entschuldigt, daß sie Briefe des Veith und seiner Tochter zu befördern hatte. Ich habe selbst beobachtet, daß Veith seiner Tochter Herren zugeführt hat. Der »Graf« hat seiner Tochter dann die Mantille abgenommen und auf ihre Rückkunft gewartet. *Sie* hat sich mit den Herren ins Séparée begeben. Es ist nicht glaublich, daß sie sich dorthin zurückgezogen haben, um zu platonisieren. Direktor Cohn hat den Veith in seine Kanzlei zitiert und ihm mit der Polizei gedroht, wenn er noch einmal komme. Auch mit der Tochter habe ich gesprochen. Ich habe aus diesen Gesprächen geschlossen, daß sie unter Zwang steht und durch ihren Lebenswandel den Eltern den Unterhalt verschafft. Veith hat trotz der Abmahnung weitergemacht wie bisher, deshalb ist ihm der Besuch des Englischen Gartens verboten worden. Die Permanenzkarte ist ihm auch abgenommen worden. – *Veith:* Ich bin nie von Direktor Cohn in seine Kanzlei zitiert worden. Auch ist mir die Permanenzkarte nicht entzogen worden. Das hätte ich mir nie bieten lassen! – *Svoboda:* Doch, doch! – *Hofmokl:* Ist die Mizzi Veith bei einem geschlechtlichen Verkehr ertappt worden? – *Svoboda:* Nein. – *Hofmokl:* Könnte Herr Veith die Briefe nicht an seine Tochter geschrieben haben? – *Svoboda:* Der Veith hat auch in Gegenwart seiner Tochter Briefe geschrieben. – *Hofmokl:* Kommt es vor, daß Herren Permanenzkarten entzogen werden? – *Svoboda:* Soviel ich mich erinnere, geschah dies nur beim Veith.

Distler ersucht Svoboda, dafür zu sorgen, daß Hermann Cohn am nächsten Tag vor Gericht erscheint.

Vinzenz Richter, Portier im Englischen Garten, gibt an: Ich kenne den Angeklagten vom Sehen aus. Er wurde bei uns Baron Zebra genannt – wegen seiner weißen und dunklen Haare. Auch seine Tochter kannte ich. Der Baron führte sie immer nach »Venedig«, bis ihm der Besuch des Gartens verboten wurde. Er begleitete ab da seine Tochter bis zum Tor und entfernte sich dann wieder. Allgemein sagte man, daß er seine Tochter auf den Strich führt. – *Hofmokl:* Haben Sie gesehen, wie Conte Veith seiner Tochter die Mantille abnahm, diese sich dann mit einem Herrn entfernte und der Conte auf die Rückkunft seiner Tochter wartete? – *Richter:* Das habe ich nicht gesehen. Doch habe ich beobachtet, daß, wenn ein Herr mit der Mizzi Veith ging, nie ihr Vater dabei war. – *Hofmokl (zu Svoboda):* Wird Ihr Garten von der Polizei inspiziert? – *Svoboda:* Zwei Polizeikommissäre versehen den Dienst. Einer bis Mitternacht, der zweite von Mitternacht bis 4 Uhr früh. – *Hofmokl:* Wie kommt es, daß die Polizei nicht eingegriffen hat? – *Svoboda:* Ja ... Ich weiß nicht, ob ich es sagen kann: Die Polizei ist in unserem Garten, weil es sich um ein Nachtlokal handelt, schon äußerst kulant. – *Hofmokl:* Ein Verbrechen gestatten nennen Sie Kulanz! Der Graf sitzt doch wegen eines Verbrechens auf der Anklagebank. Warum hat sich die Polizei an dem Treiben des Grafen mitschuldig gemacht? – *Distler:* Wollen Sie für die Polizei antworten? – *Svoboda:* Das steht nicht in meiner Ingerenz. – *Hofmokl:* Hat die Polizei von dem Treiben des Grafen, das doch offensichtlich war, gewußt? – *Svoboda:* Das weiß ich nicht. Das entzieht sich meiner Beurteilung.

Der Geschäftsführer des Ronacher, *Karl Pichl,* »gibt nach W.E. und einverständlichem Verzicht auf Beeidigung an«: Man hat allgemein gesagt, der Graf Veith verkupple seine Tochter. Er benahm sich sehr arrogant. Die Blumenmädchen haben sich auch über seine Tochter wegen ihrer illegalen Konkurrenz bei den Herren beschwert. Wegen seines Auftritts mit der Kassierin Jeanette wurde dem Grafen das Lokal verboten. – *Veith:* Ich bin nie des Lokals verwiesen worden! – *Pichl:* Ich selbst habe den Grafen nach diesem Verbot einmal auf der Stiege getroffen und ihn daran erinnert, daß er das Lokal nicht betreten darf. Er hat sich daraufhin entschuldigt und sich entfernt. – *Veith:* Ich verlange die Beeidigung dieses Zeugen.

Pichl wird, nachdem Verteidiger und Staatsanwalt zugestimmt haben, vorschriftsgemäß beeidet. Er bleibt unter Eid bei seiner Aussage.

Hofmokl beantragt die Vorladung der Polizeikommissäre Dr. Glück und Dr. Baumgarten. Sie mögen über die Motive des Selbstmords der Marie Veith einvernommen werden, denn beide hätten diese kurz davor verhört. Aus ihren Aussagen dürfte nachzuweisen sein, daß sie nicht deshalb Selbstmord verübt habe, weil ihr Vater sie dem Laster zugeführt habe, sondern weil die Polizei ihn in Haft behalten wollte. Wiesner plädiert dafür, dem Antrag nicht stattzugeben. Distler vertagt die Beschlußfassung auf den folgenden Tag. Ebenso die Verhandlung. Es ist 18 Uhr.

Um 9 Uhr vormittags wird die Verhandlung am Freitag, 31.7., fortgesetzt. Distler verkündet den Beschluß des Gerichtshofs, wonach der Antrag der Verteidigung auf Einvernahme der Polizeikommissäre Dr. Glück und Dr. Baumgarten über die Motive des Selbstmords der Marie Veith abgewiesen wird. Diese Motive seien für die Entscheidung der vorliegenden Strafsache vollständig gleichgültig.

Als erster Zeuge wird der Kanzleileiter von »Venedig in Wien«, *Hermann Cohn,* aufgerufen. Er sagt aus: Ich kenne Marcell Veith vom Sehen. Besucher des Englischen Gartens machten mich auf ihn aufmerksam: Er führe seine Tochter Herren zu. Ich zitierte ihn in meine Kanzlei, er erschien auch pünktlich. Ich teilte ihm mit, daß er in Begleitung seiner Tochter den Garten nicht mehr aufsuchen dürfe. Ich drohte ihm auch, daß, wenn er noch einmal kommt, die Polizei auf ihn aufmerksam gemacht werden würde. – *Veith:* Stimmt alles nicht! – *Wiesner:* Haben Sie den Angeklagten, bevor Sie ihn in Ihre Kanzlei zitierten, selbst beobachtet? – *Cohn:* Drei, vier Tage hindurch. Ich bemerkte, daß er durch Korrespondenzen seiner Tochter Herren zuführte. Zur Beförderung der Korrespondenzen benutzte er Blumenmädchen. Mehrere Cavaliere haben sich diesbezüglich bei mir beschwert. – *Hofmokl:* Wann erregte das Gehaben des Beschuldigten Ärgernis? – *Cohn:* Im Jahre 1904. – *Hofmokl:* Was haben Sie veranlaßt, nachdem Sie dem Beschuldigten den Garten verboten? – *Cohn:* Ich habe veranlaßt, daß man ihn nicht zugleich mit seiner Tochter in das Etablissement hereinläßt. Er ist zwar später hie und da gekommen, aber ohne seine Tochter. – *Wiesner:* Was hat den Anstoß hervorgerufen? – *Cohn:* Daß er mit Cavalieren durch Korrespondenzen, die die Blumenmädchen zutrugen, in Verbindung zu kommen suchte. – *Wiesner:* Haben Sie gesehen, daß sich einer der Cavaliere zu seiner Tochter gesetzt hat? – *Cohn:* O ja. – *Veith (entrüstet):* Können Sie auch nur einen nennen? – *Cohn:* Ich könnte es. – *Veith:* Dann tun Sie es! – Cohn zögert. – *Distler:* Bitte tun Sie es nur, die Berichterstattung geht so taktvoll vor, daß der Name nicht genannt wird. – *Cohn:* Der Graf Andor Festetics. – *Hofmokl:* Wissen Sie, wo der Graf wohnt? – *Cohn:* Nein. – *Veith:* Der Graf wohnt in Budapest und steigt in Wien im Hotel Bristol ab.

Der Fiakerkutscher *Franz Münichsdorfer* »gibt nach W.E. und einverständlichem Verzicht auf Beeidigung an«: Ich habe die Veith innert drei Jahren öfter geführt, teils vom Ronacher, teils von »Venedig«. – *Distler:* Und wohin? – *Münichsdorfer:* Ins Hotel Modern, ins Hotel Derby oder ins Hotel Römischer Kaiser. – *Distler:* War sie allein? – *Münichsdorfer:* Im Anfang war das Fräulein Poldi mit, später war sie allein. – *Distler:* Und sonst war niemand im Wagen? – *Münichsdorfer:* Herren waren immer. *(Heiterkeit)* – *Distler:* Haben Sie etwas Besonderes beobachtet? – *Münichsdorfer:* Ich habe immer in der Portierloge bei Ronacher zugehört, daß sie telephoniert und gefragt hat, ob der Papa hier ist. – *Distler:* War das immer der Fall? – *Münichsdorfer:* Sooft ich sie geführt habe, fast immer. – *Wiesner:* Könnten Sie sagen, was sie telephoniert hat? – *Münichsdorfer:* Sie hat gesagt, sie sei schon wieder da, er soll kommen. – *Distler:* Hat sie Ihnen eine besondere Diskretion aufgetragen? – *Münichsdorfer:* Sie hat mir immer zugerufen: Fiaker, schweigen! – *Distler:* Ein Fiaker weiß, was seine Amtspflicht ist. *(Heiterkeit)*

Distler verliest die von Hofmokl am 27.7. beantragte und von der k.k. Polizei-Direktion Wien am 29.7. ausgestellte Leumundsnote Münichsdorfers. Sie weist für den Zeitraum 1889 bis 1901 siebzehn geringfügige Geld- und Arreststrafen auf, die von den Bezirksgerichten II, IV, VI, VII, VIII, IX, XIV, XV und vom Landes-Gericht Wien wegen Schnellfahrens, »Stehenlassens eines bespannten Wagens ohne Aufsicht im Freien«, »Exceß und Nichteinhaltung der Betriebsordnung«, Beamtenbeleidung und Körperverletzung verhängt worden sind. Dem Gerichtshof erscheint Münichsdorfers Vertrauenswürdigkeit als Zeuge dadurch nicht erschüttert.

Der Fiakerkutscher Samuel Preiß kann krankheitshalber nicht vor Gericht erscheinen. Er teilt im Entschuldigungsschreiben mit, daß er bei seiner Aussage vor dem Untersuchungsrichter bleibe (→ S. 55f.). Wiesner verlangt die Verlesung dieser Aussage. Hofmokl behält sich einen diesbezüglichen Antrag vor.

Josefine Grabner, von März 1905 bis März 1907 Stubenmädchen im Hotel London, wiederholt ihre Angaben aus der Voruntersuchung (→ S. 55): Ich habe die Gräfin Veith gekannt, sie ist öfter ins Hotel London gekommen. Meistens um 12 Uhr nachts, aber auch noch später. Sie ist immer mit Herren gekommen und hat ein Zimmer verlangt. Sie ist immer nur kurze Zeit geblieben. – *Wiesner:* Was ging in den Zimmern vor? – *Grabner:* Ich habe die Betten machen müssen, daher habe ich mich überzeugen können, daß immer ein geschlechtlicher Verkehr stattgefunden hat. Sie hat auch immer telephoniert. An wen, weiß ich nicht. – *Hofmokl (zu Jellinek):* Hat die Verstorbene nicht immer an Sie telephoniert? – *Jellinek:* Sehr selten. Ich hab' ja gewußt, in welchen Hotels sie sich aufhielt. – *Wiesner (zu Jellinek):* Hat Mizzi Veith in Ihrer Gegenwart telephoniert? – *Jellinek:* Ja, und zwar an ihren Vater. Was sie ihm telephonierte, weiß ich nicht, weil sie dann immer die Tür zumachte. – *Grabner:* Sie hat nie wollen, daß jemand beim Telephonkasten steht.

Franz Schwankhart, Portier im Haus Schönburggasse 19, dem Wohnhaus der Familie Veith, teilt dem Gericht dieselben Beobachtungen mit wie schon dem Untersuchungsrichter (→ S. 11). – *Distler:* Sie wollen gesehen haben, daß sich die Mizzi, nur in Rock und Hemd gekleidet, direkt mit Herren unterhalten hat? – *Schwankhart:* Da sind einmal Herren gekommen und haben mir gesagt: »Gehn S' nur schlafen, wir gehn zur Mizzi Veith.« Na, warum nicht? Sie haben mir einen Gulden 'geben, da hab' ich halt auch was verdienen wollen und hab' das Licht ab'dreht. Dann hab' ich g'sehn, wie sie mit der Mizzi g'sprochen haben, und die hat nur Hemd und Rock ang'habt. – *Distler:* Sind die Herren dann fort? – *Schwankhart:* Natürlich, was tun s' denn zu zweit bei ihr!? Wenn's nur einer g'wesen wär', hätt' s' ihn schon hinein'lassen. *(Heiterkeit) – Distler (zu Anna Veith):* Haben Sie die Herrenbesuche empfangen? – *Anna Veith:* Es wurden nur Bekannte vorgelassen. Einmal sind zwei fremde Herren in der Nacht gekommen, die hab' ich gleich wieder zur Tür hinausgewiesen. *Ich* war da im Negligé. Der Hausbesorger dürfte mich mit der Mizzi verwechselt haben.

Der Journalist *Ernst Ely,* »gibt nach W.E. und einverständlichem Verzicht auf Beeidigung an« (→ S. 66): Den Artikel in den »Wiener Carikaturen« habe ich in einer Zeit geschrieben, da ich den Grafen noch nicht kannte. Ich habe damals die Gerüchte, die über Mizzi Veith umgingen, zu einem Feuilleton verwendet.

Distler bringt das Feuilleton »Arme Komtesse Mizzi!« zur Verlesung (→ S. 25 ff.).

Ely: Ich behaupte in diesem Feuilleton, daß die »arme Komtesse Mizzi« mit Zustimmung ihres Vaters mit Cavalieren in perverser Weise verkehrt. Später lernte ich den Angeklagten selbst kennen und kam zu dem Schluß, daß er infolge schlechter materieller Verhältnisse an *moral insanity* leide, daß er also vom Lebenswandel seiner Tochter zwar wußte, zum mindesten aber sich einzureden versuchte, daß seine Tochter in harmloser Weise mit den Cavalieren verkehrt. Dies konnte aber auf jeden Fall nur Simulation sein, da doch seine Tochter mit der Poldi Jellinek verkehrte, welche in der Lebewelt doch zu stigmatisiert war. Doch glaube ich, daß der Angeklagte die Mizzi liebte. Diese aber litt sehr unter ihrem Beruf. Ich riet ihr selbst, ein anderes Leben zu beginnen. Sie sagte jedoch, es gebe kein Zurück. Wie sie auf diesen Abweg geraten ist, erzählte sie nicht. Da wurde sie verschlossen. – *Wiesner:* Beruht Ihr psychologisches Gutachten auf Tatsachen oder auf Beobachtungen? – *Ely:* Es beruht auf Schlüssen, die ich mir aus Erzählungen und Äußerungen des Grafen mir gegenüber gebildet habe. Er hat mir zum Beispiel erzählt, daß ein Herr für die Virginität seiner Tochter glaublich 60.000 Kronen angeboten hat. Er stellte ihn seiner Tochter vor, der Herr gefiel ihr aber nicht, und so ging er das Geschäft nicht ein. Ein Beweis dafür, daß er seine Tochter geliebt hat. Andererseits aber krankte er doch an *moral insanity,* denn er sagte das mit Bedauern, daß er ihr nicht gefallen hat. Das Verhältnis der Mizzi mit Victor hat der Graf nicht dulden wollen, weil er es für standeswidrig hielt. – *Hofmokl:* Lernten Sie den Charakter der Verstorbenen kennen? – *Ely:* Sie hatte keinen festen Charakter. Ich glaube, daß sie zu ihrem Beruf keine Fähigkeit gehabt hat. Sie sehnte sich aus ihrem Beruf heraus, andererseits aber liebte sie ihren Vater. Ohne diese Liebe hätte sie ihren »Beruf« sofort aufgegeben. In dem Augenblick, da sie sah, daß sie ihrem Vater nicht mehr nützen konnte, ging sie ins Wasser. – *Hofmokl:* Glauben Sie annehmen zu können, daß es ein spontaner Entschluß der Verstorbenen war, in die Lebewelt einzutreten? – *Ely:* Ich glaube, daß sie durch ihren Vater in die Lebewelt eingeführt wurde und später freiwillig aus Liebe zu ihm in diesem Beruf verblieb.

Marie Blaha, Dienstmädchen bei Familie Veith, wird über den Hergang der Festnahme befragt. *Hofmokl:* Sie waren am 28. April mit dem Grafen, der Gräfin und der Comtesse bei der Polizei? – *Blaha:* Ja. – *Hofmokl:* Der Herr Graf ist zurückbehalten worden, euch andere drei hat man nach Hause fahren lassen. Was hat der Kommissär Dr. Glück der

Frau Gräfin bei ihrer Entlassung gesagt? – *Blaha:* Dr. Glück hat gesagt, sie soll die Tochter nicht mehr aus dem Haus lassen, sonst könnten ihr die Leute etwas antun. – *Distler:* Er hat gemeint, man könnte sie insultieren? – *Blaha:* Ja, daß man sie beschimpfen könnte. – *Hofmokl:* Und was hat Kommissär Baumgarten gesagt? – *Blaha:* Sie soll sich zu Herzen nehmen, was er ihr gesagt hat. – *Hofmokl:* Hat man der Frau Gräfin auch gesagt, wenn die Tochter das Haus verläßt, wird sie sie im Leben nicht mehr sehen? – Blaha zögert, gibt keine Antwort. – *Distler (zu Anna Veith):* Ist das richtig? – *Anna Veith:* Er hat gesagt, ich soll meine Tochter nicht aus dem Haus lassen, sonst würde ich sie nimmer sehen. Er hat gesagt, sie wird nicht mehr nach »Venedig« gelassen und ich werde sie zwei Jahre, drei Jahre, vielleicht mein ganzes Leben nimmer sehen, wenn ich sie aus den Augen lasse. – *Hofmokl (zu Blaha):* Was ist zu Hause geschehen? – *Blaha:* Die Comtesse hat einen Brief geschrieben, den hab' ich ins Theresianum tragen müssen. Ein zweiter Brief war an den Kommissär Baumgarten gerichtet. – *Hofmokl (erläuternd):* Der war an den Vater gerichtet, weil sie doch keine andere Adresse wußte. *(zu Blaha)* Was ist noch geschehen? – *Blaha:* Die Comtesse hat geweint und gesagt, sie geht in ein Kaffeehaus telephonieren. Die Gräfin hat gesagt, sie soll zu Hause bleiben. Sie hat aber erwidert, sie ist eh in einer halben Stunde wieder da. Sie hat die Gräfin geküßt und die Augen zugemacht. Ich habe der Mutter gesagt, sie soll sie nicht weglassen. Die Mutter hat darauf gesagt, ich soll ihr nachschaun. Ich hab' sie aber nicht mehr gesehen. *(Heftig weinend.)* Wie ich zurückkomme, fällt mir ein: Was muß in dem Brief stehen, der auf dem Tisch liegt? – *Hofmokl:* Haben Sie noch etwas bemerkt? – *Blaha:* Da muß ich weggewesen sein. – *Hofmokl (zu Anna Veith):* Nun, was war? – *Anna Veith:* Mizzi hat sich auf das Bett von meinem Mann geworfen und hat geschrien: »Armer Papa, für mich kommst du ins Landesgericht, wo dich die Flöhe, Wanzen und Läuse beißen. ›Der Vater hat mich nicht verkuppelt‹, mit diesen Worten geh' ich zu Gott. Die Polizei hat mich ausgeführt, und mein Vater wird verhaftet.« – *Distler:* Was soll das heißen: Die Polizei hat Ihre Tochter ausgeführt? – *Hofmokl:* Das heißt, daß der Chef des Sicherheits-Bureaus mit der Verstorbenen ein Verhältnis hatte und der Vater dafür eingesperrt wird. – *Distler:* Sie richten einen Angriff gegen eine Person, die durch Ihre Bezeichnung »Chef des Sicherheits-Bureaus« genügend gekennzeichnet ist. Ich warne Sie! Der Chef des Sicherheits-Bureaus wird sich zu wehren wissen. – *Hofmokl:* Im Tagebuch steht: »Heute war ich im Theater an der Wien mit Stukart; sehr gut unterhalten.« – *Distler:* Das ist doch eine harmlose Unterhaltung. – *Hofmokl:* Die Frau Gräfin meinte, die ganze Polizei hat von der Sache gewußt, und plötzlich wird die gesamte Familie auf die Polizei geführt. – *Distler (zu Anna Veith):* Wenn die Tochter sagt, sie geht zu Gott, läßt man sie doch nicht fort. – *Anna Veith:* Sie war wieder lustig und hat um ein Nachtmahl geschickt. *(Erregt schreiend)* Es sind drei Briefe vom Stukart dagewesen. Wo sind sie? Den letzten hat das Dienstmädchen noch übernommen. – *Wiesner:* Es ist ein riesiges Konvolut Briefe da. Ich kann mich nicht mehr erinnern, ob Briefe von Doktor Stukart darunter gewesen sind. Ich habe sie nicht alle durchgeschaut. Fortwährend ein und dasselbe: »Liebe Mizzi!« Das hat kein Interesse. – *Distler:* Und der Geruch! – *Anna Veith:* Der letzte Brief ist noch in der Schreibtischlade gelegen. Der eine Detectiv hat noch auf diesen Brief vom Polizeipräsidenten hingezeigt. Ich habe es gesehen! Dann haben sie die Briefe herausgenommen. – *Distler:* Sie meinen doch den Polizeirat Stukart? – *Hofmokl (zu Blaha):* Ist das richtig, daß Sie den Brief übernommen haben? – *Blaha:* Ich hab' selbst den Brief übernommen. Es waren Theaterkarten drinnen. Die Comtesse hat gefragt, ob ich sie haben will. – *Distler:* Es ist nicht schön, daß das Prinzip, die Herren nicht zu nennen, durchbrochen worden ist. Ich ziehe keine Schlüsse mehr. Darüber wird das stenographische Protokoll Aufschluß geben, wer die Sache aufs Tapet gebracht hat. – *Hofmokl:* Es steht im Tagebuch.

Karl Saßhofer, Nachtportier im Hotel London, wiederholt seine Angaben aus der Voruntersuchung (→ S. 53f.).

Viktor Thomanik, Zahlmarqueur im Café Ritz, »gibt nach W.E. und einverständlichem Verzicht auf Beeidigung an«: Die Mizzi Veith wurde durch die Jellinek in das Café Ritz eingeführt. Sie kam täglich. Sie fuhr mit einem Herrn weg und kam dann wieder. Der Vater kam öfter und fragte nach ihr. Von unserem Geschäftsführer wurde uns dann aufgetragen, ihm nichts einzuschenken, weil er allgemein als Zuhälter seiner Tochter galt. Er wurde so nichtachtend behandelt, daß er schließlich ausblieb. – *Distler:* Bekommen die Mädchen von den Cavalieren Geschenke, wenn sie ihnen nur Gesellschaft leisten? – *Thomanik:* Das kommt ab und zu vor. Die Größe eines solchen Betrages hängt von der Laune des Gebers ab. Leben kann man jedoch nicht davon.

Jakob Opletal, Hausbesorger in der Kriehubergasse 13, dem ehemaligen Wohnhaus der Familie Veith, teilt dem Gericht dieselben Beobachtungen mit wie schon dem Untersuchungsrichter (→ S. 69f.).

Distler: Der gestern von der Verteidigung gestellte Antrag auf Vorladung der Polizeikommissäre Dr. Glück und Dr. Baumgarten wurde zurückgewiesen. Nun teilt mir der Verteidiger mit, daß der Angeklagte diesen Antrag mit einer neuen Begründung nochmals stellen will. Vielleicht stellt der Verteidiger den Antrag selbst. – *Hofmokl:* Ich weiß noch nicht, ob ich mich damit einverstanden erkläre. Ich bitte, dem Angeklagten das Wort zu erteilen. – *Veith:* Als die Untersuchung abgeschlossen war, habe ich meinen Verteidiger aufmerksam gemacht, daß nicht die anonyme Anzeige Ursache meiner Verhaftung war. Solche Anzeigen sind binnen vier Jahren ein ganzes Dutzend gekommen. – *Distler* und *Wiesner (einstimmig):* Ah, das ist interessant! – *Veith:* Ich bin auch oft zum Polizeikommissariat Wieden vorgeladen gewesen und habe dort offen angegeben, zu welchem Zweck ich meine Tochter ausführe. Damit war die Sache erledigt. Auf einmal erfahre ich wieder, daß sich Detectivs nach mir im Haus erkundigt haben. Denn der Herr Polizeirat hat mir gesagt, es liegt nichts vor, die Leute, die sich als Detectivs erkundigten, sind Schwindler, ich möge sie verhaften lassen. Und zwei Tage darauf wurde ich verhaftet. Ich bin überzeugt, daß nicht die anonymen Anzeigen dies hervorgerufen haben, sondern die Beschwerden der hochgestellten Eltern jener jungen Leute, die meine Tochter besucht haben. Die werden sich zu diesem Zweck an die Polizeikommissäre gewendet haben. Das ist der erste Grund, weshalb ich bitte, diese Herren vorzuladen. Der zweite Grund ist folgender: Meine Tochter hat mir oft erzählt, mit welchen Herren sie geht. Darunter waren hohe Funktionäre von der Polizei, von denen sie sagte, daß die Herren ihr nachstellen und nicht nur mit Einladungen, sondern auch mit Drohungen ihren Zweck zu erreichen suchten. – *Distler:* Sie, geben Sie acht! – *Veith:* Ich fürchte keine Bestrafung deshalb. Ich kann nur sagen, was mir mein Kind gesagt hat. – *Distler:* Ja vor mir brauchen Sie sich nicht zu fürchten, ich klage Sie nicht, mir können Sie so was auch nicht nachsagen. *(Heiterkeit)* Ich warne Sie nur, weil der Herr Verteidiger hinter Ihnen ein sehr bedenkliches Gesicht macht. – *Hofmokl:* Nicht bedenklich, nur erstaunt. *(zu Veith)* Halten Sie sich an die Wahrheit, dann kann Ihnen nichts geschehen. – *Veith:* Ich kann nur sagen, was mir mein Kind gesagt hat. – *Distler:* Also fahren Sie fort! – *Veith:* Mein Kind hat mir einmal erzählt, sie war beim Maskenball in den Blumensälen, da war auch der Herr Oberkommissär Dr. Baumgarten. Er hat sich zu ihr gesetzt und sich mit ihr unterhalten. – *Jellinek:* Da war ich dabei! – *Veith:* Nein, das war ein anderes Mal, da war die Mizzi mit Ihnen bös'. Daß Sie früher mit Baumgarten und mit anderen Herren von der Polizei in Gesellschaft der Mizzi zusammen waren, das weiß ich ja. Damals nun hat Baumgarten meiner Tochter einen Antrag gemacht, sie hat sich geweigert, und da hat er ihr gesagt, daß sie und ich das einmal bitter bereuen werden. – *Distler:* Das haben Sie aber nicht selbst gehört? – *Veith:* Nein, ich wiederhole, was meine Tochter gesagt hat. Baumgarten hat noch gesagt: »Es ist unvorsichtig und unklug von Ihnen. Mit Herren von der Polizei muß man sich immer gut stellen.« So verging ein Jahr. Der Zufall hat es gewollt, daß Oberkommissär Baumgarten meine Verhaftung verfügt hat. Ich bitte, ihn darüber zu befragen. – *Distler:* Und Sie glauben, daß die Aussagen dieser Herren Ihre Verantwortung beeinflussen können? – *Hofmokl:* Ich werde diesen Vortrag ergänzen. Ohne mein Zutun wurde durch eine Äußerung des Vorsitzenden eine Affäre ins Rollen gebracht, die die Polizei betrifft und die die Verteidigung nicht dringend brauchte, sondern aus gesellschaftlichem Interesse gerne vermieden hätte. Aber ich sage, die hohe Staatsanwaltschaft will den Schmutz, sonst hätte sie diese Anklage nicht erhoben. Die Polizeibehörde will den Schmutz. Nachdem also so hochstehende Korporationen diesen Schmutz wünschen, weil sie sich wahrscheinlich mit der Idee tragen, der Gesellschaft dadurch zu nützen, verfolge ich diesen Grundsatz weiter und beantrage, den Regierungsrat Stukart aus Karlsbad telegraphisch, ferner den Herrn Oberkommissär Baumgarten telephonisch zu berufen. Ich halte diese Dinge wie sämtliche übrigen Zeugenaussagen für berechtigt, erörtert zu werden, und ich halte es schließlich für unsere Pflicht, den Herren Gelegenheit zu geben, sich zu rechtfertigen. Es ist ja schließlich ihr eigenstes Interesse, hier zu erscheinen. Ich glaube, daß es wenigstens einem dieser Funktionäre gelingen wird, den Sachverhalt dahin aufzuklären, daß eine Personenverwechslung vorliegt. – *Distler:* Ich muß vorläufig nur rügend diese Art und Weise, in welcher der Staatsanwaltschaft vorgeworfen wird, sie wolle den Schmutz, zurückweisen. Ich weiß nicht, wie die Staatsanwaltschaft sich dazu stellt. – *Wiesner:* Wir sind ja die Angriffe, ich möchte fast sagen, Anrempelungen, dieses Herrn Verteidigers schon gewöhnt. Ich erwidere darauf nicht und erkläre, daß die Staatsanwaltschaft kein Interesse hat, Schmutz aufzuwühlen, sondern die Pflicht, ein Verbrechen, das ihr zur Kenntnis kam, zu verfolgen. Was die Beschuldigungen anbelangt, die der Angeklagte erhoben hat, so gehören sie in einen anderen Rahmen, für uns sind sie belanglos. Ich bitte um Zurückweisung der Anträge. – *Hofmokl:* Die Polizei hat es sich vier Jahre überlegt, ob sie eingreifen soll. Entweder hat sie also durch vier Jahre ihre Pflicht versäumt, oder aber sie war der Anschauung, daß die Handlungen meines Mandanten kein Verbrechen sind. Wenn also sein Treiben durch so lange Zeit nicht nur nicht angezeigt, sondern sogar von der Behörde sogar geduldet wurde, so kommt meinem Mandanten schuldlose Unwissenheit zugute. Es ist ja möglich, daß auch der Senat sich dieser Ansicht anschließt, und deshalb beantrage ich die Ladung der Zeugen. – *Distler:* Der Gerichtshof wird zu einem späteren Zeitpunkt einen Beschluß darüber fassen.

Johanna »Jenny« Borys, Büffetdame im Ronacher, äußert sich wie in der Voruntersuchung (→ S. 12f.). – *Distler:* Ist es üblich, daß die Herren den Mädchen, die ihnen Gesellschaft leisten, Geldgeschenke machen? – *Borys (lächelnd):* Gewiß. – *Distler:* Sind diese Geschenke so, daß eine Familie davon leben kann? – *Borys:* O ja, unter Umständen schon. *(Heiterkeit)* – *Hofmokl:* Wie hoch sind denn die Beträge, die in solchen Fällen den Mädchen gegeben werden? – *Borys:* Na, zehn oder zwanzig Kronen. – *Hofmokl:* Und diese Beträge werden natürlich nur für die Gesellschaftsleistung bezahlt? – *Borys:* Ja, *diese* Beträge schon. Wenn die Herren nichts anderes verlangen. – *Hofmokl:* Wie kommt es denn zu größeren Geschenken? – Borys lacht verlegen. – *Hofmokl:* Sie brauchen sich nicht zu genieren, wir sind hier in geheimer Verhandlung. Und wir kennen das alle. – *Distler:* Pardon, so allgemein möchte ich das doch nicht sagen. *(Mit scharfer Betonung)* Vielleicht kennen *Sie* das – *ich* kenne es nicht! – *Hofmokl:* Dann werden Sie's wohl schon vergessen haben. *(Schallende Heiterkeit).*

Elisabeth Kortner, kurzzeitig Dienstmädchen bei der Familie Veith, macht als Nichte der Angeklagten Anna Veith von der Rechtswohltat des § 152 St.P.O. (Befreiung von der Verbindlichkeit zur Ablegung eines Zeugnisses) Gebrauch und entschlägt sich der Aussage.

Distler verliest die Aussagen von August Hlawaček (→ S. 63), Johann Wagner (→ S. 11) und Rafael Pollack (→ S. 65).

Die von Veith ab 1.5.1904 über die Einnahmen und Ausgaben seiner Tochter geführten Kassabücher werden durchgesehen. Veith bringt vor, daß *seine* Einnahmen darin nicht aufscheinten. Wiesner weist darauf hin, daß die Kassabücher auch Posten wie Zins, Anzüge, Winterrock und Socken aufwiesen.

Hofmokl stellt folgende Anträge:

1. Einvernahme all jener Zeugen, die im Schriftsatz beantragt, jedoch von der Ratskammer abgelehnt wurden. Überhaupt halte er alle von der Ratskammer abgewiesenen und im Schriftsatz gestellten Anträge aufrecht. Aus diesem Grund möge die Verhandlung vertagt und der Akt an den Untersuchungsrichter zurückgeleitet werden.

2. Einvernahme der zur Verhandlung vorgeladenen, aber nicht erschienenen Zeugen Sperl, Bretterbauer, Preiß, Bürger, Jöstl, Papp, Rosenthal, Sachs und Vertagung der Verhandlung aus diesem Grund.

3. Einvernahme der Polizeikommissäre Dr. Baumgarten und Dr. Glück

über die wahren Gründe, die zur Anzeige und Verhaftung des Beschuldigten führten.

Wiesner spricht sich gegen die Zulassung der Anträge ad 1. aus. Die Ladung jener Herren, die im Tagebuch angeführt sind, genüge nicht, »da hiermit die Zahl jener Herren, die mit Marie Veith verkehrten, sicherlich nicht erschöpft wäre«. Auch das Kassabuch gebe hierfür keine Gewähr. Außerdem würden häufig Kürzel, Spitznamen und Pseudonyme verwendet. Was Antrag 2 betreffe, so sei eine Vertagung notwendig. Antrag 3 sei abzuweisen, weil das Beweisthema für die Schuldfrage irrelevant sei.

Der Gerichtshof zieht sich zur Beratung zurück. Nach Wiedererscheinen verkündet Distler folgenden Beschluß: Die Verhandlung wird vertagt. Die nicht erschienenen Zeugen werden neuerlich vorgeladen, die unentschuldigt ausgebliebenen unter Androhung einer Geldstrafe.

Hingegen werden die übrigen Anträge der Verteidigung abgewiesen. Aus folgenden Gründen: Die Ladung der Zeugen Franz Freiherr von Kubinzky, Julius Ritter von Wichkowski, Paul Graf Keglevich, Paul Baron Lebel, »weil die Ladung dieser Zeugen nicht die Möglichkeit ausschließt, daß andere Besucher ins Haus kamen und mit ihrer Aussage, falls sie überhaupt im Sinne des Beweisthemas ausfiele und auch in diesem Sinne gewürdigt werden könnte, das Gegenteil der diesbezüglich belastenden Angaben der anderen Zeugen nicht erwiesen wäre«. Die Ladung sämtlicher im Kassabuch verzeichneter »Cavaliere«, »weil eine lückenlose Ladung aller Personen, die mit der Marie Veith seit Beginn ihrer Laufbahn verkehrten, nicht bewerkstelligt werden kann, da ja das Kassabuch nicht erschöpfend geführt ist und manches Pseudonym aufweist und damit die in Aussicht gestellte Widerlegung des von der Staatsanwaltschaft geführten Beweises, der die Verkuppelung einzelner, bestimmter Personen nicht behauptet, undurchführbar ist«. Der Antrag auf Ausscheidung des Verfahrens gegen Anna Veith und Untersuchung ihres Geisteszustandes, »da eine diesbezügliche Stellungnahme der Staatsanwaltschaft nicht vorliegt«. Der Antrag auf Einvernahme der Polizeikommissäre Dr. Baumgarten und Dr. Glück, »da dieses Beweisthema für die Schuldfrage irrelevant ist«.

Hofmokl: Dieser Prozeß ist ein Sommersaison-Prozeß, er spielt in den Kreisen, die gegenwärtig in Karlsbad oder Marienbad weilen. Die Verteidigung kann aber auf die Einvernahme dieser Zeugen nicht verzichten. Dem Beschuldigten wird der schwere Vorwurf gemacht, daß er im Salon der Frau Sachs seine damals kaum 14jährige Tochter zum ersten Mal dem Laster zugeführt hat. Er bestreitet es entschieden. Die Verteidigung muß angesichts dieses schweren Vorwurfs auf dem Erscheinen der Frau Sachs vor Gericht bestehen.

Insbesondere ist es von Wichtigkeit, jene Zeugen zu hören, die aus einer bemerkenswerten Schonungsmethode bisher nicht vorgeladen und gehört wurden. Man hat Kutscher und Kellner, Büffetmädchen und Dirnen über Dinge verhört, über welche die Betroffenen eine sicherere und klarere Auskunft hätten geben können, ohne daß ein so umfangreicher Apparat hätte aufgeboten werden müssen. Ich stehe auf dem Standpunkt, daß keiner dieser Cavaliere und Träger aristokratischer Namen mit Comtesse Veith in intime Beziehungen getreten ist, das geht schon aus den geringfügigen Beträgen hervor, die der Comtesse von ihren Cavalieren geschenkt wurden. Es geht nicht an, mit Schlüssen die Schuld des Angeklagten beweisen zu wollen, und solange nicht auch nur einer dieser Herren, dem Beschuldigten gegenübergestellt, sagt »Ich habe für ein Stelldichein mit Ihrer Tochter soundso viel bezahlt«, so lange ist die Schuld des Angeklagten nicht erwiesen.

Der Gerichtshof zieht sich zur Beratung zurück. Nach Wiedererscheinen verkündet Distler folgenden Beschluß: Dem Antrag auf Vertagung ist stattzugeben, weil die Verteidigung auf der Vorladung der nicht erschienenen Zeugen beharrt. Die übrigen Anträge der Verteidigung sind neuerlich abzuweisen.

Weiters: Der Verteidiger hat im Lauf der Verhandlung geäußert: »Ich kann das Schicksal des Angeklagten nicht ruhig diesem Gerichtshof und diesem Staatsanwalt überlassen«, ferner »Die hohe Staatsanwaltschaft will den Schmutz, sonst hätte sie diese Anklage nicht erhoben«. »Da derselbe diese Aussprüche, in welchen eine tiefe Beleidigung des Gerichtshofes und des Staatsanwaltes erblickt werden muß«, nicht zurückgenommen hat, verhängt der Gerichtshof gemäß §236 St.P.O. (»Verletzung der dem Gerichte gebührenden Achtung«) eine Geldstrafe von 200 Kronen.

Daraufhin, um 13 Uhr, wird die Verhandlung vertagt.

29.07.-09.09.1908 »Sachdienliche Hinweise aus der Bevölkerung« gehen ein

Die breite Berichterstattung über den »Scandalproceß« zeitigt eine Reihe mehr oder weniger »sachdienlicher Hinweise aus der Bevölkerung«, unter anderem einige an den vorsitzenden Richter, Karl Freiherr von Distler, adressierte anonyme Briefe.

Seinen Hochwolgeborenen / Herrn / Baron Dr. Distler / im / Landesgericht / Zimmer 128 / Wien: Herr Baron Distler / Endlich hat Gott dieses Scheusal in Menschgestalt zur Gerechtikeit gefürt, geehrter Herr Dr. von Distler, / Dieser Mensch ist ferlogen wie Keinen zweiten auf der Welt – wie Er sich einmal diese Frechheit erlaubt über unsser gutte Kaisser zu schimpfen, der stürzt Ganze familien ins Unglik / Achtungsfol.

Sr. Wolgeboren / Herrn Dr. Freiherr v. Distler / k.k. Ober-Landes-Gerichtsrat / Wien / k.k. Landesgericht: Lese heute den Anfang der Ger. Verh. gegen Marcell Veith, und staune wie wenig & irrig die Behörde über denselben berichtet ist. / Sein Vater Conte Anton Veith besaß die Herrschaft Toscheldorf bei Treibach in Kärnten & sein mißratener Sohn bestahl schon im Jahre 1881-1884 seinen Vater auf die ordinärste Weise so daß er gänzlich verstoßen wurde. / Nichts war vor ihm sicher selbst Kleider & Gewehre des Vaters stahl & verkaufte derselbe. Dies Alles hätte sich leicht ermitteln lassen. Officier war er nie, & selbst zu jener Zeit schon beschwindelte er Leute unter solcher falscher Angabe. / Dies ließe sich leicht in Treibach & Althofen ermitteln, wo er seinerzeit schon nur der Gauner, sogar von seinem Vater genannt wurde. / Hochachtungsvoll

Weiters eine mit »Die Gerechtigkeit« gezeichnete briefliche Zuschrift, gestempelt am 29.7.1908 und adressiert an die k.k. Staatsanwaltschaft Wien:

Ich habe von dem Selbstmorde der Komtesse Veith gelesen. Ich glaube daß zu diesem Unglücke die Hausbesorgerin Anna Pristak 4 Bez. Heumühlgasse 14 gewiß beigetragen hat, denn sie ist eine langjährige Kupplerin, in dem Hause wo sie Hausbesorgerin ist, haben 29 Prostituierte gewohnt und wohnen noch bis jetzt dorten Viele die als Büffetmädchen, Blumenmädchen, Kassierinnen und Sängerinnen bei Polizei angemeldet sind, dorten gehen die Kellner mit den Prostituierten von der Gasse zu den Parteien wie es der Kellner Willi Stockhammer mit der Hansi bei der Frau Hauser auf Tür 2 gethan hat […]. Ja die Hausbesorgerin veranlaßte sogar die Kaffesiederin im Haus, Frau Pawlik, sich eine Prostituierte, die als Sängerin eingetragen wurde, zu nehmen und die armen Leute haben wegen das nicht nur die Lizenz verloren sondern sind auch noch wegen Kuppelei geklagt worden und sie haben sich Doctor Steger nehmen müssen um freigesprochen zu werden. […] Wer weiß ob die Frau Pawlik den Grafen Veith auch nicht kennt? Tatsache ist, daß die Hausbesorgerin dem Grafen immer Dienstmädchen besorgte und sehr auffallend war es, daß als der Graf verhaftet wurde, ihre 16jährige Nichte Karoline, die sehr oft beim Grafen war und von dorten immer Backwaren und Bonbons gebracht hat, sofort verschwand. [...] Das Dienstmädchen Berta Riha vom Kafesieder Pawlik kannte den Grafen der sehr oft zu der Hausbesorgerin kommt von der Karoline, die ihr erzählte, daß der Graf sie sehr gern hat und als die Berta Riha von den Schandtaten des Grafen liest da äußerte sie sich, das es Glück ist, daß sie nicht zu ihm ging, denn er hätte sie auch wie die Tochter der Schande zugeführt. Mehr das Mädchen selbst, 4 Bez. Heumühlgasse 14 Tür 10. / Hochachtungsvoll

Eine anonyme Korrespondenz-Karte / Korrespondenění lístek, Poststempel: »31.VII.1908«:

Die vermisste Comtesse Veith, genant die »schöne Comtesse Mici« lebt derzeit lustig als »Kellnerin« im Caffe »Seecésse« Prag Skořepkagasse I oder sie müsste eine veritable Doppelgängerin haben. / Natürlich unter einem ganz anderen Namen.

Am 9.9.1908 ergeht ein anonymer Hinweis ans Bureau für sittenpolizeiliche Agenden:

In der VI Bienengasse 6 wohnt ein Fraulein Schack Mina die hat mit Graf Veith langere Zeit mit einander gelebt oder gewohnt die thuns einmal als Zeuge vernehmen / Die kan viel sagen uber Veith seiner Frau u. vieleicht von der Tochter. / Hat auch Grafin werden wollen.«

Eine an »Wolgeboren Herren Baron Distler« adressierte Karte – (fingierter) Absender: »Dr. Victor Adler / Arbeiter Zeitung« – zeigt auf der Schauseite ein gedrucktes Sujet: Eine leicht bekleidete, auf einem Polsterpodest stehende Kokotte läßt zwei vor ihr kniende, Anzug tragende »Cavaliere«, die sie wie Marionetten an Fäden führt, mit prall gefüllten Geldbeuteln um sich bieten. Sie ist handschriftlich als »Mizzi Veitt« bezeichnet, der eine Mann als »Dr. Baumgartner«, der andre als »Kais[erlicher] Rat Stuckart«. Summarischer Vermerk: »›Spricht Bände‹« (→ S. 167).

*

Am 1.8.1908 entzieht Marcell Veith Siegmund Hofmokl die Vollmacht. Dessen Verteidigung ist nicht nach seinem »Sinne und Geschmack« gewesen: »Das Wichtigste und einzig Richtige, das Studium der Zeugenaussagen und das Hervorheben der Widersprüche derselben haben Sie ganz außer Acht gelassen. [...] Auf keinen einzigen Widerspruch der Zeugen haben Sie aufmerksam gemacht, so kam es, daß ich als Lügner dastand. Und gerade das war es, auf das ich das größte Gewicht gelegt, daß man mir auch nicht ein Wort als unwahr beweisen konnte.« Veith drängt in einem Brief vom 3.8. auch seine Ehefrau, sich einen anderen Verteidiger zu nehmen. Hofmokl habe sie beide »zu Aussagen gedrängt, die geradezu dumm waren, [...] zu Sachen, die besser unterblieben wären«. Er brauche einen Verteidiger, der die Angelegenheit »ruhig u. sachlich« angehe, »ohne jedes Aufsehen u. ohne jedes Scharivari – ohne jedes Hineinziehen von Sachen u. Personen, die mit der Anklage als solcher nichts zu tun haben« –, und nicht einen Anfänger wie Hofmokl, der alles ins Werk setze, um sich auf seine Kosten zu profilieren. Er werde »Dr. Steger« ersuchen, ihn vor Gericht zu vertreten, sie solle das auch tun.

Am 8.8. bevollmächtigt Veith Max Neuda, einen der versiertesten Rhetoriker des Wiener Barreaus, mit seiner Verteidigung. Der teilt ihm allerdings am 22.8.1908 brieflich mit, daß er die Verteidigung doch nicht übernehme. Veith werde nach den vergeblichen Anstrengungen seiner Frau, Geld für eine Kaution aufzubringen – »Es hält sich eben Alles ferne« –, in Haft bleiben, und »bei dem ungebändigten Charakter« Anna Veiths könne er seine Verteidigung unmöglich führen. »Warum soll ich auch die Ausbrüche Ihrer Frau, spätere mögliche Vorwürfe, eine vielleicht durch Monate hindurch dauernde Qual auf mich nehmen?«

Mit 4.9.1908 ist die Vollmacht datiert, mit der Veith Dr. Heinrich Böhmer, Verteidiger in Strafsachen, befugt, ihn »in allen seinen Angelegenheiten vor allen Strafbehörden und Strafgerichten zu vertreten«. Auch Anna Veith läßt sich per 1.10. von Böhmer vertreten, erklärt aber »ausdrücklich, daß [sie] nicht in der Lage [ist], irgendein Honorar zu bezahlen«.

*

Das Präsidium der k.k. Polizei-Direktion führt auf die Beschuldigungen gegen Regierungsrat Moriz Stukart, Chef des Sicherheits-Bureaus, und Polizei-Oberkommissär Dr. Baumgarten, Vorstand des Bureaus für sittenpolizeiliche Agenden, hin eine amtliche Untersuchung durch und ersucht das k.k. Landes-Gericht in Strafsachen Wien am 5.8.1908 um Einsicht in das Tagebuch der Mizzi Veith, in die von Marcell Veith geführten Kassabücher, das Protokoll der Hauptverhandlung – was alles gewährt wird – und um Einvernahme von Marcell Veith. Der verweigert die Aussage. Die Anwälte der zwei Polizeifunktionäre, die gegen Marcell Veith, Anna Veith sowie Siegmund Hofmokl Klagen wegen Ehrenbeleidigung anstrengen, beantragen am 18. resp. 24.8. Einsicht in den Strafakt Veith, die jeweils umgehend bewilligt wird. Die Ratskammer beschließt am 1.9.1908, das Strafverfahren Dr. Anton Baumgarten wider Marcell Veith wegen Übertretung gegen die Sicherheit der Ehre auszuscheiden und an das k.k. Bezirksgericht Josefstadt in Strafsachen abzugeben, am 4.9. auch die Strafsache Moriz Stukart wider Dr. Siegmund Hofmokl und Anna Veith, »weil die hiergerichtliche Strafsache nahezu finalisiert ist u. die Haftsache der Gefahr einer eventuellen Verzögerung durch Verbindung mit einer Privatklage nicht ausgesetzt werden darf«.

Sowohl Stukart als auch Baumgarten begehren, bei der zweiten Hauptverhandlung in der Strafsache Veith als Zeugen vorgeladen zu werden: Die bei der ersten Hauptverhandlung im Juli vorgebrachten Behauptungen, die geeignet gewesen seien, die Beamten in ihrer persönlichen Ehre sowie als Amtsperson schwer zu diskreditieren, hätten in der Öffentlichkeit eine »tiefgehende Wirkung« hervorgerufen. Man möge ihnen bei der für den 15. und 16.10. anberaumten Verhandlung die Gelegenheit geben, durch eine öffentliche Erklärung im Gerichtssaal den gegen sie vorgebrachten Anschuldigungen den Boden zu entziehen. Es sei ein Gebot der Gerechtigkeit und Billigkeit, jedem im Gerichtssaal beleidigten Staatsbürger die Gelegenheit zu geben, dieser Beleidigung an Ort und Stelle entgegenzutreten. Das Gericht lehnt diese Anträge ab, »da dieses Beweisthema für die Schuldfrage irrelevant« sei.

Siegmund Hofmokl bittet das k.k. Landes-Gericht in Strafsachen Wien am 11.10.1908 »ergebenst« um Einsicht in den Strafakt Veith sowie um die Erlaubnis, »aus dem Kassabuche, bezeichnet römisch V, von den mit kleinen Kreuzen bezeichneten Seiten fotografische Copien aufnehmen zu dürfen«. Er sei, wie bekannt, von Regierungsrat Stukart auf Ehrenbeleidigung geklagt worden und werde vermutlich vom Gericht dazu verhalten werden, Gründe für seine bei der Hauptverhandlung getroffene Aussage anzugeben. Auf den mit Kreuzen markierten Seiten fänden sich dazu unter März 1908 mehrere Eintragungen: »8. Oberpolizeirath Stuckart … 20 fl.«, »29. Stuckart … 10 fl.«, »30. Polizeirath Stuckart … 25 fl.« und »31. Stuckart … 10 fl.«. Staatsanwalt Wiesner bewilligt weder das eine noch das andere, die Ratskammer immerhin die Einblicknahme in den Strafakt.

25.08.1908: Marcell Veith stellt Antrag auf Enthaftung

Am 25.8.1908 fordert Marcell Veith, das »löbliche Gericht wolle schleunigst [s]eine Enthaftung, eventuell gegen Erlag einer Kaution von 1.000 Kronen verfügen«. Es bestehe weder Verdunkelungs- noch Fluchtgefahr, und es »sprächen daher nicht nur die gesetzlichen Bestimmungen für [s]eine sofortige Enthaftung, sondern auch Menschlichkeits- und Billigkeitsgründe« dafür, daß die »[s]eine psychischen und seelischen Leiden bis aufs äußerste steigernde Haft unverzüglich *ohne Kaution* aufgehoben« werde. Seine Frau, die sich in großem Elend befinde und ihr karges Auskommen friste, indem sie ein Möbelstück nach dem andern veräußere, sei auf seine Erwerbstätigkeit angewiesen. Da diese »nun unvermuteterweise von ihren außerordentlich armen Verwandten aus deren Sparpfennigen einen Barbetrag von 1.000 Kronen zum Zwecke des Kautionserlages zusammengebettelt« habe, könne er diesen Betrag als Kaution anbieten – »mit dem Bemerken, daß es ganz ausgeschlossen ist, [sich] einen größeren Betrag zu beschaffen«.

Die Ratskammer des k.k. Landes-Gerichts in Strafsachen Wien beschließt tags darauf in nichtöffentlicher Sitzung nach Anhörung des k.k. Staatsanwalts, das Gesuch abzuweisen, da sowohl Flucht- wie auch Verdunkelungsgefahr bestehe und zudem die Höhe der angebotenen Kaution »nach der Lage des Straffalles, nach der Persönlichkeit des Angeklagten und der Höhe der zu gewärtigenden Strafe« keinesfalls »genügend Sicherheit für Vermeidung eines Fluchtversuches bieten könnte«.

Am 27.8. legt Marcell Veith gegen diesen Beschluß Beschwerde beim Ober-Landes-Gericht ein. Er wiederholt darin seine Argumente und versucht, jene der Ratskammer Punkt für Punkt zu widerlegen. Was das »löbliche Gericht« allerdings »mit dem Ausdrucke *›nach der Lage des Straffalles‹* und *›meiner Persönlichkeit‹*« verstehe, sei ihm »ganz unverständlich« und setze ihn »vollständig außer Stande, dagegen Stellung zu nehmen, weil diese Ausdrücke weder im Gesetze enthalten sind noch klar ausdrücken, was damit gemeint« sei.

Das k.k. Ober-Landes-Gericht Wien weist die Beschwerde Veiths am 29.8.1908 in nichtöffentlicher Sitzung nach Anhörung des Staatsanwalts als unbegründet zurück und bestätigt den Beschluß des k.k. Landes-Gerichts vom 26.8.

09.09.1908: Marcell Veith fordert Berichtigung des Protokolls der Hauptverhandlung

Am 9.9.1908 richtet Marcell Veith an das k.k. Landes-Gericht in Strafsachen Wien die Bitte, das Protokoll der Hauptverhandlung vom 30. und 31.7.1908 in zahlreichen Punkten richtigstellen und ergänzen zu wollen. So werde ihm etwa auf Seite 39 eine Äußerung in den Mund gelegt, die er bestimmt nicht gemacht habe. Er bitte deswegen um Streichung der Passage »Ich möchte erwähnen, daß meine Tochter auch mit Regierungsrat Stukart verkehrte, der sie ins Theater führte«. Auf Seite 15 stehe zu lesen, der Zeuge Victor Widakovich wisse von »größeren Beträgen, die in den Kassabüchern nicht verzeichnet seien«. Tatsächlich habe Widakovich aber nur von *einem* größeren Betrag gesprochen, und er, Veith, habe dafür ja eine einleuchtende Erklärung gegeben: Auf Ersuchen seiner Tochter habe er Widakovich damals gesagt, daß sie von Herrn Baron P. eingeladen sei, von dem Widakovich gewußt habe, daß er immer 300 Gulden gab. Seine Tochter habe damals keine Lust gehabt, zu Widakovich zu kommen, ihn aber nicht kränken wollen. Tatsächlich sei sie gar nicht von Baron P. eingeladen worden und habe diese 300 Gulden deswegen auch nicht erhalten. Für ihn sei diese Korrektur von großer Wichtigkeit, weil ansonsten die Glaubwürdigkeit der Kassabücher in Zweifel stehe. Der Zeuge Karl Saßhofer habe nie gesagt: »Ich sah, wie ihr der Herr ein Päckchen Noten gab«, sondern vielmehr: »Ich sah, wie sie wegging, daß sie zusammengerollte Banknoten in der Hand hielt.« Fast an jeden der Zeugen, die bei der Hauptverhandlung aussagten, habe er Fragen gerichtet. Keine einzige dieser Fragen scheine im Protokoll auf. Manche seiner Fragen und der Antworten darauf seien für die ganze Sachlage von eminenter Wichtigkeit. Es sei ihm mehrfach gelungen, die Glaubwürdigkeit von Zeugen zu erschüttern. Durch das Weglassen seiner Fragen und die doch teilweise wiedergegebenen Antworten der Zeugen zeichne das Protokoll ein nicht dem Prozeßverlauf entsprechendes und für ihn sehr ungünstiges Gesamtbild. Veith ersucht unter anderem um nachträgliche Protokollierung einer Frage an die Zeugin Leopoldine Jellinek. *Frage:* »Wann hat Ihnen Mizzi erzählt, daß sie dem Russen die Jungfernschaft um 6000 Gulden verkauft habe, um mit Victor ungeniert verkehren zu können?« – *Antwort:* »Im Winter.« Die Antwort »Im Winter« erweise, daß die Zeugin Jellinek die Unwahrheit über den Verkauf der Jungfernschaft seiner Tochter gesagt habe, da aus dem Tagebuch-Eintrag vom 13.8.1906 hervorgehe, daß seine Tochter mit Widakovich schon verkehrte, ehe sie den Russen im Winter 1906 kennengelernt habe.

21.09.1908: Marcell Veith beantragt 210 Kunden seiner Tochter als Zeugen

Am 21.9.1908 stellt Marcell Veith an das k.k. Landes-Gericht in Strafsachen Wien einen 34seitigen Antrag auf Ladung von Zeugen:

- Franz Freiherr von Kubinzky, Julius Ritter von Wichkowski, Paul Graf Keglevich, Paul Baron Lebel, Alexander Baron Waldberg und Ferdinand Baron Popper: Um zu beweisen, daß die Herrenbesuche in der Wohnung der Veiths »wirklich nur harmlose Theeabende« gewesen seien. Es seien immer nur dieselben, eben die genannten sechs Herren gekommen.
- Karl Herzog, Nachtportier im Etablissement Ronacher: Um zu beweisen, daß der Zeuge Münichsdorfer seine Tochter nicht habe telephonieren hören können. Der Fiaker-Standplatz befinde sich vor dem Café Alcazar in der Schellinggasse, das Telephon befinde sich in der Portierloge in der Himmelpfortgasse.
- »Sämtliche in den Kassabüchern verzeichnete Herren« (»Beilage A«): Um zu beweisen, »daß er seine Tochter niemals verkuppelt oder sie den Herren irgendwie angetragen habe und die irrigen Behauptungen vieler Zeugen auf falschen Voraussetzungen beruhen«. Die penibel geführten Aufzeichnungen – selbst kleinste Beträge von 2 Gulden seien verbucht – hielten vom 27.3.1905 bis zum 27.4.1908 lückenlos sämtliche Namen jener Herren fest, von denen seine Tochter Geld erhalten habe, sowie die jeweiligen Beträge. Im von Mai 1904 bis zum 26.3.1905 geführten Kassabuch, das offenbar bei der Hausdurchsuchung verlorengegangen sei, scheinten dieselben Namen auf, weil seine Tochter »einen ständigen Bekanntenkreis« gehabt habe. Die Führung der Kassabücher sei eine »interne Abmachung [s]einerseits mit [s]einer Tochter« gewesen, es lasse sich deswegen kein triftiger Grund denken, warum er Namen oder Beträge nicht hätte eintragen sollen. Die Staatsanwaltschaft führe die Kassabücher als Beweismittel *gegen* ihn, wie könne sie da behaupten, die Aufzeichnungen seien nicht »verläßlich«?! Es könne nur im Interesse der Staatsanwaltschaft liegen, die genannten Herren einzuvernehmen, was sie »von Rechts wegen schon längst hätte tun sollen«, um sich »einen sicheren und direkten Beweis für ihre Anklage zu verschaffen«. Bis dato beruhten ihre Anschuldigungen ja nur auf Indizien. Es sei im übrigen »die Pflicht und Schuldigkeit der löblichen Staatsanwaltschaft«, den Vorwurf, die Kassabücher seien nur lückenhaft geführt, zu beweisen. Alles andere sei eines »geordneten Rechtsstaates« unwürdig. Bei Pseudonymen, die er

»nur mit Rücksicht auf die meist sehr hohe sociale Stellung dieser Herren angewendet« habe, könne er jederzeit den richtigen Namen und die Adresse angeben. Um seinem »Vorsatze so viel als möglich treu zu bleiben, jedes unnötige Aufsehen zu vermeiden und so wenig Herren als möglich zu compromittieren, von denen überdies sehr viele verheiratet und exterritorial sind«, habe er sie auch in der Beilage nur unter dem Pseudonym angeführt.

– »Sämtliche in den Kassabüchern verzeichnete Herren in den Monaten Mai und Juni des Jahres 1905« (»Beilage B«): Sollte »das löbliche Gericht« den Aufwand scheuen, alle 210 in »Beilage A« genannten Herren zu laden, möge es zumindest die 44 in »Beilage B« aufgelisteten einvernehmen (die allesamt auch in »Beilage A« aufscheinen). Auch mit dieser geringeren Anzahl an Zeugen lasse sich der Beweis führen, daß er seine Tochter nicht verkuppelt habe und daß die »Wahrnehmungen« ihn belastender Zeugen falsch gedeutet würden. Im Mai und Juni 1905 hätten die Herren Cohn und Svoboda, Direktor und Oberinspektor des Englischen Gartens, ihn im Auge gehabt und sein vorgeblich »auffallendes Benehmen« fälschlich dahin gedeutet, er verkupple seine Tochter. Worauf sie ihm ja angeblich das Betreten des Geländes untersagt hätten. Mit den Aussagen der in »Beilage B« genannten Herren, von denen seine Tochter in diesen zwei Monaten Geld erhalten habe, würde die »Anklage in *Nichts*« zerfallen.

Weiters beantragt Veith die »amtliche Konstatierung aus den Kassabüchern«, daß die Auslagen seiner Tochter die ganzen vier Jahre hindurch jeden Monat über den Einnahmen gelegen seien; sowie »wie viel von diesen Auslagen [s]eine Tochter für sich allein gebraucht hat, um so konstatieren zu können, wie viel sie für das gemeinsame Leben & Wohnung ausgegeben hat und wie viel dann noch« für ihn, Veith, und seine Ehefrau übriggeblieben sei. Das würde erweisen, »daß sie nicht einmal alles zusammen 2 Gulden pro Tag für das Haus hergegeben hat, daß sie oft den ganzen Monat nichts gezahlt, einmal sogar durch 5 oder 6 Monate nicht einen Kreuzer zum Leben hergegeben« habe.

Beilage A
1. *Graf Czaky,* Wien I
1. *Russe »Ali«* (Pseudonym), vorgestellt von Graf Czaky
am 27.3. fl. 15,–
2. *Kelling,* Wien IV, Johann-Strauß-Gasse
am 28.3. fl. 50,–

3. *Heine Fränkl,* Wien VII, Burggasse
am 29.3. fl. 15,–, 15.4. fl. 30,–, 16.6. fl. 14,–, 11.10. fl. 11,–, 4.1. fl. 10,–, 10.2. fl. 10,–, 29.11. fl. 10,–, 30.11. fl. 5,–
4. *Andor Graf Festetics,* Budapest oder Wien »Hotel Bristol«
am 1.4. fl. 15,–, 5.5. fl. 10,–, 19.7. fl. 2,–, 8.8. fl. 50,–, 30.7. fl. 5,–
5. *Fips Langenhahn,* Sekretär im Klub der Industriellen, Wien I
am 2.4. fl. 15,–, 8.4. fl. 20,–, 27.4. fl. 25,–, 30.11. fl. 21,–, 20.12. fl. 25,–, 3.1. fl. 5,–, 25.1. fl. 25,–, 12. 2. fl. 27,–, 30.6. fl. 25,–, 19.9. fl. 25,–, 25.9. fl. 22,–, 9.11. fl. 40,–
6. *Joži Graf Radetzky,* k.k. Rechtspraktikant
am 3.4. fl. 10,–, 14.4. fl. 10,–, 15.6. fl. 15,–, 24.3. fl. 25,–
7. *von Mulitsch,* Großindustrieller, Görz
am 4.4. fl. 50,–, 19.6. fl. 25,–, 21.6. fl. 5,–, 14.10. fl. 25,–, 24.11. fl. 25,–, 6.12. fl. 10,–, 7.12. fl. 10,–, 8.6. fl. 25,–, 4.7. fl. 26,–, 18.9. fl. 25,–, 6.4. fl. 30,–, 1.7. fl. 20,–, 8.6. fl. 21,–, 8.11. fl. 35,–, 23.3. fl. 30,–, 25.4. fl. 30,–
8. *Graf Grocholski,* Wien »Hotel Bristol« oder Warschau
am 10.4. fl. 10,–
9. *Lord Fitzgerald,* gew. Militärattaché der großbrit. Botschaft, Wien
am 11.4. fl. 10,–
10. *Beyer,* Wien I (Opernring?) nicht gewiß
am 16.4. fl. 20,–
11. *Graf Paul Festetics,* Budapest
am 17.4. fl. 10,–
12a. *Jokl,* vorgestellt durch Fips Langenhahn, Wien
am 18.4. fl. 10,–
12b. *Dr. Stern,* Budapest
am 5.4. fl. 50,–, 7.4. fl. 50,–, 4.9. fl. 25,–, 12.11. fl. 25,–
13. »*Amerikaner*« (Pseudonym), Botschafter, Wien
am 19.4. fl. 11,50, 20.5. fl. 5,–
14. *Theodor Meichl,* Wien I, Kolowratring 6, Mezzanin
am 23.4. fl. 22,–, 3.11. fl. 50,–, 21.11. fl. 50,–, 8.12. fl. 25,–, 5.3. fl. 100,–, 13.3. fl. 110,–, 5.4. fl. 15,–, 13.4. fl. 200,–
15. *Prinz Alfred Liechtenstein,* Wien IX, Liechtensteinstr., k.k. Kämmerer, Oberlieutenant i.d. Leibgarde-Escadron
am 24.4. fl. 9,–
16. »*Henry*« (Pseudonym), vorgestellt von Prinz Alfred Liechtenstein
am 28.5. fl. 7,–
17. *Graf Czaky,* Wien I
am 1.5. fl. 5,–

18. »*Fezy*« (Pseudonym), Wien
am 2.5. fl. 5,–
19. »*Teli*« (Pseudonym), vorgestellt von Lord Fitzgerald
am 6.5. fl. 5,–
20. ……, Oberst & Militärattaché der italien. Botschaft
am 7.5. fl. 5,–, 15.5. fl. 10,–, 16.10. fl. 20,–, 17.10. fl. 20,–, 25.10. fl. 20,– 2.11. fl. 20,–, 14.1. fl. 20,–
21. *Max Graf Thun,* k. k. Geheimer Rath & Oberstjägermeister Sr. Majestät des Kaisers
am 7.5. fl. 15,–
22. *von Tarnoczy,* k. u. k. Husaren-Oberlieutenant
am 8.5. fl. 38,–
23. *von Eigner,* k. u. k. Dragoner-Rittmeister, Brandeis
am 11.5. fl. 3,–
24. *Baron Pongracz,* Budapest, vorgestellt durch Graf Andor Festetics
am 12.5. fl. 10,–
25. *Dr. Waldemar Waniek,* Wien
am 14.5. fl. 10,–
26. *Adalbert Graf Sternberg,* Wien I, Giselastr. 4, Reichsratsabgeordneter
am 16.5. fl. 50,–
27. *Eugen Müller,* Wien III, Heumarkt
am 18.5. fl. 5,–, 19.5. fl. 10,–
28. *Graf Billot,* Wien
am 19.5. fl. 5,–
29. *Graf Andreas Potocki,* k. & k. Geheimer Rat und Statthalter, Lemberg
am 28.5. fl. 30,–
30. *Edi Sacher,* Wien I, Hotel Sacher
am 29.5. fl. 25,–, 31.5. fl. 15,–, 14.7. fl. 3,–, 15.7. fl. 5,–, 19.7. fl. 2,–, 4.10. fl. 25,–, 20.11. fl. 14,–, 25.10. fl. 10,–
31. »*Karl*« (Pseudonym)
am 30.5. fl. 6,–, 30.6. fl. 7,–, 31.10. fl. 25,–, 10.12. fl. 4,–, 16.3. fl. 3,–, 24.3. fl. 2,–, 3.9. fl. 3,–, 26.9. fl. 6,–, 13.10. fl. 10,–, 17.10. fl. 3,–
32. *Graf Dunin Borkowski junior,* Wien, Theresianist
am 1.6. fl. 26,–, 21.6. fl. 10,–, 8.10. fl. 3,–, 13.10. fl. 2,–, 25.2. fl. 2,–
33. »*Einjährig Freiwilliger*«, vorgestellt vom Grafen Dunin Borkowski junior (Baumeistergasse)
am 2.6. fl. 9,–, 30.9. fl. 10,–, 1.11. fl. 20,–
34. »*Ungar*« (Pseudonym), Budapest
am 3.6. fl. 19,–, 28.5. fl. 6,–, 1.7. fl. 23,–

35. *Leopold Graf Kolowrat,* Wien & Taus, Böhmen
am 4.6. fl. 5,–, 5.6. fl. 5,–
36. *Graf Waldstein,* vorgestellt von Graf Kolowrat
am 3.6. fl. 3,–
37. *Graf Jankowich,* Budapest
am 6.5. fl. 15,–
38. *Doktor Redlich,* Wien
am 8.5. fl. 5,–
39. »*Max Deutscher*« (Pseudonym), Berlin
am 10.6. fl. 50,–, 29.2. fl. 40,–
40. *Graf Hubert Stollberg,* Wien IV, Jurist
am 10.6. fl. 5,–
41. *Leo Baron Chlumetzky,* Wien I, Parkring 16
am 10.6. fl. 30,–, 10.9. fl. 10,–, 11.9. fl. 25,–, 3.12. fl. 20,–
42. *Bob Adams,* Amerikanische Botschaft, Wien
am 12.6. fl. 10,–
43. *Caro Don y Sechenyi,* Erster Botschaftsrat der spanischen Botschaft, Wien
am 12.6. fl. 5,–, 18.6. fl. 25,–, 7.11. fl. 25,–
44. *Alexander Graf Hadik,* Wien I
am 13.6. fl. 2,–, 7.8. fl. 25,–, 6.9. fl. 25,–, 14.9. fl. 5,–, 6.3. fl. 28,–
45. »*Rudolf*« (Pseudonym), Wien I
am 14.6. fl. 15,–, 16.1. fl. 5,–, 7.3. fl. 5,–, 3.4. fl. 10,–
46. *Rudolf Graf Schirding,* Prag
am 17.6. fl. 5,–, 6.7. fl. 10,–, 7.7. fl. 22,–, 9.7. fl. 10,–, 10.2. fl. 10,–, 11.2. fl. 10,–
47. *Graf Zamoyski,* vorgestellt von Graf Emil Potocki, Lemberg
am 20.6. fl. 25,–
48. *Fundulus,* vorgestellt von Graf Andor Festetics, Wien
am 23.6. fl. 20,–
49. *Kary,* Wien I, Franz-Josefs-Kai, Seidenfabrikant
am 24.6. fl. 20,–, 27.9. fl. 15,–
50. *Graf Emil Potocki,* Lemberg
am 26.6. fl. 15,–, 20.6. fl. 17,–, 14.5. fl. 25,–, 24.2. fl. 50,–
51. *Wiener* (Pseudonym)
am 27.6. fl. 5,–, 25.5. fl. 8,–, 19.6. fl. 10,–, 9.7. fl. 20,–, 19.8. fl. 12,–, 28.8. fl. 5,–
52. »*St. R.*« (Pseudonym)
am 28.6. fl. 10,–

53. »*Pole*« (Pseudonym), vorgestellt von Graf Emil Potocki
am 29.6. fl. 2,–, 11.7. fl. 11,–
54. *Kuffner,* Wien XVI, Brauereibesitzer
am 30.6. fl. 10,–
55. *Oscar Radegger,* vorgestellt von Fips Langenhahn
am 1.7. fl. 5,–, 10.6. fl. 10,–, 19.12. fl. 17,–, 22.12. fl. 21,–, 30.1. fl. 20,–, 1.3. fl. 35,–
56. »*Sandor*« (Pseudonym), vorgestellt von Graf Emil Potocki
am 2.7. fl. 20,–
57. *von Eidlitz,* Wien I
am 3.7. fl. 6,–, 26.7. fl. 50,–, 28.7. fl. 5,–, 3.8. fl. 45,–
58. *Prinz Demidoff (Elimar) von San Donato,* Erster Legationssekretär der russischen Botschaft, Wien III, Reisnerstraße & Metternichgasse
am 8.7. fl. 39,–, 10.7. fl. 50,–, 23.7. fl. 50,–, 25.7. fl. 50,–, 29.7. fl. 50,–, 16.8. fl. 50,–, 20.8. fl. 50,–, 21.8. fl. 25,–, 22.8. fl. 50,–, 19.11. fl. 50,–, 3.12. fl. 50,–, 29.1. fl. 50,–, 4.2. fl. 50,–, 19.7. fl. 50,–, 20.7. fl. 50,–, 10.8. fl. 52,–, 15.8. fl. 25,–
59. *Otto Zentler,* Wien IX, Währingerstraße 13
am 9.7. fl. 5,–, 13.7. fl. 15,–, 16.7. fl. 5,–, 2.8. fl. 21,–, 4.8. fl. 20,–, 6.8. fl. 25,–, 7.8. fl. 20,–, 9.8. fl. 30,–, 13.8. fl. 25,–, 20.8. fl. 25,–, 24.8. fl. 30,–, 25.8. fl. 20,–, 26.8. fl. 20,–, 28.8. fl. 20,–, 30.8. fl. 50,–, 9.9. fl. 20,–, 20.9. fl. 25,–, 24.9. fl. 30,–, 26.9. fl. 15,–, 28.6. fl. 21,–, 8.5. fl. 26,–, 15.5. fl. 26,–, 3.7. fl. 25,–
60. *Graf Leopold Sternberg,* Wien IV & Prag, Erbliches Mitglied des Herrenhauses
am 11.7. fl. 5,–
61. *Graf Alois Schaafgotsche,* Wien I, Singerstr. 14
am 13.7. fl. 10,–, 1.12. fl. 2,–, 6.1. fl. 10,–, 21.1. fl. 20,–, 5.10. fl. 45,–, 8.3. fl. 25,–, 9.3. fl. 25,–
62. *H. Lohner,* Wagenfabrikant, Wien IX, Porzellang. 2
am 11.7. fl. 25,–, 19.7. fl. 10,–
63. *Baron Wassilko,* Reichsratsabgeordneter, Wien I
am 20.7. fl. 20,–
64. *Erich Weisswasser,* Großindustrieller, Wien I
am 21.7. fl. 25,–
65. *Hans Ritter von Mautner,* Wien I, Lugeck 1
am 24.7. fl. 7,–, 1.8. fl. 25,–
66. *Karl Fürst Trautmannsdorf,* Wien I, Herreng., Erbliches Mitglied des Herrenhauses & Geheim. Rat
am 25.7. fl. 10,–

67. *Graf Baworovski,* Wien I, Hotel Bristol
am 26.7. fl. 10,–
68. *Josef Flesch,* Fabrikant, Wien I, Stubenring 22
am 27.7. fl. 50,–, 12.8. fl. 20,–, 18.8. fl. 20,–, 12.6. fl. 66,–, 8.10. fl. 50,–
69. *Felix Muhr*
am 27.7. fl. 25,–, 18.4. fl. 30,–, 23.6. fl. 15,–
70. *Raoul Potton,* vorgestellt von Prinz Demidoff
am 29.7. fl. 10,–
71. »*s w*« (Pseudonym)
am 10.7. fl. 12,–, 19.9. fl. 26,–, 30.3. fl. 5,–
72. »*Polnischer Graf*« (Pseudonym), vorgestellt von Grafen Josef & Emil Potocki
am 14.8. fl. 22,–, 11.9. fl. 26,–, 23.9. fl. 25,–, 11.11. fl. 15,–, 12.11. fl. 11,–
73. »*Franzose*« (Pseudonym), Botschafter, vorgestellt von Prinz Elimar Demidoff
am 18.8. fl. 5,–, 12.6. fl. 3,–, 3.6. fl. 2,–, 7.6. fl. 12,–, 21.7. fl. 5,–
74. *Graf Zichy,* Pest
am 3.9. fl. 10,–, 22.10. fl. 5,–
75. *Rudolf Gridl,* Fabrikant, Wien V, Bacherplatz
am 4.9. fl. 50,–, 29.5. fl. 51,–, 3.7. fl. 13,–
76. *Baron Trescow,* vorgestellt von Baron Schaafgotsche
am 12.9. fl. 20,–
77. *Richard Leuthold,* Lohnwagenvermiether, Wien II
am 13.9. fl. 10,–, 24.5. fl. 5,–
78. »*Graf Carlo*« (Pseudonym), Wien & Rom
am 14.9. fl. 50,–, 10.9. fl. 50,–, 8.8. fl. 26,–
79. *Br. B. P.* (Pseudonym), Wien I
am 12.9. fl. 100,–
80. *Camillo von Türk,* k.k. Staatsanwalt, Wien IV, Schwindg. 11
am 23.9. fl. 25,–, 11.7. fl. 15,–
81. *Reicher,* Privatier, Wien I, Führichgasse 4
am 26.9. fl. 60,–, 29.9. fl. 20,–, 14.12. fl. 52,–
82. *R. Mager,* k.k. Staatsanwalt, Wien
am 27.9. fl. 15,–
83. *Otto Maier,* Brauereibesitzer, Graz
am 30.9. fl. 5,–, 3.3. fl. 17,–
84. »*Ingenieur*« (Pseudonym), vorgestellt durch Dr. Bamberger
am 1.10. fl. 12,–

85. *Dr. Bamberger,* Hof- & Gerichtsadvokat, Wien I, Landesgerichtsstraße
am 9.10. fl. 6,–, 31.10. fl. 5,–, 9.2. fl. 2,–, 19.1. fl. 10,–
86. *Ritter von Jaszinsky,* Krakau
am 10.10. fl. 5,–, 12.10. fl. 5,–, 14.10. fl. 6,–, 15.10. fl. 15,–, 16.3. fl. 3,–
87. »*Ernest*« (Pseudonym), vorgestellt von Felix Muhr
am 16.10. fl. 10,–
88. *Marikblond,* Amerikaner, vorgestellt von Mr. Bela Hauser
am 24.10. fl. 25,–
89. *Graf Castell,* Berlin, vorgestellt von Graf Stollberg
am 27.10. fl. 10,–
90. *Fabian,* Fabrikant, Wien
am 29.10. fl. 5,–
91. *Knöpfelmacher,* Fabrikant, Wien, vorgestellt von Herrn Reicher
am 1.11. fl. 25,–, 4.11. fl. 21,–
92. *Robert Ritter von Schenk,* Wien I, Elisabethstraße
am 17.4. fl. 28,–, 9.11. fl. 11,–, 12.12. fl. 15,–, 17.12. fl. 15,–, 8.1. fl. 5,–, 21.9. fl. 3,–
93. *Graf Johann Meran,* Graz
am 18.4. fl. 10,–
94. *Hurtable,* Tobis, Ungarn
am 23.11. fl. 13,–
95. *Stein Doso,* Weinlieferant
am 2.12. fl. 10,–
96. *Mr. Bela Hauser,* Einwanderungs-Kommissär der Vereinigten Staaten v. Nordamerika. In San Francisko beim Erdbeben ums Leben gekommen
am 2.12. fl. 10,–, 8.12. fl. 10,–, 11.12. fl. 10,–
97. »*Krampus*« (Pseudonym), Wien
am 2.12. fl. 12,–, 6.12. fl. 10,–, 12.12. fl. 2,–, 18.12. fl. 2,–, 29.12. fl. 3,–, 19.1. fl. 2,–, 28.1. fl. 6,–, 19.2. fl. 2,–
98. *Boot,* Kaufmann, vorgestellt von Herrn Reicher
am 7.12. fl. 20,–, 13.1. fl. 25,–, 24.1. fl. 6,–, 27.6. fl. 5,–
99. *Mr. Belamy Storer,* Amerikanischer Botschafter, Wien
am 16.12. fl. 40,–, 26.6. fl. 25,–
100. »*Lulu*« (Pseudonym)
am 12.12. fl. 19,–, 1.3. fl. 10,–, 6.3. fl. 10,–
101. *Hans Zimmermann,* Wien, Secretär der japanischen Botschaft
am 23.12. fl. 20,–, 25.12. fl. 10,–, 27.12. fl. 5,–, 28.12. fl. 5,–, 31.12. fl. 15, , 2.1. fl. 10,–, 20.1. fl. 5,–, 24.3. fl. 6,–, 4.12. fl. 10,–, 18.5. fl. 6,–

102. *Lothar Medianski,* Wien I, Spiegelgasse 3
am 31.12. fl. 15,–
103. *Baron Stift,* Hofkommissär im k. k. Obersthofmeisteramt Wien
am 3.1. fl. 5,–, 10.1. fl. 10,–
104. *Victor Widakowich,* Wien I, Bäckerstraße 18
am 6.1. fl. 5,–, 11.1. fl. 10,–, 18.2. fl. 15,–, 20.2. fl. 10,–, 24.2. fl. 3,–, 27.2. fl. 15,–, 3.3. fl. 10,–, 8.3. fl. 10,–, 10.3. fl. 10,–, 14.3. fl. 10,–, 17.3. fl. 10,–, 20.3. fl. 10,–, 21.3. fl. 3,–, 22.3. fl. 10,–, 31.3. fl. 10,–, 1.4. fl. 10,–, 16.4. fl. 15,–, 17.4. fl. 20,–, 21.4. fl. 10,–, 1.5. fl. 10,–, 4.5. fl. 10,–, 5.5. fl. 10,–, 7.5. fl. 10,–, 8.5. fl. 5,–, 11.5. fl. 10,–, 13.5. fl. 10,–, 22.5. fl. 31,–, 12.6. fl. 20,–, 20.6. fl. 10,–, 22.6. fl. 10,–, 20.5. fl. 7,–, 2.6. fl. 15,–, 13.6. fl. 10,–, 23.6. fl. 5,–, 30.6. fl. 5,–, 14.7. fl. 5,–, 4.8. fl. 5,–, 13.10. fl. 40,–, 10.11. fl. 30,–, 27.11. fl. 88,–, 2.12. fl. 80,–, 22.12. fl. 15,–, 2.1. fl. 30,–, 16.1. fl. 20,–, 22.2. fl. 100,–
105. *Graf Attems,* Wien u. Graz
am 2.1. fl. 6,–
106. Attaché von der türkischen Botschaft, vorgestellt von Prinz Denudoth
am 12.1. fl. 15,–, 9.3. fl. 25,–, 2.10. fl. 50,–, 7.10. fl. 55,–
107. *Uzl,* vorgestellt von Fips Langenhahn
am 18.1. fl. 15,–
108. *Graf Friedrich Schönborn,* Präsident & k. u. k. Geheimer Rat, Wien (gestorben)
am 20.1. fl. 10,–
109. *Andor von Pechy,* Wien I, Jokeyclub
am 25.1. fl. 25,–, 27.7. fl. 36,–, 30.7. fl. 26,–, 12.10. fl. 35,–
110. »*Marineur*« (Pseudonym), vorgestellt von Prinz Johann v. Liechtenstein junior
am 28.1. fl. 10,–, 10.7. fl. 7,–
111. »*Otto*« (Pseudonym)
am 27.1. fl. 45,–, 22.7. fl. 5,–, 20.9. fl. 15,–
112. *Blonde Sawoy,* vorgestellt von Caroy Sechenyi
am 30.1. fl. 20,–
113. *Erwin Graf Schlick,* Wien II, Praterstraße
am 31.1. fl. 20,–
114. *Hofmann,* Bankbeamter, Wien
am 1.2. fl. 3,–
115. *Lubernoff,* Direktor (Bank), vorgestellt von M. Bützoff
am 13.2. fl. 11,–

116. *Baron Malachovski,* Wien, vorgestellt von Erich von Czernin
am 15.2. fl. 16,–, 16.2. fl. 20,–
117. *Eugen Meich,* vorgestellt von Malachovski
am 18.2. fl. 13,–
118. *Theodor Bieringer,* Automobilgeschäft, Wien I, Stubenring 12
am 8.3. fl. 25,–
119. *De Sas,* vorgestellt von Caroy Sechenyi
am 13.3. fl. 5,–
120. *Norbert Stavek u. Topolski,* Lemberg & Wien, Juristen, vorgestellt von der Poldi im Café Ritz, bestätigt von Geschäftsführer Fischer
am 14.3. fl. 17,–, 22.3. fl. 3,–, 29.3. fl. 6,–
121. *Baron Alberton,* vorgestellt von Graf Csaky
am 5.4. fl. 5,–, 19.4. fl. 6,–
122. *Alfred u. Felix Rappaport,* vorgestellt von Josef Flesch u. Felix Muhr
am 7.4. fl. 10,–, 25.6. fl. 25,–
123. *Erich von Czernin,* k. u. k. Ulanen-Lieutenant, Maria Enzersdorf
am 25.4. fl. 22,–, 23.5. fl. 21,–
124. *Heim,* Fabrikant, Wien I, Schwarzenbergstraße
am 20.4. fl. 10,–, 26.6. fl. 5,–
125. »*Franzose*«, vorgestellt von Pechy
am 25.4. fl. 10,–
126. *Franz Popper,* Jurist, Wien I, Reichsratsstraße
am 26.4. fl. 10,–, 30.4. fl. 10,–, 1.5. fl. 15,–, 3.5. fl. 5,–, 7.4. fl. 12,–
127. *Kraus,* vorgestellt von Franz Popper
am 1.5. fl. 12,–
128. *Graf Konstantin Dziududicky,* Theresianist
am 15.6. fl. 6,–, 31.5. fl. 5,–
129. »*Paul*«, vorgestellt von Graf Dziududicky
am 16.5. fl. 6,–
130. *Baron A. Rothschild junior,* Wien IV, Heugasse
am 19.5. fl. 20,–, 7.8. fl. 16,–
131. »*Graf Coko*« (Pseudonym), Botschafter
am 20.5. fl. 11,–, 23.6. fl. 7,–
132. *Alfred von Poslov,* vorgestellt von Mr. Bützoff, Cornel v. Russland
am 1.6. fl. 25,–
133. *Joe Livingston,* Paris & New York, vorgestellt von Bellamy Storer (Herkomerfahrt)
am 5.6. fl. 50,–
134. *Dominik*
am 9.6. fl. 27,–

135. *Fürst Youssupoff u. Fürst Jablonski,* vorgestellt von Prinz Demidoff, Petersburg
am 13.6. fl. 25,–
136. »*Czarda*« (Pseudonym)
13.6. fl. 10,–, 29.7. fl. 18,–, 1.8. fl. 20,–
137. *Oscar Graf Potocki,* Lemberg
23.6. fl. 18,–, 7.7. fl. 15,–, 22.8. fl. 21,–, 29.8. fl. 16,–, 30.8. fl. 50,–, 1.9. fl. 30,–, 6.8. fl. 10,–, 12.8. fl. 25,–, 29.8. fl. 25,–, 26.4. fl. 5,–
138. *Lord Seymour,* Legationssecretär der englischen Botschaft
am 30.1. fl. 11,–, 18.2. fl. 21,–
139. *Lord Forest,* Spezialgesandter der englischen Botschaft in Begleitung des Maharadscha, vorgestellt von Lord Seymour
am 5.7. fl. 28,–, 12.8. fl. 13,–, 17.8. fl. 10,–
140. *Alfred Mahlmann junior,* Jurist, Wien I
am 12.7. fl. 20,–, 14.7. fl. 13,–, 27.7. fl. 10,–, 1.8. fl. 16,–
141. *Stefan von Mauthner,* Wien I
am 17.7. fl. 20,–
142. *Fürst Malakoff,* vorgestellt von Graf Emil Potocki
am 22.7. fl. 16,–
143. *Graf Hans Wilczek junior,* Wien I
am 24.7. fl. 11,–
144. *Russe Sascha,* Wien II, Hotel Austria
am 25.7. fl. 3,–, 23.10. fl. 6,–, 25.10. fl. 14,–, 30.10. fl. 25,–, 31.10. fl. 20,–, 4.11. fl. 26,–, 10.11. fl. 31,–, 13.11. fl. 31,–, 14.11. fl. 16,–, 16.11. fl. 21,–, 19.11. fl. 27,–, 20.11. fl. 27,–, 21.11. fl. 26,–, 22.11. fl. 26,–, 26.11. fl. 16,–, 27.11. fl. 16,–, 1.12. fl. 11,–, 13.9. fl. 17,–
145. *Prinz Radziwill,* Wien u. Krakau
am 27.7. fl. 13,–
146. *R. von Boglodovski,* Wien II
am 25.7. fl. 10,–, 29.7. fl. 10,–
147. »*Graf Leo R.*« (Pseudonym)
am 30.7. fl. 30,–
148. *Graf Draskowitsch,* Theresianist
am 3.8. fl. 81,–
149. »*Bukarest*« (Pseudonym)
am 7.8. fl. 25,–
150. *Gewitsch,* Kaufmann, Wien
am 14.8. fl. 4,–, 22.7. fl. 10,–
151. *Graf Răzovski,* Russ. Polen, Warschau, vorgestellt von R. v. Bozlovski
am 20.8. fl. 26,–

152. *Graf R. Kinsky,* Wien & Adlerkosteletz
am 24.8. fl. 11,–, 19.12. fl. 10,–
153. *Fürst Obolensky,* General, Petersburg, vorgestellt von Graf Oscar Potocki
am 27.8. fl. 40,–
154. *Graf Trautmannsdorf,* k. & k. Ulanen-Lieutenant
am 28.8. fl. 25,–
155. »*Jockey Club*« (Pseudonym), vorgestellt von Graf Hadik
am 6.9. fl. 25,–
156. *Baron O.* (Pseudonym)
am 7.9. fl. 100,–
157. *Alfred,* Freund von Baron Mylius
am 7.9. fl. 10,–, 8.9. fl. 15,–
158. *Baron Alfons Mylius,* Wien IV, Wohllebengasse 1
am 8.9. fl. 5,–, 9.9. fl. 20,–, 27.10. fl. 10,–, 8.9. fl. 3,–, 12.2. fl. 2,–
159. *Felix Dörmann,* Wien
am 5.10. fl. 10,–
160. »*Norweger*« (Pseudonym), Gesandtschaft, vorgestellt von Mr. Bützoff
6.10. fl. 16,–, 10.10. fl. 16,–
161. *Banquier* (Pseudonym), Wien
am 15.10. fl. 20,–, 28.12. fl. 11,–, 5.10. fl. 20,–
162. *Brahms,* Wien
am 6.12. fl. 22,–
163. *Oscar Radegger,* Wien
am 29.12. fl. 17,–, 22.12. fl. 21,–, 30.1. fl. 20,–, 4.3. fl. 35,–
164. *Dr. Markus,* Wien
am 2.5. fl. 26,–
165. *Gustav Weigand,* Wien
am 7.5. fl. 10,–, 13.5. fl. 10,–
166. *Bela Maler,* Budapest
am 9.5. fl. 30,–
167. »*Albert*« (Pseudonym)
am 16.5. fl. 15,–, 28.5. fl. 10,–, 21.6. fl. 15,–, 4.7. fl. 15,–, 10.7. fl. 10,–
168. *Ferdinand Juhl,* Wien I, Giselastraße 1
am 21.5. fl. 25,–, 29.5. fl. 26,–
169. *Demitri Sarassoff,* vorgestellt von Mr Bützoff
am 8.6. fl. 22,–
170. *Riess,* Banquier, Wien II
am 20.6. fl. 20,–

171. *Indier,* vorgestellt von Lord Seymour
am 29.6. fl. 20,–, 8.9. fl. 15,– 11.9. fl. 21,–
172. *Prévost,* Legationssecretär d. französ. Botschaft Wien
am 5.7. fl. 10,–
173. *Graf Rudolf Apponyi,* Theresianist
8.7. fl. 20,–
174. *Karl Mahlmann,* Wien I
am 24.7. fl. 20,–
175. *Alfred Zentler,* Wien IX, Währingerstraße
am 27.7. fl. 25,–, 3.8. fl. 50,–, 7.8. fl. 25,–, 21.8. fl. 21,–, 24.8. fl. 25,–, 31.8. fl. 20,–, 7.9. fl. 25,–, 14.9. fl. 25,–, 19.9. fl. 50,–, 22.9. fl. 15,–, 29.9. fl. 25,–, 1.10. fl. 25,–, 18.11. fl. 20,–, 3.12. fl. 20,–, 8.12. fl. 10,–, 15.12. fl. 10,–, 20.12. fl. 25,–, 15.1. fl. 21,–, 23.1. fl. 25,–, 26.2. fl. 25,–, 25.3. fl. 25,–
176. *Fritz Waerndorfer,* Wien VII
am 14.8. fl. 25,–, 16.8. fl. 25,–, 22.8. fl. 25,–, 30.8. fl. 11,–, 4.10. fl. 50,–
177. *Freund von Dr. Bamberger,* vorgestellt von Otto Maier
am 26.8. fl. 25,–, 27.9. fl. 10,–, 9.1. fl. 20,–
178. *Tarnacz,* vorgestellt von Alfred Zentler
am 2.9. fl. 25,–, 28.9. fl. 25,–
179. »*Charles*« (Pseudonym), vorgestellt von Lord Seymour
am 3.8. fl. 15,–, 4.8. fl. 15,–
180. *Vonwiller und Freund*
am 6.9. fl. 100,–, 10.9. fl. 102,–
181. *Baron Falkenberg,* vorgestellt durch Graf Trautmannsdorf
am 19.9. fl. 25,–
182. »*Grand von Spanien*« (Pseudonym), vorgestellt von Vonwiller
am 18.9. fl. 50,–
183. *Baron Pfahl,* vorgestellt von Fips Langenhahn
am 24.9. fl. 30,–, 26.9. fl. 60,–
184. *Graf Oldofredi,* vorgestellt von Graf Schaafgotsche
am 3.10. fl. 10,–
185. *Phönigsberger,* Wien
am 10.10. fl. 18,–
186. *Gyula Winkler,* Pest
am 11.10. fl. 21,–, 17.10 fl. 65,–
187. *Herzog von Sagan,* Paris
am 15.10. fl. 10,–
188. *Mr. Reeves,* Tobis, Ungarn
am 21.10. fl. 25,–

189. *Burgstaller,* Wien, Bookmaker
am 22.10. fl. 60,–
190. *Aurel Richter,* Wien IV, Tilgnergasse 5
am 25.10. fl. 71,–, 3.11. fl. 53,–, 21.11. fl. 50,–, 23.11. fl. 50,–, 8.12. fl. 25,–, 14.1. fl. 50,–, 18.1. fl. 10,–, 21.1. fl. 50,–, 12.2. fl. 50,–, 5.3. fl. 50,–, 6.2. fl. 100,–
191. *Eltinger,* vorgestellt von Theodor Meichl
am 21.11. fl. 25,–, 8.12. fl. 25,–
192. *Graf Hubert Vojkffy,* k.k. Ulanen-Lieutenant
am 21.12. fl. 10,–, 6.1. fl. 25,–, 21.2. fl. 50,–, 23.2. fl. 50,–
193. *Baron Spiegelfeld,* k.k. Dragoner-Lieutenant, Theresienstadt & Wien III, Jacquing. 6
am 25.12. fl. 10,–, 26.12. fl. 20,–, 5.1. fl. 20,–
194. *Graf Goluchowksi junior,* Theresianist, Wien
am 9.1. fl. 10,–
195. *Baron Alexander Waldberg,* Theresianist, Wien
am 10.1. fl. 20,–, 14.1. fl. 10,–, 17.1. fl. 10,–, 20.1. fl. 25,–, 24.1. fl. 15,–, 27.1. fl. 5,–, 29.1. fl. 20,–, 3.2. fl. 15,–, 7.2. fl. 21,–, 17.2. fl. 25,–, 25.2. fl. 20,–
196. *Julius Ritter v. Wichkowski,* Theresianist, Wien
am 12.1. fl. 15,–, 15.1. fl. 10,–, 18.1. fl. 15,–, 21.1. fl. 20,–, 25.1. fl. 20,–, 20.2. fl. 25,–, 18.3. fl. 15,–, 8.4. fl. 10,–
197. *Franz Baron Kubinzky,* Theresianist, Wien
am 17.1. fl. 25,–, 4.2. fl. 50,–, 10.2. fl. 20,–, 13.2. fl. 50,–, 20.2. fl. 50,–, 29.2. fl. 25,–, 12.3. fl. 50,–, 21.3. fl. 25,–, 28.3. fl. 25,–, 3.4. fl. 70,–, 4.4. fl. 10,–, 18.4. fl. 20,–, 23.4. fl. 15,–, 24.4. fl. 50,–
198. *Kudelka,* Wien III, Ungargasse
am 17.1. fl. 25,–
199. *Dr. Müller,* Wien I
am 6.2. fl. 25,–
200. *Graf Paul Keglevich,* Budapest, Andrassy utcza
am 8.2. fl. 150,–, 11.2. fl. 20,–
201. *Hektor von Baltazzi junior,* Wien
am 2.2. fl. 25,–, 14.4. fl. 50,–, 25.4. fl. 50,–
202. *Graf Bathyany,* Wien u. Budapest
am 6.2. fl. 50,–, 10.4. fl. 50,–
203. *Kviatkovski,* Krakau
am 18.2. fl. 25,–, 20.2. fl. 20,–
204. *Knoppl,* Ingenieur, Bukarest
am 6.3. fl. 20,–

205. *T.T.T.* (Pseudonym)
am 8.3. fl. 20,–, 30.3. fl. 25,–, 31.3. fl. 10,–, 14.4. fl. 35,–, 21.4. fl. 45,–
206. *Baron Rudolf Lepel junior,* Wien, VI, Magdalenenstr. 40
am 14.3. fl. 10,–
207. *Birkenruth,* Tobis, Ungarn
am 4.4. fl. 20,–, 11.4. fl. 25,–
208. *Freund von Schriftsteller Brauner*
am 8.4. fl. 10,–
209. *Baron Rudolf Comers,* Berlin
am 9.4. fl. 20,–
210. *Constantin Buloff,* bulgarischer Minister a. D.
am 31.3. fl. 25,–

In einer Ergänzung dieses Beweisantrags, in der Veith präzisiert, warum er diese Zeugen namhaft gemacht hat – sie könnten bestätigen, daß er »auf den Verkehr derselben mit [s]einer Tochter keine Ingerenz ausgeübt habe, so daß von einer Verkuppelung, welche [ihm] nach der Anklageschrift zur Last gelegt wird, keine Rede sein« könne –, erlaubt er sich noch, »auf Nachstehendes mit besonderem Nachdruck hinzuweisen«: Alles, was bis dato an Belastungsmaterial gegen ihn »aufgebracht« worden sei, bestehe einerseits aus Angaben von Personen, die ihm »aus privaten Gründen im höchsten Grade gehässig« seien, etwa Jellinek, Widakovich und Schreiber, andererseits aus »Depositionen solcher Personen, welche, ohne aus unmittelbarer Wahrnehmung etwas Positives zu wissen, unter der Suggestion der durch entstellte Zeitungsartikel gleich im Anfange zu [s]einem Schaden beeinflußten öffentlichen Meinung« gestanden seien. Diese »öffentliche Meinung« habe sich aufgrund der Polizeiberichte das Bild vom »Rabenvater, der sein eigenes Kind gewerbsmäßig verkuppelt«, zurechtgelegt. »Unter diesem Schlagworte« seien »alle Auskunftspersonen, wie Kutscher, Portiere, Büfett-Damen u. dgl.« gestanden. Und trotzdem sei noch kein einziger Fall von Kuppelei nachgewiesen worden.

Außerdem legt Veith »dem hohen Gericht« einen Auszug aus den Kassabüchern vor, aus dem klar ersichtlich sei, daß seine Tochter ihre Einnahmen – im Zeitraum Mai 1904 bis April 1908 19.536 Gulden (bei Ausgaben in der Höhe von 21.585 Gulden) – »selbst verbraucht« habe, und der die Behauptung der Staatsanwaltschaft widerlege, er hätte das von seiner Tochter eingenommene Geld für seine eigenen Bedürfnisse verwendet.

Die k.k. Staatsanwaltschaft beantragt am 10.10. die Abweisung aller

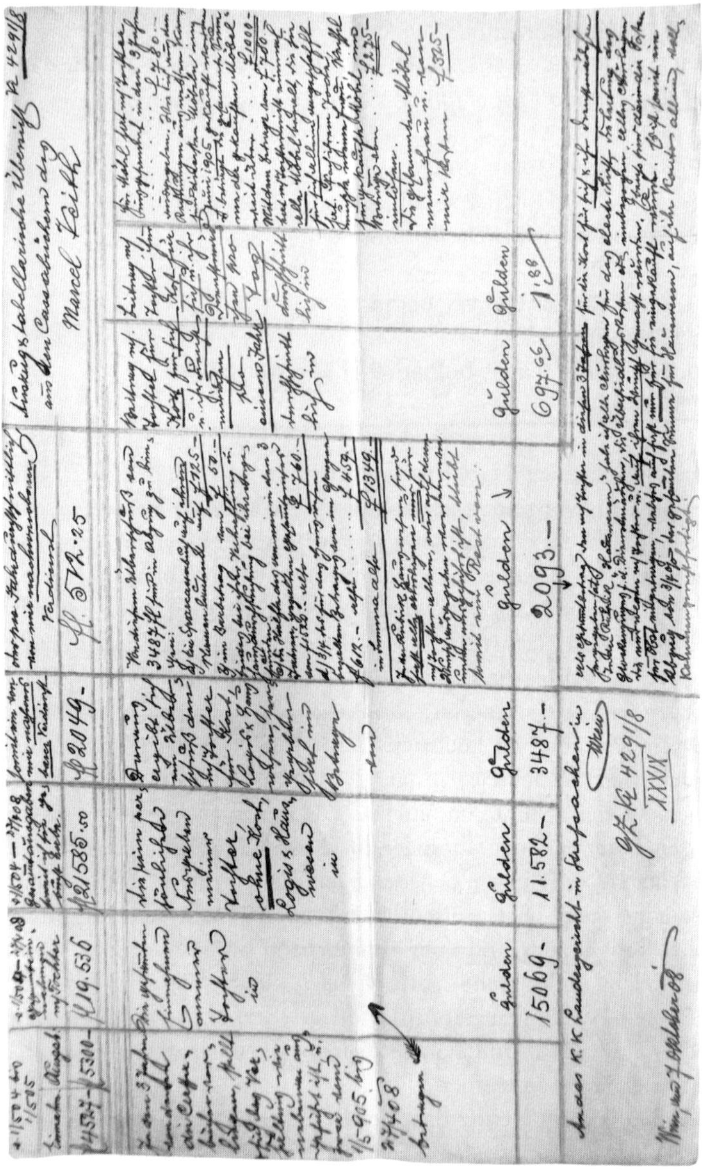

Einnahmen-und-Ausgaben-Aufstellung Marcell Veiths …

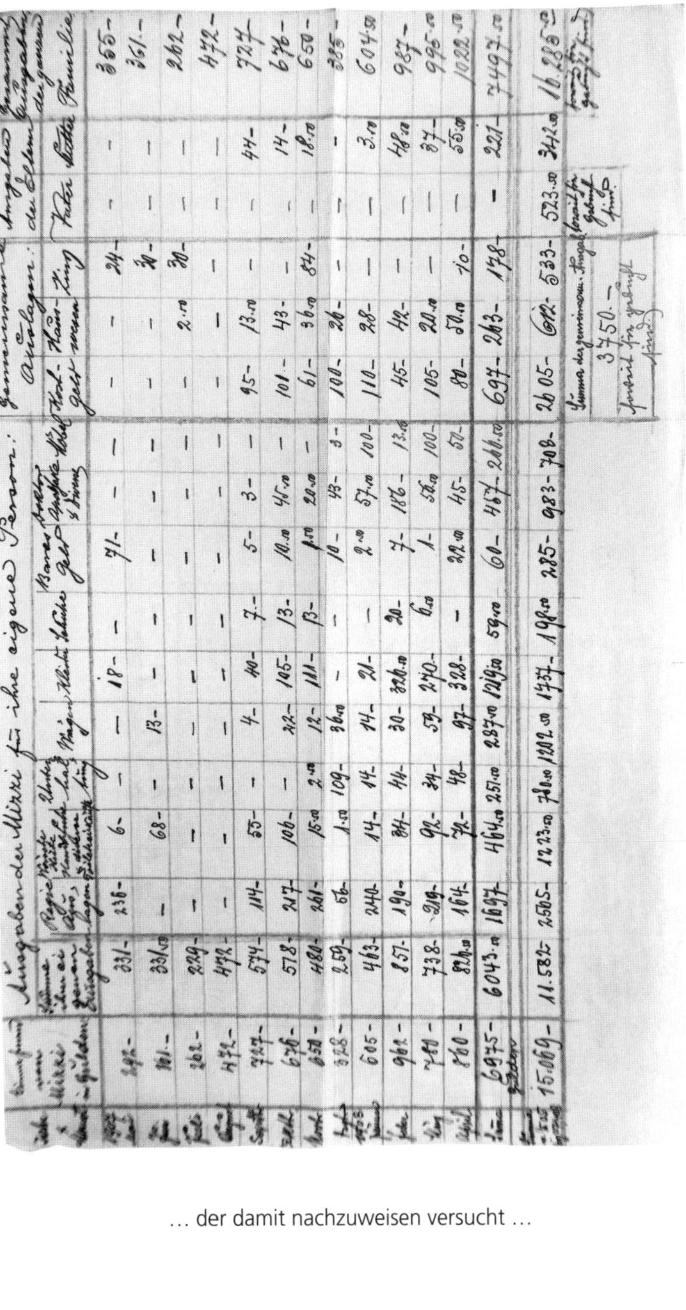

Jahr	Einnahmen von Mizzi in Gulden	Summe ihrer eigenen Ausgaben	Regie, Büro, Gagen	Wäsche, Hüte, Handschuhe, Schirme	Unterricht	Wägen	Kleider	Schuhe	Bares Geld	Arzt, Apotheke, Dienst	Hotel	Kostgeld	Hauswesen	Zins	Vater	Mutter	Gesammtausgaben der ganzen Familie
[illegible]	392-	331-	236-	6-	-	-	18-	-	71-	-	-	-	-	24-	-	-	355-
[illegible]	361.-	331.50	-	68-	-	13-	-	-	-	-	-	-	-	30-	-	-	361.-
[illegible]	262-	229-	-	-	-	-	-	-	-	-	-	-	2.50	30-	-	-	262-
[illegible]	472-	472-	-	-	-	-	-	-	-	-	-	-	-	-	-	-	472-
[illegible]	727-	574-	114-	55-	-	4-	40-	7-	5-	3-	-	95-	13.50	-	-	44-	727
[illegible]	676-	578-	217-	106-	-	22-	105-	13-	10.50	45.50	-	101.-	43-	-	-	14-	676-
[illegible]	650-	480-	261-	15.50	2.50	12-	111-	13-	1.50	20.50	-	61-	36.50	84-	-	18.50	650-
[illegible]	328-	259-	56-	1.50	109-	36.50	-	-	10-	43-	3-	100-	26-	-	-	-	385-
[illegible]	605-	463-	240-	14-	14-	14-	21-	-	2.50	57.50	100-	110-	28-	-	-	3.50	604.50
[illegible]	962-	857-	190-	84-	44-	30-	326.50	20-	7-	186-	13.50	45-	42-	-	-	48.50	987-
[illegible]	780-	738-	219-	92-	34-	59-	270.-	6.50	1-	56.50	100-	105-	20.50	-	-	37-	995.50
[illegible]	860-	826.50	164-	72-	48-	97-	328-	-	22.50	45-	50-	80-	50.50	10-	-	55.50	1022.50
Summe	6975-	6043.50	1697-	464.50	251.50	287.50	1219.50	59.50	60-	467-	266.50	697-	263-	178-	-	221-	7497.50
[illegible]	15.069-	11.582-	2505-	1223.50	780.50	1202.50	1737-	198.50	285-	983-	708-	2605-	612-	533-	523.50	3442.50	16.285.50

Summe der gemeinsam. Ausgab. 3750.–

… der damit nachzuweisen versucht …

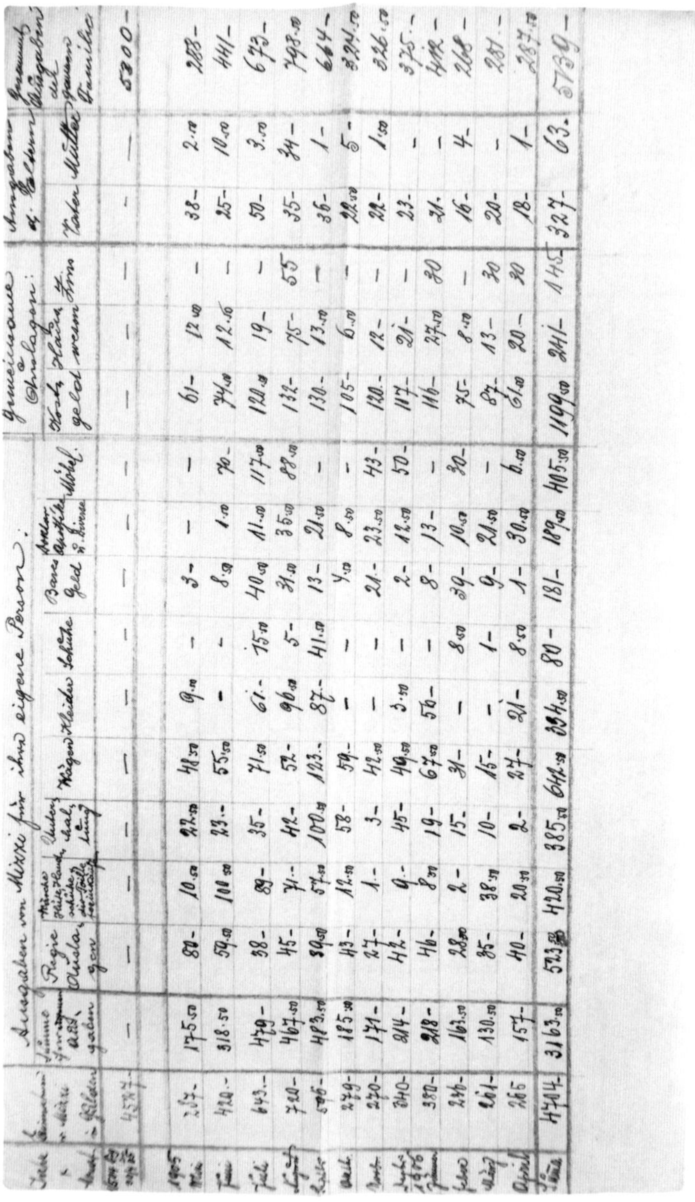

Jahr u. Monat	Einnahmen v. Mizzi in Gulden	Ausgaben von Mizzi für ihre eigene Person: Summe ihrer Ausgaben	Regie Auslagen	Wäsche, Hüte, Handschuhe, div. Toilette	Unterhaltung	Wägen	Kleider	Schuhe	Bares Geld	Doktor, Apotheke u. Diverse	Möbel	Gemeinsame Auslagen: Kostgeld	Hauswesen	Zins	Ausgaben d. Eltern: Vater	Mutter	Gesammt Ausgaben der ganzen Familie
[illegible]	4587-	—	—	—	—	—	—	—	—	—	—	—	—	—	—	—	5300-
1905 Mai	287-	175.50	80-	10.50	22.50	48.50	9.50	–	3-	–	–	61-	12.50	–	38-	2.50	283-
Juni	420.-	318.50	59.50	100.50	23.-	55.50	-	-	8.50	1.50	70-	74.50	12.50	–	25-	10.50	441-
Juli	643.-	479-	38-	89-	35-	71.50	61.-	15.50	40.50	11.50	117.50	120.50	19-	–	50-	3.50	673-
August	720-	467.50	45-	71.-	42-	52-	96.50	5-	31.50	35.50	88.50	132-	75-	55	35-	34-	798.50
Septbr.	596-	483.50	89.50	57.50	100.50	123.-	87.-	41.50	13-	21.50	–	130.-	13.50	–	36-	1-	664-
Oktb.	279-	185.50	43-	12.50	58-	59.-	–	–	4.50	8.50	–	105-	6.50	–	22.50	5-	324.50
Novb.	270-	171-	27-	1.-	3-	42.50	–	–	21.-	23.50	43-	120.-	12-	–	22-	1.50	326.50
Dezbr.	340-	214-	42-	9.-	45-	49.50	3.50	–	2-	12.50	50-	117-	21-	–	23-	–	375.-
1906 Jänner	380-	218-	46-	8.50	19-	67.50	56-	–	8-	13-	–	116-	27.50	30	21-	–	412-
Februar	246-	163.50	28.50	2-	15-	31-	–	8.50	39-	10.50	30-	75-	8.50	–	16-	4-	268-
März	261-	130.50	35-	38.50	10-	15-	–	1-	9-	21.50	–	87-	13-	30	20-	–	281.-
April	265	157-	40-	20.50	2-	27-	21-	8.50	1-	30.50	6.50	61.50	20-	30	18-	1-	287.50
Summa	4704-	3163.50	523.50	420.50	385.50	642.50	334.50	80-	181-	189.50	405.50	1199.50	241-	145	327-	63-	5739-

… daß er seinen Lebensunterhalt …

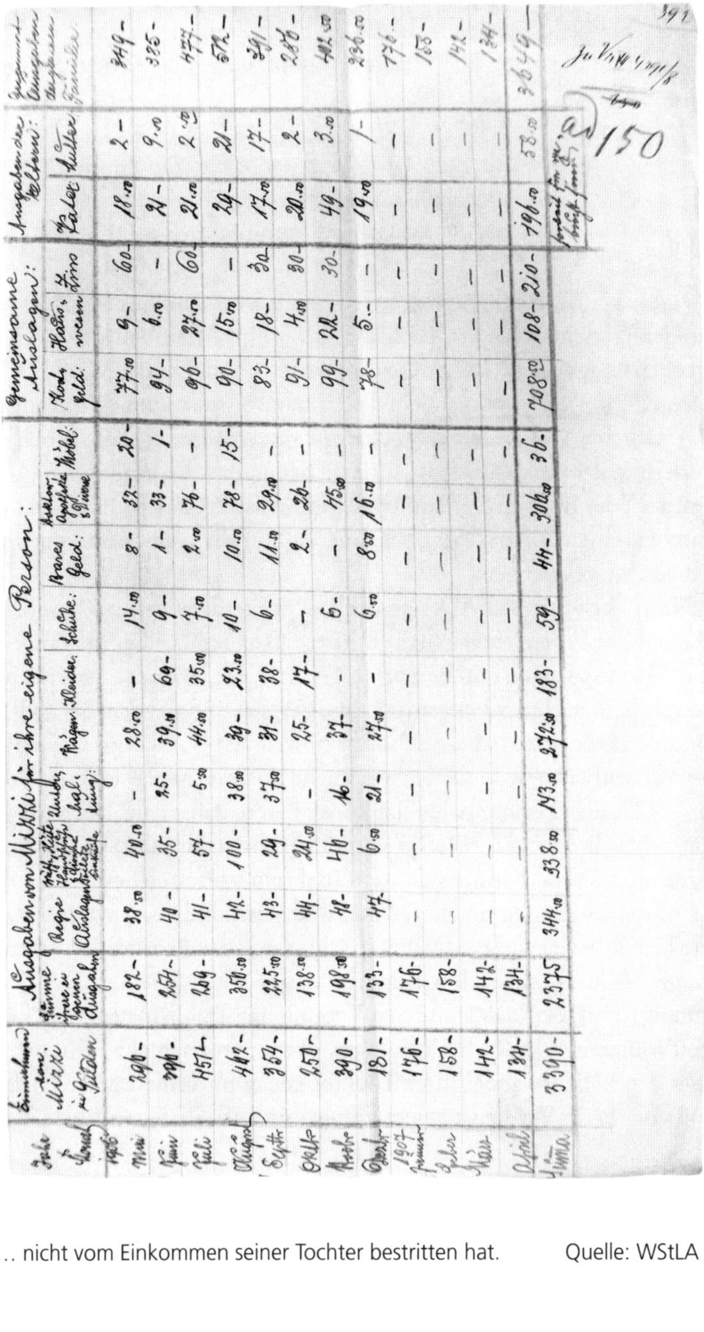

Jahr u. Monat	Einnahmen der Mizzi in Gulden	Summe ihrer eigenen Ausgaben	Ausgaben vom Mizzi für ihre eigene Person: Regie Auslagen	Mäntel, Hüte, Handschuhe, Schirme, Schleier, Einkäufe	Unterhaltung	Wagen	Kleider	Schuhe	Bares Geld	Doktor, Apotheke & Diverse	Möbel	Gemeinsame Auslagen: Kostgeld	Hauswesen	Zins	Ausgaben der Eltern: ½ Vater	Mutter	Gesammte Ausgaben der ganzen Familie
1906 Mai	296.-	182.-	38.50	40.50	-	28.50	-	14.50	8.-	32.-	20.-	77.50	9.-	60.-	18.50	2.-	349.-
Juni	296.-	254.-	40.-	35.-	35.-	39.50	69.-	9.-	1.-	33.-	1.-	94.-	6.50	-	21.-	9.50	395.-
Juli	457.-	269.-	41.-	57.-	5.50	44.50	35.50	7.50	2.50	76.-	-	96.-	27.50	60.-	21.50	2.50	477.-
August	412.-	350.50	42.-	100.-	38.50	39.-	23.50	10.-	10.50	78.-	15.-	90.-	15.50	-	29.-	21.-	572.-
Septb.	354.-	225.50	43.-	29.-	37.50	31.-	38.-	6.-	11.50	29.50	-	83.-	18.-	30.-	17.50	17.-	391.-
Oktb.	250.-	138.-	44.-	24.50	-	25.-	17.-	-	2.-	26.-	-	91.-	4.50	30.-	20.50	2.-	288.-
Novb.	390.-	198.50	48.-	46.-	16.-	37.-	-	6.-	-	45.50	-	99.-	22.-	30.-	49.-	3.50	402.50
Dezb.	181.-	133.-	47.-	6.50	21.-	27.50	-	6.50	8.50	16.50	-	78.-	5.-	-	19.50	1.-	236.50
1907 Jänner	176.-	176.-	-	-	-	-	-	-	-	-	-	-	-	-	-	-	176.-
Feber	158.-	158.-	-	-	-	-	-	-	-	-	-	-	-	-	-	-	158.-
März	142.-	142.-	-	-	-	-	-	-	-	-	-	-	-	-	-	-	142.-
April	134.-	134.-	-	-	-	-	-	-	-	-	-	-	-	-	-	-	134.-
Summa	3390.-	2375.-	344.50	338.50	143.50	272.50	183.-	59.-	44.-	306.50	36.-	708.50	108.-	210.-	196.50	58.50	3649.-

… nicht vom Einkommen seiner Tochter bestritten hat. Quelle: WStLA

Beweisanträge, die sich auf die Ladung der Zeugen beziehen – »unter Hinweis auf die in der h.g. bereits erschöpfend gegebene Begründung«.

15. u. 16.10.1908: Die zweite Hauptverhandlung »wider Marcell Veith u. Anna Veith« wird »mit Ausschluß der Öffentlichkeit« durchgeführt

Die auf drei Tage anberaumte zweite Hauptverhandlung vor dem k.k. Landes-Gericht Wien »wider Marcell Veith u. Anna Veith wegen Verbrechens nach §132 IV. St.G.« wird von Ober-Landes-Gerichts-Rat Baron Distler als Vorsitzendem des Erkenntnissenats am 15.10.1908 um 9.15 Uhr im Saal IX im 3. Stockwerk für eröffnet erklärt. Noch vor Verlesung der Anklageschrift erklärt Distler, daß die Verhandlung »aus Gründen der öffentlichen Sittlichkeit mit Ausschluß der Öffentlichkeit« durchgeführt wird, und gibt bekannt, daß für die heutige Sitzung keine Zeugen vorgeladen sind.

Nach Verlesung der Anklageschrift schreitet Distler zum Verhör mit Marcell Veith, dem er eingangs vorhält, daß er beschuldigt ist, »als Vater und Vormund seine minderjährige Tochter zur Unzucht verleitet, den Vermittler der Herrenbekanntschaften gespielt und aus dem Schandlohn Nutzen gezogen zu haben«. *Distler:* In welchem Verhältnis standen Sie zur Verstorbenen? – *Veith:* Sie war meine Tochter, meine leibliche Tochter.* – *Distler:* Dann möchte ich konstatieren, daß sie im Jahre 1889 als außereheliches Kind Ihrer jetzigen Frau geboren, im Juli 1898 von Ihnen legitimiert wurde, daß Sie sich 1906 zu ihrem Vormund bestellen ließen. Sie waren also ihr legitimierter Vater und Vormund? – *Veith:* Ja. – *Distler:* Haben Sie gewußt, daß Ihre Tochter von der Prostitution lebte? – *Veith:* Nein, das habe ich wirklich nicht gewußt. – *Wiesner:* Der Zeuge Rudolf Kraus, der in den diversen Vergnügungsetablissements der Lebewelt Blumen verkauft, hat ausgesagt, es sei notorisch gewesen, daß Sie über den Lebenswandel Ihrer Tochter genau informiert gewesen seien und von ihrem Verdienst gelebt hätten. Sie seien in diesen Lokalen nur

* Das Urteil wider Marcell Veith vom 16.10.1908 hält fest: »Der seitens des Zivilgerichtes unternommene Versuch, dieses sonderbare Verhältnis zwischen Marcell u. Marie Veith aufzuklären, wurde – offenbar über Ableben der Marie Veith – nicht zu Ende geführt u. der Versuch, im Laufe des strafrechtlichen Verfahrens diese Sache aufzuhellen, mißlang bei der Weigerung beider Angeklagter, eine Aufklärung zu geben.«

Marcell Veith: Verheiraten wollte ich meine Tochter,
nur ihr Glück hatte ich immer vor Augen.

Marcell Veith: Verheiraten wollte ich meine Tochter, nur ihr Glück hatte ich immer vor Augen.

als »Strizzi« oder »Treiber« bezeichnet worden. – *Veith:* Das ist alles nur Gerede! – *Wiesner:* Der Zeuge Kraus hat auch angegeben, vor eineinhalb Jahren Ihre Tochter in der Wohnung der Jellinek in Währing perversgeschlechtlich gebraucht zu haben. – *Veith:* Die Jellinek wohnte vor eineinhalb Jahren gar nicht in Währing. Außerdem war meine Tochter zu stolz, um mit einem Blumenverkäufer zu verkehren! Diese Aussage ist also unrichtig. – *Distler:* Ist Ihnen denn nicht aufgefallen, daß das Mädchen Nacht für Nacht Lokale aufgesucht hat, in denen die Lebewelt und die Halbwelt verkehrte? – *Veith:* Ich habe es gewußt, es war eine Schwäche von mir, daß ich es gestattete. – *Distler:* Aber nach den Beweisen der letzten Verhandlung müssen Sie doch zugeben, daß Ihre Tochter nicht etwa studienhalber diese Lokale aufgesucht hat, sondern gewerbsmäßig. – *Veith:* Ich muß dies allerdings zugeben, aber ich versichere, daß sie oft zehn, zwölf Tage ohne einen Kreuzer Geld nach Hause gekommen ist. Eingeladen war sie täglich. – *Distler:* Ihre Buchungen in den Kassabüchern sind zwar nicht vollständig, aber aus ihnen ergibt sich schon die Gewerbsmäßigkeit des ganzen Handels mit Ihrer Tochter. Ist es richtig, daß die Beziehungen Ihrer Tochter zur Herrenwelt widernatürliche waren? – *Veith:* Bitte, sie hat sich duldend verhalten bis zu der Zeit, wo sie mit dem Widakowich bekannt wurde. Das war dann keine Prostitution. – *Distler:* Es wird Ihnen vorgeworfen, daß Sie einen gewerbsmäßigen Unterhalt aus dem unsittlichen Lebenswandel der Tochter gezogen haben. – *Veith:* Nein! Ich habe in den früheren Jahren gar kein Geld von ihr genommen, später ein paar Gulden. Und ich habe meiner Tochter immer gesagt: »Wenn du was Schlechtes tust, jage ich dich hinaus.« In ihrem Abschiedsbrief, wie sie zu Fall gekommen war, sagt sie ja: »Du wirst mich jetzt gewiss davonjagen, weil ich das getan habe.« – *Distler:* Wieviel hat denn Ihre Tochter verdient? – *Veith (seine Tabellen zur Hand nehmend):* Meine Tochter hat in den drei Jahren 15.069 Gulden eingenommen, davon aber für sich selbst 11.582 ausgegeben. Ich habe seit 1905 Buch geführt. Im ersten Jahr 4704 Gulden, im zweiten 3390, im dritten 6075. Für Zins, Möblierung, andere Einrichtung, Obst und Bonbons stelle ich nur 1394 Gulden auf das Konto meiner Tochter. Sie hat also für Kost in den drei Jahren nur 2093 Gulden gezahlt, und da auch die des Dienstmädchens dazuzurechnen ist, ergibt dies 1 Gulden 88 Kreuzer täglich für zwei Personen. Dabei ist meine Tochter sehr anspruchsvoll gewesen. Ich habe also aus dem Erwerb meiner Tochter keinen Nutzen gezogen. – *Distler:* Zeugen haben mehrfach ausgesagt, daß Sie Ihrer Tochter alles Geld abgenommen haben. – *Veith:* Ich habe dies nur aus dem Grunde getan, weil meine Tochter mit dem Geld allzu verschwenderisch umgegangen wäre. Daß ich von diesem Geld nichts für mich verwendet habe, beweist schon der Umstand, daß man bei meiner Verhaftung in meiner Schreibtischlade einen Versatzzettel über einen Winterrock gefunden hat, bei meiner Tochter aber ein Sparkassabuch über 250 Kronen. – *Distler:* Sie haben Angaben gemacht, daß Sie Versicherungsagent waren. Es ist nachgeforscht worden, und es stellte sich heraus, daß Sie bei den betreffenden Versicherungsanstalten seit 1900 nichts verdient haben. Daraus folgt doch, daß der ganze Haushalt auf dem Verdienst Ihrer Tochter beruhte. – *Veith:* Wenn ich heute nachweisen sollte, wodurch ich das Geld verdient habe, müßte ich Cavaliere benennen, für die ich Darlehen vermittelt habe. Man würde diese Herren mit meiner Tochter in Verbindung bringen, und darum kann ich sie nicht nennen. Ich werde nur einen vorzuladen beantragen, weil er ledig ist und ich glaube, daß er sich nichts daraus macht. – *Distler:* Sie sollen als Unterhändler Herrenbekanntschaften mit Ihrer Tochter vermittelt haben. – *Veith:* Niemals! – *Distler:* Wir haben hier zahlreiche Briefe vorliegen, die Ihre Tochter an Sie geschrieben hat. In all diesen Briefen verständigt Sie Ihre Tochter davon, wo und in welcher Gesellschaft sie sich befindet, und ersucht Sie, sie dort aufzusuchen. – *Veith:* Ich habe mich nur an einige Herren gewandt mit der Bitte: Helfen Sie mir, mein Kind von diesem Leben abzubringen, damit es einen anständigen Beruf ergreift. Sie hat es ja gegen meinen Willen und gegen meinen Wunsch getan, aber ich war zu schwach. – *Distler:* Sie haben also geahnt, was für ein Leben Ihre Tochter führt? – *Veith:* Geahnt? Gewußt, daß es mit Gefahren für sie verbunden ist. Daß es ein Beruf ist, der für ein junges Mädchen nicht paßt. Aber ich wollte doch nicht, daß sie ein Leben voller Elend führt. Ich wollte sie bei ihrer Jugend und Schönheit unter die Haube bringen. Als ich aber sah, daß es nicht geht, tat ich alles, um sie auf einen anderen Weg zu bringen. Ich war zu schwach. – *Distler:* Muten Sie uns wirklich zu, zu glauben, daß Ihr sechzehnjähriges Kind so energisch und stark war, daß Sie ihm nicht widerstehen konnten? – *Veith:* Ich war zu schwach für das Kind. Was ich tat, geschah ihr zuliebe. – *Böhmer:* Leopoldine Jellinek war die Verführerin und Verleiterin zu allem Schlechten. Sie hat auch die Bekanntschaft mit den Herren vermittelt. – *Distler:* Es ist ja einerseits begreiflich, denn sie war ja interessiert dabei, weil sie Geschenke dafür erhielt. – *Böhmer:* Als Beweis dafür, daß die Jellinek die Verführerin der Mizzi war, daß sie es war, die die Mizzi verkuppelt und ins Unglück gestürzt hat, möge dem hohen Gericht die Tagebuchstelle unter dem 25.12.1907 zur Kenntnis gebracht werden.

Distler liest:

25. Dezember. Gestern war Christabend und das Christkindl hat mir allerlei Schönes gebracht: eine schöne graue Federboa von Fred, eine spanische seidene Wand von Victor, einen Goldsessel, ein japanisches Ziegenfell, zwei Vasen mit Blumen, Schreibgarnituren und natürlich auch einen Christbaum. Mein armer kleiner Victor ist heute krank. Ich habe heute so nachgedacht: Wie mag es meiner ehemaligen Freundin der Poldi gehen. Ich trage ihr gar nichts mehr nach, da sie doch Victor und mich Gott sei Dank jetzt in Ruhe läßt. Besonders gut wird es ihr nicht gehen, denn solche gute, uneigennützige Freundinnen wie ich gibt es nicht viele. Ich könnte mich für einen Freund oder eine Freundin ruinieren, aber es muß bei ihr kein Falsch vorhanden sein.

Wiesner: Das beweist gar nichts! – *Böhmer:* Das hohe Gericht möge als weitere Beweise die Briefe A, B, C, D, G, H, J, K und L zur Verlesung bringen.

Distler verliest die Briefe:

[21.7.1906]
Wohlgeborenen / Comtesse Mizzi Veith / p.A. Leopoldine Jellinek / Wien IV. / Taubstummengasse 1 / III. St., Th. 27
Meine liebe Mizzi!
Für morgen hatte ich Dir ganz bestimmt versprochen zu Dir zu kommen, leider kann jetzt nichts daraus werden. Ich komme zwar jetzt für 8 Tage oder noch länger nach Wien, aber mit einem verränkten Arm und so muss ich mich ins Bett legen. Ich hatte mich schon so auf morgen gefreut aber jetzt geht es nicht. Meine Leute sind alle verreist und wenn ich einmal ganz allein sein werde schreibe ich Dir, da kannst Du mich besuchen kommen. Schreibe mir einmal in meine Wohnung Bartensteingasse 2. Hast Du meine Karten bekommen? Ich weiss immer nicht ob ich in Deine Wohnung schreiben kann u. schreibe deswegen lieber an Deine Freundin. Also sei nicht böse, aber morgen kann ich nicht kommen.
1000 Grüsse und Küsse
Dein Freddy

[24.7.1906]
Wohlgeborenen / Comtesse Mizzi Veith / p. A. Leopoldine Jellinek / Wien IV. / Taubstummengasse 1 / III. St., Th. 27
Liebe Mizzi!
Meinen Brief in dem ich Dir schrieb warum ich Samstag nicht kommen konnte hast Du hoffentlich bekommen. Mir geht es schon wieder ganz gut, ich darf aber noch nicht ausgehen. Da könntest Du, vorausgesetzt dass Du Lust hast, morgen Mittwoch zwischen 4 u. 5, wenn Du willst auch früher zu mir kommen. Selbstverständlich in die Wiener Wohnung. Meine Adresse weisst Du ja so und so brauchst Du im II Stock einfach anzuläuten. Meine Leute sind alle verreist u. von der Dienerschaft ist auch nur ein Stubenmädel u. d. Köchin da. Du kannst also sehr gut kommen. Auf jeden Fall wäre es mir sehr angenehm wenn Du mir vorher etwas schreibst.
Viele Grüsse u. Küsse Dein Freddy

[Rohrpostkarte, undatiert]
An Comtesse Mitzi Veith / V., Kriehubergasse Nr. 13, 1. Stock, Thür 14 / in Wien
Liebe Mitzi.
Bitte komme nicht mehr Seegasse sondern Wir treffen uns um ½11 Uhr im Ball, ich komme in Gesellschaft alles was ich von meiner Wohnung Retten konnte Habe ich gerettet, und von 25ten wohne ich Ausstellungsstrasse wieder meine eigene Wohnung, alles andere Mündlich ich Habe Dir nur geschrieben, damit Du nicht umsonst den weiten Weg machen must. Also bitte ½11 am Ball in der G. Meine Hochachtung an Eltern.

Es gibt sehr viele Neuigkeiten. Ich habe die Ballkarte die Du mir gegeben hast.

[Brief, undatiert, mit Monogramm M/V]
Liebe Poldy!
Du weist doch dass mich mein Alter am Montag nicht fortgehen läst. Ich bin morgen um ½8 Uhr Abends bei Dir.
Mizzi

[Brief, undatiert]
L. P.
Es wundert mich gar nicht wenn Du gestern von meinen Alten Grobheiten bekommen hast. Wenn Du immer Leute sendest die sich flegel-

haft benehmen. Ich will Dich gar nicht aufhalten nach Enzersdorf zu fahren Den ich habe gar keine Lust mir wieder sagen zu lassen dass ich Dir alle Geschäfte verderbe. Nach Venedig ist es heute zu kalt und Papa will nicht dass ich heute fortgehe wen ich es trotzdem tue so bin ich langstens 8 Uhr bei Dir in Hütteldorf.
Grüsse Mizzi

[Brief, undatiert]
Liebe Mitzi.
Ich würde noch schlafen da ich sehr Krank bin jedoch der Dienstmann weckte mich auf und zwar mit der Post dass um 3 Uhr der Russe komt von Sontag Also wie Du wilst ich kan Niemand schicken indem es zu viel auffält. Vielleicht hast Du für dass Manterl Verwendung bitte schicke mir eine Bluse dafür oder bringe Sie mit also bitte 3 Uhr
Mit Achtung an Deine Eltern grüst Poldi
bitte Mitzi sei nicht böse wolte Dich nicht im Schlafe stören aber vielleicht haben wir Glück heute.

[Karte, undatiert]
L. Poldy!
Papa läst mich heute überhaupt nicht weggehen also bitte lege Dich auch zu Bette so wie ich Ich liege schon
Deine Mizzi

[Brief, undatiert, mit Monogramm M/V]
Liebe Poldi!
Ich habe keine Ahnung, ob ich kommen kann, denn mein Papa ist jetzt nicht zu hause und Du weißt doch, daß er es nicht gerne sieht wenn ich immer weglaufe.

Wenn es mir halbwegs möglich ist so werde ich kommen.

Bitte sage der Schneiderin doch daß sie kommen soll
Dich grüßend Deine Mizzi

[Karte undatiert]
Liebe Mitzi
Bitte komme sofort ins Caffee Ritz bin in schöner Gesellschaft wo Du eine Freude haben wirst
Grus Deine Poldi

Veith: Daraus geht hervor, daß nicht ich, sondern die Jellinek meine Tochter verführt hat. – *Böhmer:* Alle Briefe, die Rendezvous mit der Mizzi bezweckt haben, sind an die Adresse der Poldi gegangen. – *Distler:* Das mag sein. *(zu Veith)* Sie wollten die Sache nicht in Ihr Haus bringen. – *Wiesner:* Das sind nur ein paar wenige Briefe, die aus der großen Masse von saisierten Briefen herausgerissen wurden, um den Versuch zu machen, den Sachverhalt einseitig darzustellen. Es finden sich aber auch Briefe vor, in denen die Jellinek dem Angeklagten selbst die Rendezvous mitteilte. – *Böhmer:* Aber die Tochter des Beschuldigten hat doch bei ihrer Festnahme klargestellt, daß es die Jellinek war, die sie ins Unglück gestürzt hat. Ich ersuche, dem hohen Gericht das Protokoll der Einvernahme zur Kenntnis zu bringen.

Distler verliest die Aussage, die Marie Veith am 28.4.1908 im Bureau für sittenpolizeiliche Agenden machte.

Die Ursache meiner Verfehlungen war die Bekanntschaft mit einer gewissen Leopoldine Jellinek. Ich war 15 Jahre alt, als ich Jellinek das erstemal in Venedig in Wien traf. Ich lernte sie kennen, als ich mit meinem Vater bei Ronacher war. Jellinek kam zu mir bzw. setzte sich zu uns. Sie gebrauchte den Vorwand, daß sie eine Schneiderin für mich wisse. Ich wußte damals nicht, daß Jellinek eine bedenkliche Person war. Sie erzählte dann meinem Vater, daß ich mir einen reichen Freund finden werde, wenn er nur mitgeht. Sie werde seine Stelle vertreten u. er könne mich beruhigt ihr überlassen. Ich blieb dann tatsächlich in ihrer Gesellschaft, verkehrte mit ihr im Etablissement Ronacher, Café Europe, Café Ritz u. in Venedig in Wien. Sie gab mir die Anleitung, wie ich Herrenbekanntschaften machen könne, u. lernte ich auch unter ihrer Aufsicht einige Herren kennen. Mit den Herren gingen wir stets gemeinsam in verschiedene Hotels – zumeist Hotel Modern, Hotel London, Hotel Derby. Ich erhielt von den Herren selten weniger als 100 Kronen. Sie bekam manchmal dasselbe, manchmal auch weniger. Ich war damals noch Jungfrau u. befriedigte die Herren, ihre Lüste in der Art, daß sie an meinem Geschlechtsteil mit der Zunge leckten. In dieser Form verkehrte ich durch ca. 1 Jahr mit den Herren. Später ließ ich mich dann normalmäßig geschlechtlich gebrauchen. Die Herren lernte ich zumeist im Etablissement Ronacher u. Café Europe kennen. Als dann meine Freundin Jellinek vor 1 ½ Jahren von mir verabschiedet wurde, machte ich allein die Herrenbekanntschaften. Es fiel mir das anfänglich sehr schwer, weil ich sehr schüchtern war. Ich kann ruhig sagen, daß mich nur die Not zu diesem Lebenswandel gezwungen hat. Ich ging mit den Herren zum Zwecke des geschlechtlichen Verkehrs nur ins Hotel. In der Wohnung habe ich zwar mit Herren auch zusammen Küsse gehabt, aber ließ mich dort nicht geschlechtlich gebrauchen. Die Herren kamen aber zum Thee.

Die Herren, die zu mir zum Thee kamen, hat mein Vater alle persönlich gekannt u. machte mir deshalb keine Vorwürfe. Mein Vater hatte auch nichts dagegen, daß ich mit den Herren Partien machte. Es ist richtig, daß ich vorige Woche am Freitag oder Samstag abends nach 10 Uhr mit einem Herrn meine Wohnung verließ. Mein Vater öffnete das Haustor. Der Herr war schon nachmittags vor meiner Wohnung, wollte aber nicht zu mir hereinkommen, weil ein anderer Herr bei mir war, den er nicht leiden konnte. Ich fuhr mit dem Herrn ins Cabaret Fledermaus u. dann ins Maxim. An anderen Tagen hatte ich mit diesem Herrn schon geschlechtlich verkehrt. Meinen Vater lernten die Herren dadurch kennen, daß sie zu mir kamen und sich ihm vorstellten. Ich hatte ca. 10-15 Herren als ständige Gäste. Selten kam auch hie und da ein Herr, den ich bei Ronacher zufällig kennen gelernt hatte.

Mein Geld, welches ich verdiente, habe ich für Fiaker verwendet u. beim Rennen angebracht. Vorletzten Monat habe ich durch meinen Lebenswandel ca. 900 Gulden verdient. Es gieng mir zu jener Zeit schlecht, da ich in einen Herrn wirklich verliebt war. Mein Geliebter Victor war arm u. konnte mir nicht viel geben. Ich habe aber das Verhältnis gelöst. Mein Vater hat auch wegen dieses Verhältnisses mit mir gebrummt, weil er fürchtete, daß ich von ihm ein Kind bekommen könnte u. die Sache doch ganz aussichtslos war. Im Februar l.J. war Victor das letztemal in meiner Wohnung.

Abends gegen 10 Uhr verließ ich stets mit meinem Vater die Wohnung u. gieng ins Café Zentral u. dann ins Café Gartenbau. Ich trennte mich beim Etablissement Ronacher von meinem Vater. Gegen 3-4 Uhr früh gieng ich dann endlich zu meinem Vater, der mich dann nach Haus begleitete, oder er holte mich vom Ronacher ab. Ich erzählte meinen Eltern, daß mir Herren das Geld geschenkt haben. Meine Eltern fragten mich nie um eine genaue Provenienz des Geldes, sondern nahmen an, daß mir die Herren das Geld für Nichts geschenkt haben. Ich zahlte den Eltern nur soviel, als ich für mein Leben brauchte. Ich zahlte ihnen 90 fl. pro Monat. Dafür bekam ich das Mittag- und Nachtmahl.

Mein Vater hat seit ca. 8 Jahren keine bestimmte Beschäftigung, er wurde zumeist von Verwandten unterstützt u. machte auch hie und da Geschäfte bei einer Versicherungsgesellschaft. Die letzten 3-4 Monate oder sogar länger hatte er gar keine Beschäftigung, nicht einmal durch

Versicherung. Meinen Eltern geht es nach meiner Erinnerung seit ca. 12 Jahren schlecht.

Meine Mutter verrichtet die häusliche Arbeit. Mein Vater wußte, daß ich Bekanntschaften bei Ronacher mache, weil ich ihm das erzählt habe; er nahm aber an, daß ich lediglich mit Herren mich unterhalte, hiefür zum Souper eingeladen u. mit Geld beschenkt würde.

Daß ich mich auch geschlechtlich gebrauchen ließ, das war ihm nicht bekannt. Mein Vater wollte, daß ich mir einen reichen Freund suche, damit die Not der Familie ein Ende habe. Diese Idee gieng von meinem Vater aus u. war der Anlaß, daß ich das Etablissement Ronacher besuchte. Ich war damals 15 Jahre alt.

Böhmer (zu Veith): Haben Ihnen nicht Leute Geld, namhafte Beträge ohne jeden Anlaß geschickt? – *Veith:* Ja, wiederholt. Ich habe hier einen Brief, in welchem ein Cavalier 150 Kronen schickte. Es waren zwei Herren, die erfahren hatten, daß mein Kind krank ist.

Distler nimmt das mit 7.12.1907 datierte Schreiben auf Briefpapier des Wiener Hotels Bristol entgegen, überfliegt es und verliest es dann:

Liebe Mizzi!
Beiliegend senden wir und zwei Freunde, die Sie auch kennen, Ihnen 150 Kronen und wünschen Ihnen baldige Genesung.
Viele Grüsse, Richter
Bitte Verzeihung wegen Verspätung.

Böhmer: Im Tagebuch Ihrer Tochter heißt es, daß sie wegen eines Verdrusses zu Hause lebensmüde sei. Die Anklage legt das dahin aus, daß ein Zwang auf sie geübt wurde. – *Veith:* I wo! Der Baron Komers, ein alter Bekannter, der oft bei mir zu Besuch war und meine Tochter von Kind auf kannte, den traf ich, als ich nach einem Spaziergang nach Hause kam, mit meiner Tochter allein an. Da habe ich ihr einen Mordskrawall gemacht. Auf dieses Vorkommnis ist jene Tagebuchstelle zurückzuführen. – *Wiesner:* Ich bezweifle, daß sich eine Gefühlsemotion wie der auf Seite 4 verso des Tagebuchs zum Ausdruck gebrachte Lebensüberdruß durch den eben geschilderten Vorfall erklären läßt. – *Böhmer:* Ich verlange die Verlesung des Briefes von Baron Komers an Marie Veith. Es ist dies Brief Nr. XIV.

Distler verliest den Brief:

[Fehlstelle] nur eine falsche Vermutung geäußert, sondern damit auch bewiesen, dass Sie mich vollständig verkennen! – Glauben Sie mir bitte, was ich jetzt sage: Gerade der Umstand, dass Sie vor 3 Jahren sich auf dieses furchtbare Mittel fest entschlossen verlegt haben, um Ihren Eltern die nötigen Subsistenzmittel zu schaffen, gerade dieser Umstand ist es, was mir vor Ihnen Respect eingeflößt hat: Eine brave Tochter ist's in meinen Augen, die kein Mittel scheut, Ihren Eltern zu helfen, unbekümmert um das Gerede der Leute, ohne Rücksicht auf den eigenen Ruf, auf die eigene Zukunft! Ihr Papa hat mir nur bewiesen, daß er das Beste seines Kindes will und stets wollte, – sonst hätte er sicherlich die Tochter einen gefährlicheren Weg, auf die schiefe Ebene geführt, und daraus mehr Capital geschlagen, – aber nicht das unerfahrene Mädchen ängstlich u. sorgfältig vor dem Abgrund bewahrt! Ich sage all dies nur als Antwort auf Ihre bewußte Bemerkung.

Wenn ich nicht seit dem ersten Moment, in welchem ich das Glück hatte, Sie kennen zu lernen, wahre aufrichtige und innige Zuneigung zu Ihnen gefaßt hätte, die völlig ausschließt, daß ich Sie hätte jemals vergessen können, – wenn Sie nicht in meinem Leben eine Hauptrolle gespielt hätten (wenn Sie das auch nicht gewußt haben), so würde ich es nie gewagt haben, mich in Ihre Existenzfragen und Zukunftspläne einzugmengen!! – Damit Sie mir aber nicht meine »Indiscretion« (wie mein lebhaftes Interesse von Ihnen vielleicht ausgelegt wird) übeldeuten und mir meine rege Teilnahme an Ihrem Geschick nicht verargen, so muß ich Ihnen heute sagen, dass mir Ihre Person, nur der Gedanke an Sie, nur Ihr Bild, das mir stets im Geiste vorschwebte, wie in den letzten 3 Jahren mein Leitstern gewesen ist, dass ich es bloß dem Gedanken an Sie zu verdanken habe, daß ich Kraft und Mut, Energie und Ausdauer finden konnte, unermüdlich daran zu arbeiten, mir eine gesicherte Existenz zu schaffen, mir zu einem entsprechenden Capital zu verhelfen, um endlich das mir gesteckte Ziel trotz aller Hindernisse zu erreichen! – Es war durchaus nicht leicht – aber es ist gelungen! –

Ich bin heute unabhängig, wenn auch kein Millionär, ich habe eine gutdotirte, feste, und die nötigen Garantien bietende Position, die günstigsten Aussichten für später, ein gutes Renommé, keine wie immer gearteten drängenden Verpflichtungen, bin mit allen früheren gerichtlichen Scherereien längst in Ordnung, habe mich vom Militär vollkommen frei gemacht, und erhalte im Wege eines unkündigbaren Darlehens auf die mir zustehende Erbschaft Ende August von einer Bank ein kleines Capital, welches als Fonds für eventuell eintretende – Unglücksfälle, genügend hinreicht!

Mit einem Worte: ich kann heute jedes Mädchen ohne Knopf Geldvermögen heiraten und bin imstande, die Familie standesgemäß zu erhalten, vorausgesetzt daß das betreff. Mädchen vernünftig genug ist, sich dem verfügbaren Einkommen entsprechend einzurichten und solid (aber gut) zu leben. –

Ich werde die betreffende Dame, von der wir gesprochen haben, nicht heiraten, denn es kann (wie ich mir schon oft gedacht habe) ganz unmöglich zum Glück führen, wenn ich die Jüdin (trotz der Millionen) heirate! –

Eine Ehe eingehen und dann die Ehefrau letztendlich zu betrügen – das kann ich nicht zustande bringen. Meine Moral hat keinen doppelten Boden und Sie wissen auch gut, daß meine Devise lautet: »Die Liebe kann man nicht wechseln wie alte Handschuhe!«

Es kommt nur darauf an, ob Sie Interesse daran haben, mich kennen zu lernen oder nicht! Im bejahenden Fall müßten wir Mittel und Wege finden, wo wir entweder ganz beisammen 2-3 Monate leben können, damit Sie mit mir täglich in Berührung kommen; – ist dagegen Ihrer Ansicht nach eine jahrelang erkämpfte Situation eines Sie liebenden Mannes für Sie gleichgültig, dann bitte ich Sie inständigst, mir jetzt zu sagen, daß ich mir überflüssige und unrealisierbare Hoffnungen zu machen so dumm war und – ich werde dann natürlich aus Ihrer (aber bitte selbständigen) Antwort meine Schlüsse ziehen. Denn lieber ein Ende mit Schrecken als ein Schrecken ohne Ende!!! – Ich würde es in solchem Falle eben darauf ankommen lassen müssen, – 2-3 Jahre später nochmals bei Ihnen anzuklopfen. – Schreiben Sie mir also, bitte, ganz ehrlich (ohne irgendwelche Zurückhaltung), was Sie von mir und meinen heutigen Mitteilungen denken und machen Sie es bitte – wenn nur irgend möglich mir zu Liebe durchführbar, daß wir uns allerehestens irgendwo alleine ungestört sprechen können. Ich wäre Ihnen dadurch ewig dankbar!

Schreiben Sie mir gütigst möglichst sofort, wann und wo wir uns treffen können und versagen Sie mir diese eine Bitte nicht. –

Ich erwarte Ihre gütige Nachricht und bin mit den freundlichsten Grüßen an Papa

Ihr in aufrichtiger Verehrung und steter Treue sehr ergebener Rudolf Komers

Wenn die Correspondenz zwischen Ihnen und mir unter uns bleiben könnte, wäre ich auch angenehm berührt. Deshalb bitte ich, wenn irgend möglich, die Briefe nicht andere lesen zu lassen!

Distler hält fest, daß der Brief unvollständig ist und den Poststempel »15. VIII 1907« trägt, während die Tagebuchstelle auf Seite 4 verso vom 12.8.1907 herrührt.

Distler schreitet zum Verhör mit Anna Veith: Angeklagte, Sie haben gehört, was Ihnen zur Last gelegt wird: daß Sie von dem Schandlohn Ihrer Tochter gelebt haben. Bekennen Sie sich schuldig? – *Anna Veith (lächelnd):* Gar nicht! Mir ist nur bekannt gewesen, daß meine Tochter Herren Gesellschaft leistet und dafür Geschenke erhält. – *Distler:* Was waren Sie vor Ihrer Verheiratung? – Anna Veith schweigt. – *Distler:* Es ist ja keine Schande, wenn Sie zugeben, daß Sie der dienenden Klasse angehört haben. Welche Vorbildung haben Sie genossen? – *Anna Veith:* Die Volksschule. – *Distler:* Haben Sie Ihr Kind etwas gelehrt? Lesen, Schreiben, Handarbeiten? – *Anna Veith:* Nein. – *Distler:* Wo hat Ihre Tochter gelernt? – *Anna Veith:* Hier in Wien, in einem Institut. – *Distler:* Es wird Ihnen vorgeworfen, daß Sie in Ihrer eigenen Wohnung den Herren, die mit Ihrer Tochter verkehrten, Unterstand gaben. – *Anna Veith (erregt):* Das ist nicht wahr! Da müssen Beweise her. Ich will haben, daß diese Herren vorgeladen werden. – *Distler:* Beweise für Ihre Schuld herbeizuschaffen obliegt dem Staatsanwalt. – *Anna Veith:* Es ist zu Hause nichts vorgefallen. Mizzi war anständig. – *Distler:* Und doch sagen Zeugen aus, daß bei Nacht Herren empfangen wurden. – *Anna Veith:* Nein! Ich hätte sie hinausgepeitscht. – *Distler:* Auguste Schreiber, das Dienstmädchen der Leopoldine Jellinek, hat als Zeugin angegeben, daß Ihre Tochter sich häufig über Sie beklagt habe, weil Sie so grob gewesen seien. Wenn sie kein Kostgeld bezahlt habe, habe sie nichts zu essen bekommen. – Anna Veith schweigt. – *Veith:* Es ist undenkbar, daß meine Tochter mit dieser Zeugin so intim gesprochen hat. Meine Tochter war sehr verschlossen. Die Schreiber haßte Mizzi, weil ihr über Veranlassung meiner Tochter von der Jellinek gekündigt worden ist. Die Schreiber war nämlich früher eine intime Freundin der Jellinek. Die Mizzi hat aber einen gewissen Stolz gehabt. Sie hat nicht dulden wollen, daß das Dienstmädchen neben ihr geht, sondern hat verlangt, daß sie hinter ihr geht. – *Anna Veith:* Die Zeugin ist uns sehr gehässig. Sie hat noch bei der letzten Verhandlung über uns vor dem Saal geschimpft. – *Distler:* Das sagen Sie jetzt, wo die Zeugin nicht da ist! Leopoldine Jellinek hat ausgesagt, Sie hätten vom Lebenswandel Ihrer Tochter genaue Kenntnis gehabt. – Anna Veith schweigt. – *Böhmer (zu Anna Veith):* Haben Sie mit Poldi Jellinek über Ihre Tochter gesprochen? – *Anna Veith:* Die Poldi erzählte, daß die Mizzi sehr brav ist. Sie hätte schon sehr viel Geld bekommen können, doch ihr Vater, der erlaubte es nicht. – *Böhmer:* Ich glaube, hiedurch ist die Glaubwürdigkeit der Jellinek genugsam illustriert, die so belastend ausgesagt hat. *(zu Anna Veith)* Haben Sie Widakovich nicht gefragt, ob er Mizzi heiraten werde? – *Anna Veith:* Ich habe oft zu ihm gesagt: »Es wäre mir recht, wenn ihr euch heiraten wolltet.« – *Wiesner:* Was sagte Ihr Mann zu diesem Verhältnis? – *Anna Veith:* Meinem Mann war das Verhältnis nie recht. – *Veith:* Widakovich hat nie ans Heiraten gedacht! – *Böhmer:* Ich verlange die Feststellung aus den polizeilichen Erhebungen, daß Widakovich sich damit gebrüstet hat, er könne jedes Mädchen drankriegen.

Distler bricht hierauf, um 13.30 Uhr, die Verhandlung ab.

Sie wird am folgenden Tag, am 16.10.1908, um 9 Uhr wiederaufgenommen.

Erster Zeuge ist Hof- und Gerichtsadvokat Samuel Stimmer, im Dezember 1904 Anwalt Marcell Veiths im Ehrenbeleidigungsprozeß gegen Jeanette Weiß. Die Kassierin des Etablissement Ronacher hatte Veith der Kuppelei geziehen und ihn einen »Strizzi« genannt, woraufhin Veith und seine Tochter klagten. Stimmer erzählt, er habe zunächst mit dem Ehepaar Veith in seiner Kanzlei ein ausführliches Gespräch geführt, um sich einen Eindruck darüber zu verschaffen, ob er dieses Mandat guten Gewissens übernehmen könne. Beide Eltern schienen ihm von der Unschuld ihrer Tochter überzeugt. Veith habe darauf gedrungen, den Prozeß zu Ende zu führen, obgleich Stimmer ihm klargemacht hatte, daß die Sache ungünstig ausgehen könnte. Auch die Beschuldigte habe sich anfangs nicht ausgleichen wollen. Er habe im nachhinein erfahren, daß sie sich erst unter dem Druck der Direktion Ronacher damit abgefunden habe.

Die Aussagen Jeanette Lepeschkas und ihres Anwalts, Robert Glaubers, bei der ersten Hauptverhandlung am 30.7.1908 werden verlesen (→ S. 97f.). Desgleichen die Ehrenerklärung Jeanette Weiß', verehelichter Lepeschka, vom 27.12.1904.

Hochwohlgeboren Herrn Grafen Marcell Veith, Wien
Anläßlich der von mir gegen Ihr Frl. Tochter Comt. Marie Veith vorgebrachten Beleidigungen haben Sie gegen mich beim k.k. Bezirksgerichte Josefstadt die Ehrenbeleidigungsklage überreicht.

Ich bitte hiemit Ihr Frl. Tochter ausdrücklich um Entschuldigung für die von mir in der Aufregung grundlos vorgebrachten Beschuldigungen, ziehe dieselben zurück und erkläre wahrheitsgetreu, daß ich der Ehre Ihrer Tochter nach keiner Richtung hin nahetreten kann, noch nahetreten will.

Auch Sie bitte ich um Entschuldigung für die gegen Sie vorgebrachten Beschuldigungen, zu denen ich mich nur in der Aufregung habe hinreißen lassen und erkläre ich, daß ich auch Ihrer Ehre nach keiner Richtung hin nahetreten kann.

Meine gegen Sie überreichte Klage lasse ich bedingungslos fallen.

Zur Verhandlung vom 28.12.1904 vormittags 10 Uhr wird kein Theil infolge dieser Erklärung erscheinen.

Jeder Theil trägt seine Kosten selbst.

Stimmer (an den Gerichtshof): Herr Präsident, ich fühle mich verpflichtet, bezüglich des in dieser Affäre genannten Oberkommissärs Doktor Baumgarten ein Wort zu sagen. Durch meine zwölfjährige Verbindung mit dem Doktor Baumgarten weiß ich ganz genau, daß er weiblichen Einflüssen absolut unzugänglich ist. Im vorigen Jahr hatte die Comtesse Mizzi das Gerücht verbreitet, daß ein Advokat ihr Feind geworden sei, weil sie ihm nicht zu Willen war. Ich frug nun das Mädchen, wie sich die Sache eigentlich verhalte. Sie erwiderte mir: »Bitte, Herr Doktor, machen Sie keinen Gebrauch davon, es ist alles nicht wahr.« Ich sagte ihr noch: »Schauen Sie, liebes Kind, Sie sind 16 Jahre alt, was wird aus Ihnen werden? Lassen Sie doch von diesem Leben ab.« Sie erwiderte, sie wolle sich nur Gewandtheit erwerben, Sicherheit im Auftreten, und dann zum Theater gehen. – *Distler:* Ich danke Ihnen, Herr Doktor, und bemerke nur, daß Oberkommissär Dr. Baumgarten in diesem Prozeß hier nicht angegriffen wurde und deshalb hier nicht das Forum ist, seine Rechtschaffenheit zu würdigen.

Anna Sachs ist der Zeugenladung neuerlich nicht gefolgt. Auf ihre Aussage wird einvernehmlich verzichtet.

Karoline Bürger, ehemals Quartiergeberin Leopoldine Jellineks, äußert sich »nach W.E. und vorschriftsmäßiger Beeidigung« wie in der Voruntersuchung (→ S. 62f.).

Cafetier Otto Sperl, seinerzeit Geschäftsführer im Café Ritz, teilt dem Gericht dieselben Beobachtungen mit wie schon dem Untersuchungsrichter (→ S. 66f.).

Karl Herzog, Nachtportier bei Ronacher und von Marcell Veith am 21.9.1908 als Zeuge namhaft gemacht – »Um zu beweisen, daß der Zeuge Münichsdorfer seine Tochter nicht habe telephonieren hören können. Der Fiaker-Standplatz befinde sich vor dem Café Alcazar in der Schellinggasse, das Telephon befinde sich in der Portierloge in der Himmelpfortgasse« –, deponiert, daß er den Angeklagten und seine Tochter zwei Jahre hindurch fast täglich gesehen habe. Direktor Waldmann habe »dem Veith« dann das Lokal verboten.

Pauline Steinböck, Stubenmädchen im Hotel London, wiederholt ihre Angaben aus der Voruntersuchung (→ S. 54).

Wilhelm Förstel, Geschäftsführer im Café de l'Europe, teilt dem Gericht »nach W. E. und vorschriftsmäßiger Beeidigung« dieselben Beobachtungen mit wie bei der ersten Hauptverhandlung (→ S. 103).

Nächste Zeugin: Minna Rottensteiner, Künstlername Minna Rott, Inhaberin des »Trocadero«, von Marcell Veith am 27.7.1908 bereits für die erste Hauptverhandlung beantragt, um, entgegen der Aussage Karl Saßhofers (→ S. 53f.), nachzuweisen: »Ich war nie im Leben im ›Trocadero‹, bin dort vollständig unbekannt und das angebliche telephonische Gespräch mit mir ist eine Phantasiegeburt.« *Distler:* Wissen Sie etwas über das Verhältnis von Marcell Veith mit seiner Tochter? – *Rottensteiner:* Das war ja stadtbekannt. – *Distler:* Was wissen Sie darüber? – Rottensteiner zuckt mit den Achseln und schweigt. – *Distler:* Sie wollen nichts darüber sagen? – Keine Antwort.

Verteidiger Böhmer beantragt die Verlesung einer Stelle aus dem Tagebuch, in der Marie Veith davon spricht, man habe ihr geschrieben, sie möge nach Amerika kommen. Sie finde es aber bei den Eltern in Wien schöner.

Staatsanwalt Wiesner beantragt die Verlesung einer Stelle aus dem Tagebuch, in der Marie Veith davon spricht, es sei ihr »so schlecht, wie zum Sterben«, sie habe das Leben bei ihrer Familie »wirklich schon satt«.

Distler (verliest beide Stellen und kommentiert): Das sind Stimmungen. Auf jeder Seite des Tagebuchs wechselt die Stimmung.

Böhmer: Ich beantragte, die Briefe zu verlesen, mit denen mehrere Herren ihr Erscheinen zu Teebesuchen in der Wohnung der Familie Veith ankündigen. Aus dem Ton der Briefe ist klar ersichtlich, daß dort Unzüchtigkeiten nicht vorgekommen sind. – *Wiesner:* Vielleicht verzichtet der Herr Verteidiger, wenn ich sage, daß ich das nicht mehr behaupte. – *Böhmer:* Dann verzichte ich darauf. – *Wiesner:* Die Anklage gegen Anna Veith behauptet, daß diese ihrer Tochter zu unzüchtigen Zwecken Unterstand gegeben und vom Verdienst ihrer Tochter gelebt habe. Den ersten Punkt haben wir soeben fallengelassen. Aber auch der zweite hat eine wesentliche Verschiebung erfahren. Da die Verhandlung gezeigt hat, daß die Angeklagte von recht minderer Intelligenz ist, kann ich nicht mehr behaupten, daß sie die volle Einsicht in die Verhältnisse besessen und Kenntnis von den Einkommensquellen ihrer Tochter gehabt hat. Ich ziehe daher die Anklage gegen Anna Veith zurück.

Der Gerichtshof erhebt sich, Distler verkündet den Freispruch für Anna Veith.

Anna Veith steht auf, verneigt sich vor dem Gerichtshof und nimmt auf der Zeugenbank Platz.

Böhmer beantragt, Anna Veith als Zeugin darüber zu vernehmen, daß ihr ihre Tochter gesagt habe, sie tue nichts Unrechtes.

Der Gerichtshof zieht sich zur Beratung zurück, erscheint kurz darauf wieder, und Distler verkündet den Gerichtsbeschluß über sämtliche im Laufe der Verhandlung gestellten Anträge der Verteidigung: Die Einvernahme des Regierungsrats Stukart und des Oberkommissärs Baumgarten als Zeugen wird als nicht zur Sache gehörig abgelehnt. Abgelehnt wird ferner die am 21.9.1908 beantragte Einvernahme von Franz Freiherr von Kubinzky, Julius Ritter von Wichkowski, Paul Graf Keglevich, Paul Baron Lebel, Alexander Baron Waldberg und Ferdinand Baron Popper – »um zu beweisen, daß die Herrenbesuche in der Wohnung der Familie Veith wirklich nur harmlose Theeabende« waren –, da die Staatsanwaltschaft ihre Behauptung, »es haben die Eheleute Veith der Mizzi Veith in ihrer Wohnung zu geschlechtlichem Verkehr mit Theresianisten Unterstand gegeben«, nicht mehr aufrechterhält. Abgelehnt wird ferner der Antrag auf Einvernahme der im Tagebuch und in den Kassabüchern angeführten Herren aus den bei der ersten Hauptverhandlung angeführten Gründen. Dagegen gibt der Gerichtshof dem Antrag auf Einvernahme der Anna Veith als Zeugin statt.

Anna Veith tritt zögernd vor die Barre. – *Distler:* Ihre Stellung ist jetzt eine veränderte. Als Angeklagte hatten Sie das Recht, zu leugnen. Als Zeugin … – *Anna Veith (unterbrechend):* Ja, ja, ich weiß, ich muß die Wahrheit sagen. – Distler legt Anna Veith, die sichtlich aufgeregt ist, all jene Gründe dar, die sie veranlassen könnten, auf eine Aussage zu verzichten. – *Anna Veith (ängstlich ihren Gatten anblickend, unschlüssig):* Ich will lieber nicht aussagen. – Marcell Veith springt auf, gestikuliert heftig. – *Distler:* Ich bitte, zu protokollieren, daß Frau Veith sich der Zeugenaussage entschlägt. – *Veith (zornig auf seine Gattin weisend):* Aber die hat das ja gar nicht verstanden! – *Distler (zu Anna Veith):* Haben Sie begriffen, was ich Ihnen gesagt habe? – Anna Veith schweigt. – *Distler:* Ob Sie verstanden haben, worauf ich Sie aufmerksam gemacht habe? – *Anna Veith:* Meinem Mann ist es vielleicht lieber, wenn ich aussage. *(Lebhafte Heiterkeit)* – *Distler:* Sie können nach Hause gehen, Frau Veith. – *Veith (heftig):* Herr Präsident, ich bin überzeugt, daß meine Frau nicht weiß, was hier gesagt wurde. – *Distler (zu Anna Veith):* Also sagen Sie uns noch einmal: Bleiben Sie bei Ihrem Entschluß? – *Anna Veith:* Ich bin so aufgeregt, daß ich nichts mehr weiß. – *Distler:* So erkläre ich das Beweisverfahren für geschlossen.

Anna Veith (wendet sich ihrem Gatten, dann Distler zu): Herr Präsident, ich möchte sehr gerne mit meinem Mann sprechen. – Distler erklärt ihr, daß eine Unterredung hier und jetzt nicht statthaft wäre. Daraufhin nimmt Anna Veith wieder auf der Zeugenbank Platz.

Staatsanwalt Wiesner schreitet zum Plädoyer. Er führt aus: »Der Angeklagte hat versucht, im Mittelpunkt einer Sensation zu stehen, weil er die ebenso naive wie verwerfliche Politik verfolgte, durch Kompromittierung anderer sich zu helfen. Ich als Staatsanwalt werde aber alle solche Umstände, die in den Prozeß hineingezerrt wurden und mit der Tat nicht in Zusammenhang stehen, nicht in den Bereich meiner Erörterung ziehen. Das Delikt, dessen Marcell Veith beschuldigt ist, kommt leider in der Großstadt nicht selten vor. Es gibt genug Väter und Mütter, die ihre Töchter der Schande preisgeben, um sich ein arbeitsloses und bequemes Leben zu schaffen. Der dunkelste Punkt in der ganzen Affaire ist der unaufgeklärte Tod der Mizzi, und ich will nicht ihren Geist zitieren, um einen Beweis gegen den Angeklagten zu schmieden. Es wäre leicht, die Motive dieses Selbstmordes dem Vater zur Last zu legen, aber das wären Schlüsse, die vielleicht einer richterlichen Kritik nicht standhalten würden. Der Vater hat sich auf den Abschiedsbrief seiner Tochter berufen. Doch ich kann ihm keine Beweiskraft zuerkennen. Man muß vor allem die mysteriöse Liebe der Mizzi zu ihrem Vater in Betracht ziehen, denn sie schreibt: ›Die größte Liebe fühle ich zu ihm, aber fragt nicht weiter danach.‹ Es fehlt uns das Material, diese psychologische Frage zu lösen, und Licht ist bisher in dieses Dunkel nicht gefallen. Dann ist aber auch die Tochter unter dem Banne des Vaters gestanden, unter seinem Zwange schrieb sie Briefe, die ihrem Herzen fremd waren, wie den an Victor, in welchem sie ihm die Liebe dokumentarisch abschwor.

Das Geständnis des Angeklagten, daß er das Mädchen an Orte geführt hat, wo Männer die Bekanntschaft mit käuflichen Weibspersonen anzuknüpfen pflegten, wäre zu seiner Verurteilung hinreichend. Er erzählte uns, er habe das getan, um das Mädchen verheiraten zu können. Daß man ein vierzehnjähriges Mädchen nach ›Venedig‹, ins Café Ritz oder zum Ronacher führt, um sie zu verheiraten, kann ich mir aber nicht vorstellen. Diese Behauptung wird noch unglaubwürdiger, da der Angeklagte anfangs auch gesagt hat, er habe das Mädchen zur Sachs gebracht, um es zu verheiraten. Diesen Standpunkt mußte er freilich verlassen. Er sagte nun, er habe sie in die Lokale geführt, um ihr einen Beruf als Animierdame zu verschaffen. Der Sprung von der jungfräulichen Braut zur jungfräulichen Animierdame ist aber so groß, daß man die Berufung auf ihn nur als Verlegenheitsausrede betrachten kann. Ein weiterer Beweis für die Schuld des Angeklagten ist es, daß er selbst seine Tochter mit der Jellinek in Verbindung brachte, von der man genau weiß, was sie ist.

Ich könnte mich noch auf unzählige Umstände berufen, die für die Schuld des Angeklagten sprechen. Wir haben gesehen, daß er ein Mensch von großer Intelligenz, egoistischer Schlauheit und kühler Berechnung ist. Er ist in allem planmäßig vorgegangen. Er hat das Mädchen, das gesund auf dem Lande aufgewachsen war, im Alter von zwölf Jahren zu sich genommen, und in kaum zwei Jahren hat er aus der Landblume eine Sumpfpflanze gemacht. Er hat mit Zynismus gehandelt, hat auf die größere Seltenheit der Perversität und auf die Verbindung mit gutsituierten Kreisen gerechnet. Der Schaden konnte nicht stärker sein.

Der Angeklagte hat seiner Tochter das Geld, das sie erwarb, sofort abgenommen, hat davon ihre Ausgaben, die des Haushaltes und die seinen bestritten – bis zu seinen Schuhen, Strümpfen, Schirmen, ja sogar bis zu dem Schlagring, dessen er zur Ausrüstung seiner beruflichen Tätigkeit bedurfte. Er vertritt eine neue Spezies: die des hochstaplerischen Kupplers.

Ich beantrage, gegen den Angeklagten den vollen Ernst der Strafe anzuwenden. Er wird nicht zu streng bestraft sein, wenn die volle Strenge des Gesetzes gegen ihn angewendet wird.«

Verteidiger Böhmer schreitet zum Plädoyer. Er führt aus: »Die Sensation in diesem Fall liegt außerhalb dieses Falles – bei Personen nämlich, die in diesem Prozeß keine direkte Rolle spielen. Verwundert fragt man sich, warum die Polizeibehörde hier in solcher Heftigkeit aufgetreten ist, dieselbe Polizeibehörde, welche die Prostitution, die beispielsweise in den Nebengassen beim Aufblitzen der ersten Laternen überall auftaucht, in elenden Wohnungen haust und in Armut untergeht, sonst ausdrücklich billigt. Es ist unbegreiflich, warum der Staatsanwalt hier mit solcher moralischer Entrüstung auftritt. Angesehene Bürger der Stadt beziehen namhafte Einkünfte aus dem Zins, den diese armen Mädchen bezahlen, und auch der Staat hat seinen Teil an dieser Sache, weil er seine Steuern verlangt. Männer waren es, die in dieser Sache untersucht haben, Männer waren es, die angeklagt haben. Es waren aber auch Männer, die das arme unglückliche Mädchen verdorben, ihrer Sinnenlust preisgegeben und in den Kot herabgezogen haben. Daher sind Männer nicht berechtigt, so heftige Entrüstung zu äußern.

Hohe Kreise waren die Verführer dieses Mädchens, und alle jene, die den Beschuldigten verdammen, werden es nicht als beschämend empfinden, den Nutznießern dieses Gewerbes die Hand zu reichen oder mit ihnen an einem Tisch zu speisen. Mizzi Veith war keine gewöhnliche Dirne, sie hat ihre Jugend und Schönheit nicht jedem Beliebigen gegeben. Wie aber erklärt werden kann, daß es im Laufe von vier Jahren möglich war, daß die Polizei nicht eingeschritten ist, ist mir nicht klar. Nicht das Gerede von Hotelportieren, Stubenmädchen und Dirnen sollte für den Gerichtshof maßgebend sein. Die Anschauung der Behörde, die deutlich zu erkennen gab, daß sie an diesem Treiben nichts auszusetzen hatte, war für den Beschuldigten bestimmend.

Ja mehr noch! Am 11. November 1907 war eine Anzeige an die Polizei gelangt – und bis April 1908 konnte der Beschuldigte ungestört seine Geschäfte weiterführen! Unter der Aufsicht unserer ruhmbedeckten Geheimpolizei! Und das, obwohl alle jene Zeugen, die auf einen Pfiff der Behörde zu der heutigen Verhandlung herbeigeeilt sind, ja auch damals jederzeit zur Verfügung standen. Man würde gewiß niemals zulassen, daß, wenn am 11. November eine Anzeige gegen einen Dieb erstattet wird, dieser dann noch weiter bis zum April stiehlt, damit bis dahin die Beweise erbracht werden und er unter der Last der Beweise zusammenbreche. Was vom Diebstahl gilt, gilt auch von der Kuppelei, die gleichfalls eine strafbare Handlung ist.

Es ist nicht mein Beruf, anzuklagen. Ich weiß auch Fehler nachsichtig zu beurteilen. Ich will nur dartun, daß gegen den Beschuldigten unter einem gehässigen Schlagwort vorgegangen wurde. Wenn dieser Fall nicht als Sensation, sondern nach dem Strafgesetz beurteilt wird, kann er nicht zu einer Schuldigsprechung im Sinne der Anklage führen.«

Der Angeklagte, Marcell Veith, erhält das Wort. Er führt aus: »Meine Tochter hat noch in ihrem Abschiedsbrief an ihre Mutter geschrieben: ›Küsse mir den Vater!‹ Aus den Trümmern des Beweisverfahrens, das einer Prüfung nicht standhält, erhebt sich das bleiche Gesicht meiner Tochter und ruft: ›Küsse mir den Vater!‹ Wissen Sie, hoher Gerichtshof, warum sich meine Tochter gerade nächst dem Polizeigefangenenhaus ins Wasser gestürzt hat? Weil sie wußte, daß ich dort unschuldig im Gefängnis saß. *(heftig weinend)* Meine Tochter hat mich geachtet. In ihrem Tagebuch finden Sie nicht eine Stelle, die gegen die Achtung vor mir verstoßen hätte. Eine Tochter achtet einen Vater nicht, der das an ihr verschuldet hat, dessen ich bezichtigt bin. Wenn ich, nachdem sie sich getötet und einen Brief voll heißer Liebe für mich zurückgelassen hat, ihr nicht in den Tod gefolgt bin, so geschah es, weil ich in ihrem Sinne handle, wenn ich hier meine Unschuld dartue.«

16.10.1908: Das k.k. Landes-Gericht in Strafsachen Wien fällt ein Urteil

»Im Namen Seiner Majestät des Kaisers« erkennt das k.k. Landes-Gericht Wien am 16.8.1908 nach dem Rücktritt des Staatsanwalts von der Anklage gegen Anna Veith »zu Recht«: »*Marcell Veith* ist schuldig, in der Zeit vom März 1904 – April 1908 in Wien als Vormund und Stiefvater der mj. [minderjährigen] Marie Veith dadurch, daß er ihr als Schanddirne zur Betreibung ihres unerlaubten Gewerbes Unterschleif gab, vom Zuführen derselben ein Geschäft machte u. aus der gewerbsmäßigen Unzucht der Marie Veith seinen Unterhalt suchte, das Verbrechen der Kuppelei gemäß § 132 IV St.G. begangen zu haben, und wird gemäß §§ 133 u. 53 St.G. zur Strafe des schweren Kerkers in der Dauer von einem Jahre, verschärft durch einen Fasttag vierteljährig, und gemäß § 389 St.P.O. zum Ersatze der Kosten des Strafverfahrens u. Strafvollzuges verurteilt. [...]

Anna Veith wird [...] freigesprochen.«

Begründung: Der Gerichtshof ist zur Überzeugung gelangt, daß »Marie Veith seit dem Jahre 1904 ihre Geschlechtsehre gegen Geld preisgab«, daß sie »gewerbsmäßig geheime Prostitution betrieb«, daß »Marcell Veith nicht nur davon gewußt hat«, sondern seine Tochter »an Orte, die notorisch dem Verkehr der Lebewelt u. der Prostituierten dienen«, »geleitete [...] u. das bewußt durch die Prostitution der Tochter erzielte Geld seiner Tochter abnahm, ja seinen ganzen Haushalt auf diese Einnahmen basierte«.

Als »mildernd« wurden beim Ausmaß der Strafe »das Geständnis wichtiger tatsächlicher Umstände« sowie »die längere Untersuchungshaft« berücksichtigt; als »erschwerend«: die Vorstrafe nach § 516 St.G. (→ S. 31), »die längere Fortsetzung der strafbaren Handlung«, »die Konkurrenz mehrerer das Verbrechen nach § 132 IV begründenden Tatbestand«, »die geflissentliche Vorbereitung der Tat« sowie »die große Jugend der verkuppelten Tochter«.

Beim Strafmaß – gesetzlich vorgesehen sind ein bis fünf Jahre schweren Kerkers – nahm der Gerichtshof darauf Rücksicht, daß »der Angeklagte für eine Frau zu sorgen hat«. Der Beschluß über Schuld und Strafe erfolgte einhellig.

Veith meldet gegen das Urteil sofort Nichtigkeit und Berufung an. In der »Berufungsausführung« expliziert er: Die Strafe sei »eine durchaus unangemessene und harte«. Milderungsgründe seien nicht berücksichtig worden, »Erschwerungsumstände«, die nicht bestünden, sehr wohl. Die »unheilvolle Wirkung« der Vorstrafe gemäß §516 St.G., die er in seinem Leben »bei der Bemühung, einen Erwerb zu finden, genugsam durchkostet habe«, sei »bereits hinlänglich konsumiert«, wenn er dadurch »des wichtigsten Milderungsgrundes, der Unbescholtenheit, verlustig gegangen« sei.

Er habe in seiner Überzeugung, nichts strafrechtlich Verpöntes zu tun, dadurch bestärkt werden müssen, daß er trotz Anzeigen, die gegen ihn erstattet worden seien, polizeilich bis zu seiner Verhaftung am 28.4.1908 nie beanstandet worden sei. Für den »Erschwerungsumstand der großen Jugend der verkuppelten Person« biete das Gesetz keinerlei Handhabe, wenn die Verkuppelte das 14. Lebensjahr überschritten habe.

An Milderungsgründen sei weder berücksichtigt worden, daß ein »umfassendes, fast alle wesentlichen Umstände in sich schließendes Tatsachengeständnis« vorliege, noch – »am wesentlichen und am stärksten in die Waagschale fallend« – seine »Notlage«, in die er durch »höchste Ungunst der Verhältnisse« geraten sei, und seine »im höchsten Maße geminderte Erwerbsfähigkeit«, die aus Verletzungen resultiere, die er sich im Militärdienst zugezogen habe.

Unberücksichtigt sei auch geblieben, daß seine »arme Frau, welche geistesschwach und durch die erlittenen schweren Heimsuchungen seelisch und körperlich in Mitleidenschaft gezogen« worden sei, »gänzlich einsam und verlassen« dastehe. Veith stellt »sohin die sehr ergebene BITTE«: »Der hohe k.k. Kassationshof geruhe, die Strafe unter Berücksichtigung der angeführten Umstände und unter Anwendung des außerordentlichen Milderungsrechtes herabzusetzen.«

An Nichtigkeitsgründen führt Veith unter anderem an: Das Gericht habe die von ihm beantragten Zeugen nicht zugelassen, und das mit einer Begründung, die nicht stichhaltig sei. Diese Zeugen seien abgelehnt worden, weil die Staatsanwaltschaft ihre Behauptung fallengelassen habe, »daß in der Wohnung in der Schönburgstraße geschlechtlicher Verkehr mit diesen Zeugen stattgefunden« habe. Er habe aber diese Zeugen auch namhaft gemacht, um zu beweisen, daß er »auf die Beziehungen derselben mit [s]einer Tochter nicht die geringste Ingerenz ausgeübt« habe, die, soweit er habe sehen können, harmlose Unterhaltungen gewesen seien.

Die in den Kassabüchern verzeichneten Herren seien »die einzigen Tatzeugen, auf die man sich für einen Beweis überhaupt berufen hätte können« – »und nicht Hausbesorger, Portiere, Prostituierte, Kutscher, die über vage Indizien und vielfach über leeren Tratsch ausgesagt« hätten.

Abschließend beschwört Veith den »hohen k.k. Kassationshof«: Daß er seine Tochter begleitete, hätten sich »die Büffetmädchen, Kellner, Fiaker und Dirnen [...] sofort in dem Sinne aufgeklärt, daß er sie zur Unzucht« gezwungen hätte. So sei das Gerücht entstanden, das ihm »so verhängnisvoll wurde und unter dessen Zwange und Suggestion diese Auskunftspersonen« gestanden seien. Dem widerspreche jedoch »die Tatsache der großen und reinen Liebe«, die seine Tochter für ihn gehegt habe »und die eine Begleitung zu diesem Zwecke überflüssig« gemacht habe. »Diese Personen« hätten es nicht fassen können, daß er seine Tochter »nur zu dem Zwecke begleitete und überwachte, um ihren Fall zu verhüten«.

Er habe »nicht aus Gewinnsucht, sondern aus abgöttischer Liebe für [s]eine Tochter den Besuch der Vergnügungslokale geduldet, in der Absicht, sie aus dem proletarischen Elend und Jammer, in welches sie in Folge unserer großen Notlage untertauchen mußte, zu erretten und sie vermöge ihrer Schönheit und Bildung glänzend zu versorgen. Zu diesem Zwecke allein habe« er seinen »eigenen gebrechlichen Körper zum Opfer gebracht«. Daß dem so sei, erhelle »aus der aktenmäßig festgestellten Tatsache«, daß man bei ihm außer dem Anzug, den er getragen habe, nichts vorgefunden habe als einen Versatzzettel über verpfändete Kleidung, bei seiner Tochter jedoch, »die den größten Luxus liebte, Bargeld und ein Sparkassenbuch. Ein solches Verhältnis, eine solche Liebe und eine solche Absicht war den Büffetmädchen, Kellnern, Fiakern und Dirnen nicht faßbar!«

Er möge »moralisch gefehlt und vielleicht auch eine Übertretung begangen haben« – »ein solcher Verbrecher«, zu dem ihn »die einseitig verhetzte, öffentliche Meinung und das angefochtene Urteil gebrandmarkt« haben, sei er nie gewesen.

Er stelle »sohin die sehr ergebene BITTE«: »Der hohe k.k. oberste Gerichts- als Kassationshof geruhe, das angefochtene Urteil aufzuheben und die Sache in Stattgebung der geltend gemachten Nichtigkeitsgründe zu neuerlicher Verhandlung und Entscheidung an das k.k. Landes-Gericht Wien als Erkenntnisgericht zu verweisen, resp. in Stattgebung des Nichtigkeitsgrundes nach §281 Z. 9a St.P.O. das Urteil abzuändern und mit [s]einem Freispruch vorzugehen.

Im Falle der Abweisung dieses Antrages geruhe der hohe k.k. oberste Gerichts- als Kassationshof, das Urteil in Stattgebung der gem. §281 Z. 10 St.P.O. geltend gemachten Nichtigkeitsgründe abzuändern und [ihn] lediglich wegen Übertretung nach §5 des Gesetzes vom 24. April 1885 R.G.Bl. Nr. 89 zu verurteilen.«

*

Die k.k. Staatsanwaltschaft Wien zerlegt in ihren akribischen »Gegenausführungen« die juridischen Spiegelfechtereien über die Tatbestandsmerkmale der »gewerbsmäßigen Unzucht« und des Unterschleifs, die Qualifikation von »Übertretung« und »Verbrechen« und die vermeintlich unkorrekte prozessuale Abwicklung des Verfahrens, in die Veith sich in seiner »Ausführung der Nichtigkeitsbeschwerde« des langen und breiten ergangen hat, und beantragt am 14.11.1908 die »Zurückweisung der Nichtigkeitsbeschwerde«.

*

Der k.k. Oberste Gerichts- und Kassationshof hält in seinem am 4.1.1909 ausgefertigten Erkenntnis fest: Die Nichtigkeitsbeschwerde wird verworfen, der Berufung punkto Strafe wird keine Folge gegeben. Begründung für letzteren Entscheid: Selbst wenn der Vorstrafe nicht als Erschwerungsgrund und allen Umständen, die in der Berufungsausführung angeführt wurden, als weiteren Milderungsgründen Rechnung getragen würde, lasse doch »die Erwägung, daß eine kaum dem Kindesalter entwachsene Person verkuppelt wurde und daß die ganze Handlungsweise des Angeklagten das Gepräge der krassesten Selbstsucht und der größten Brutalität in sich trägt, die Anwendung des außerordentlichen Milderungsrechtes keinesfalls als gerechtfertigt« erscheinen. Vielmehr sei die verhängte Strafe dem Verschulden des Angeklagten angemessen.

Am 11.2.1909 verständigt die k.k. Landes-Gerichts-Gefangenenhaus-Direktion das k.k. Landes-Gericht in Strafsachen Wien davon, daß »Veith Marcell die [...] 1jährige schwere Kerkerstrafe hierorts am 10. Februar 1909 angetreten« hat. Tags darauf davon, daß »Veith Marcell heute an die k.k. Strafanstalt in Pilsen abgegeben wurde«.

*

Anna Veith »wagt es in ihrer Verzweiflung, vor die Stufen des allerhöchsten Thrones hinzutreten und Euere kaiserliche und königliche apostolische Majestät um Gnade zu bitten, für ihren Gatten und Ernährer Marcell Veith«. Seit ihr Ehemann in Haft ist, sei sie »der größten Not und der größten Entbehrung ausgesetzt und [habe] ihr Dasein nur durch barmherzige Unterstützungen kärglich fortfristen können, die jedoch gegenwärtig vollständig versiegt [seien], so daß sie dem Hunger preisgegeben« sei. »Aller Hilfe durch Verwandte oder Freunde gänzlich beraubt und vollkommen alleinstehend, ohne jede Menschenmöglichkeit, sich das Brot zur Erhaltung des Lebens selbst verdienen zu können, kann die in untertänigster Ehrfurcht gefertigte Gnadenwerberin nur auf die Hilfe ihres Gatten Marcell Veith rechnen, wenn ihm durch die allerhöchste Gnade und Barmherzigkeit der Rest seiner Strafzeit, von welcher er nahezu zwei Drittel bereits verbüßt hat, nachgesehen werde.«

Dem Gnadengesuch vom 16.7.1909 liegt ein ärztliches Attest bei, das bestätigt, daß Anna Veith, »47 J. alt, wohnhaft Wien V, Vogelsangg. Nr. 35, an einem chron. Katarrh der r. Lungenspitze leidet, in ihrer Ernährung stark heruntergekommen ist, zeitweilig an Anfällen von Gelenksrheumatismus leidet, so daß die Fingergelenke dauernd verdickt u. schmerzhaft sind. Durch diese Zustände ist ihre Erwerbsfähigkeit beeinträchtigt.«

Am 29.7.1909 weist das k.k. Landes-Gericht in Strafsachen nach Anhörung der k.k. Staatsanwaltschaft das »Gesuch der Anna Veith um gnadenweise Nachsicht der über deren Gatten Marcell Veith [...] verhängten Freiheitsstrafe [...] mangels zureichender berücksichtigungswürdiger Gründe zurück«. Die k.k. Staatsanwaltschaft Wien spricht sich für die Abweisung des Antrags aus, vertritt die Auffassung, daß »durch Anwendung des §55 St.G. [beim Strafmaß auf den »Erwerbungsstand« der »schuldlosen Familie« zu achten] auf die Gattin des Marcell Veith ausreichend Rücksicht genommen worden ist«.

»Dr. Baumgartner«, »Mizzi Veitt«, »Kais[erlicher] Rat Stuckart«: »›Spricht Bände‹«. Anonyme Zuschrift an den vorsitzenden Richter. Quelle: WStLA

19.10.1908, Seitenstück 1: Der Chef des Sicherheits-Bureaus läßt seine »schwer angegriffene Amtsehre« gerichtlich wiederherstellen

Den Anschuldigungen, die am zweiten Tag der Hauptverhandlung im Prozeß Veith gegen hohe Polizeifunktionäre erhoben wurden, folgen zwar umgehend durch die offiziöse »Korrespondenz Wilhelm« verbreitete und vielfach in Tageszeitungen abgedruckte Dementis – »entbehren jeder tatsächlichen Grundlage«, »vollkommen erfunden« –, die »schwer angegriffene Amtsehre« bedarf zu ihrer Rehabilitierung aber noch der gerichtlichen Wiederherstellung.

Am 19.10.1908 wird – nach gescheiterten »Ausgleichsverhandlungen«, die davor im Verteidigerzimmer stattgefunden haben – ab 9.30 Uhr im Großen Saal des Strafbezirksgerichts Josefstadt die Ehrenbeleidigungsklage verhandelt, die der Chef des Wiener Sicherheits-Bureaus, Moriz Stukart, gegen Anna Veith und Siegmund Hofmokl angestrengt hat. Wieder unter reger Anteilnahme der Zeitungen – die »Illustrierte Kronen-Zeitung« macht am 20.10.1908 gar ganzseitig damit auf – und diesmal auch der Gerichtssaalkiebitze.

Wie die Klagsschrift ausführt, trug sich bei der Hauptverhandlung am 31.7.1908 bei der Einvernahme Marie Blahas, des Dienstmädchens der Veiths, folgende Szene zu: *Anna Veith:* Mizzi hat sich auf das Bett von meinem Mann geworfen und hat geschrien: »Armer Papa, für mich kommst du ins Landesgericht, wo dich die Flöhe, Wanzen und Läuse beißen. ›Der Vater hat mich nicht verkuppelt‹, mit diesen Worten geh' ich zu Gott. Die Polizei hat mich ausgeführt, und mein Vater wird verhaftet.« – *Distler:* Was soll das heißen: Die Polizei hat Ihre Tochter ausgeführt? – *Hofmokl:* Das heißt, daß der Chef des Sicherheits-Bureaus mit der Verstorbenen ein Verhältnis hatte und der Vater dafür eingesperrt wird. – *Distler:* Sie richten einen Angriff gegen eine Person, die durch Ihre Bezeichnung »Chef des Sicherheits-Bureaus« genügend gekennzeichnet ist. Ich warne Sie! Der Chef des Sicherheits-Bureaus wird sich zu wehren wissen. – *Hofmokl:* Im Tagebuch steht: »Heute war ich im Theater an der Wien mit Stukart; sehr gut unterhalten.« – *Distler:* Das ist doch eine harmlose Unterhaltung. – *Hofmokl:* Die Angeklagte meinte, die ganze Polizei hat von der Sache gewußt, und plötzlich wird die gesamte Familie auf die Polizei geführt. – *Distler (zu Anna Veith):* Wenn die Tochter sagt, sie geht zu Gott, läßt man sie doch nicht fort. – *Anna Veith:* Sie war wieder lustig und hat um ein Nachtmahl geschickt. *(Erregt schreiend)* Es sind drei Briefe vom Stukart dagewesen. Wo sind sie? Den letzten hat das Dienstmädchen noch übernommen. – *Wiesner:* Es ist ein riesiges Konvolut Briefe da. Ich kann mich nicht mehr erinnern, ob Briefe von Doktor Stukart darunter gewesen sind. Ich habe sie nicht alle durchgeschaut. Fortwährend ein und dasselbe: »Liebe Mizzi!« Das hat kein Interesse. – *Distler:* Und der Geruch! – *Anna Veith:* Der letzte Brief ist noch in der Schreibtischlade gelegen. Der eine Detectiv hat noch auf diesen Brief vom Polizeipräsidenten hingezeigt. Ich habe es gesehen! Dann haben sie die Briefe herausgenommen.

Durch den »Ausfall« Hofmokls, so die Klagsschrift, sei Regierungsrat Moriz Stukart »einer unsittlichen Handlung« bezichtigt worden, da er, wie dem Beschuldigten bekannt sei, verheiratet sei. Viel schwerer wiege aber die Unterstellung eines Verhältnisses mit Marie Veith und der sowohl von Hofmokl wie auch Anna Veith hergestellte »schnöde Kausalnexus« zwischen dieser »insinuierten Beziehung« und der Verhaftung Marcell Veiths, der den Vorwurf des »schwersten Mißbrauchs der Amtsgewalt« impliziere. In 26 Jahren Staatsdienst, davon zehn als Chef der Sicherheitspolizei, sei nicht ein Mal »der Schatten eines entehrenden Vorwurfes auf das amtliche oder auf das Privatleben« des Klägers gefallen. Er sei es »[s]einem Amte, aber auch der gesamten Öffentlichkeit, deren Vertrauen in die Behörde nicht erschüttert werden darf, schuldig, [s]einen Verleumdern in öffentlicher Gerichtsverhandlung entgegenzutreten und vor aller Welt zu zeigen, daß der Leiter eines so wichtigen Ressorts, wie es das Sicherheits-Bureau der Reichshaupt- und Residenzstadt Wien ist, in vollkommen grundloser Weise in seiner Amtsehre und in seiner Person verunglimpft worden ist«.

Nach Verlesung der Anklageschrift erklärt der Richter, Ober-Landes-Gerichtsrat Karl von Heidt, daß er die zwei Beschuldigten getrennt vernehmen werde. Anna Veith wird angewiesen, vorerst abzutreten.

Hofmokl legt dar, er habe die inkriminierten Äußerungen aufgrund von Informationen seiner Klienten, im guten Glauben und im Rahmen seiner Berufspflicht als Verteidiger gemacht. Anna Veith sei ihm damit in den Ohren gelegen, und er habe sich nicht dem Vorwurf aussetzen wollen, er wage es nicht, gegen die Polizei aufzutreten. Zudem hätten ihm Dutzende Personen gesteckt, daß Stukart mit Mizzi Veith was gehabt habe, »stadtbekannt« sei diese Affäre gewesen. Er erklärt, was ihn bewogen hat, auf die an Anna Veith gerichtete Frage des vorsitzenden Richters hinauf erläuternd herauszuplatzen: »Das heißt, daß der Chef des Sicherheits-Bureaus mit der Verstorbenen ein Verhältnis hatte und der Vater dafür eingesperrt wird«: »Ich wollte, um den von mir verteidigten Veith freizubringen, nachweisen, daß es nur zwei Eventualitäten geben kann: Entweder hat die Polizei ihre Pflicht versäumt, dann kann man den Veith nicht strafen. Oder die Polizei hat davon gewußt und ist nicht eingeschritten, dann ist sie mitschuldig. Um diese Eventualitäten zu begründen, habe ich vorgebracht, daß Anhaltspunkte für die Annahme vorhanden sind, daß man von dem Verbrechen vier Jahre lang gewußt hat. Und die Öffentlichkeit hat das Recht, zu erfahren, wieso es kommt, daß ein Verbrechen vier Jahre lang der ganzen Welt bekannt sein kann, nur der Polizei nicht.«

Anna Veith beharrt auf ihren Anschuldigungen, sie legt, auf Befragen von Heidts, sogar nach: Ich bitte, ich hätte noch mehr sagen können, ich wollte aber nicht. Ich wollte den Stukart nicht in Schande bringen. Ich habe nicht alles gesagt. Wenn man mich heute fragt, werde ich alles sagen. Was mir aber meine Tochter gesagt hat, das schwöre ich bei Gott dem Allmächtigen. »Wenn ich sprechen wollte«, hat meine Tochter gesagt, »dann möchte vieles herauskommen, was bis jetzt noch nicht an das Tageslicht gekommen ist, dann möchte die Polizei eher ins Landesgericht kommen, bevor mein Vater hineinkommt.« – *Von Heidt:* Was hat sie über den Regierungsrat Stukart gesagt? – *Anna Veith:* Daß er sie ausführt, ins Theater, daß er sie näher kennt und nicht gesehen werden will in Wien, wenn er sie ausführt. *(Gelächter im Auditorium)* – *Von Heidt:* Das ist höchst unanständig, hier in einem solchen Falle zu lachen. – *Anna Veith (wendet sich gegen das Auditorium):* Wenn man die Wahrheit sagen will, wird man ausgelacht. – *Von Heidt:* Haben Sie öfters mit Ihrer Tochter davon gesprochen? – *Anna Veith:* Ja. Ich möchte noch einiges sagen. Ich habe meiner Tochter öfters Vorwürfe gemacht wegen des Fortgehens. Da hat sie mir immer gesagt: »Hohe Herren verlangen ja nichts Unrechtes, da bekomme ich nur Geschenke, weil ich lustig bin, und dann sind das auch Herren, die über das Gesetz verfügen.« Da hat sie vielleicht auch den Stukart gemeint. – *Von Heidt:* Das, was sie wirklich *gesagt* hat, möchte ich wissen. – *Anna Veith:* Zum Abschied hat sie mir das gesagt. Wenn sie reden möchte, hat sie gesagt, dann möchten Stukart und Baumgarten in eine schöne Schlamastik kommen.

Auch was die Briefe betrifft, bleibt Anna Veith bei ihren Angaben. Drei Briefe von Stukart an ihre Tochter, alle in rosa Kuverts, seien dagewesen. Zwei habe sie entgegengenommen, einen dritten Marie Blaha. – *Richard Preßburger (Anwalt Stukarts):* Sie haben bei der Verhandlung gesagt, daß drei Briefe verschwunden seien, welche die Detectivs bei Ihnen eingepackt haben. Haben Sie diese Briefe gesehen? – *Anna Veith:* Ja. – *Preßburger:* Waren die Briefe mit »Stukart« unterschrieben? –

Anna Veith: Meine Tochter hat mir früher gesagt, daß die Briefe von ihm sind. Als der letzte Brief kam, sagte sie: »Der ist von Stukart. Jetzt soll ich ins Theater gehen, und der Baron Popper hat mich auch schon eingeladen. Ich weiß nicht, was ich machen soll. Ich geh' lieber mit dem Stukart.« – *Von Heidt:* Woher wissen Sie denn, daß die Briefe von Regierungsrat Stukart waren? – *Anna Veith:* Bitte, meine Tochter hat es mir gesagt. Ich kann es beeiden. Der eine Agent hat noch drauf gezeigt und hat dem andern ein Aviso gegeben. – *Von Heidt:* Haben Sie die Unterschrift gesehen? – *Anna Veith:* Ja ... Ich habe nur drei Klassen besucht, ich kann schlecht lesen und schreiben. – *Von Heidt:* Sie selbst wissen also gar nichts, als was die Tochter ihnen gesagt hat. – *Heinrich Böhmer (Anwalt Anna Veiths):* War Ihre Tochter wahrheitsliebend? – *Anna Veith:* Ich bin dieser Meinung. Sie hat mir immer gesagt, sie geht mit Herren, die über das Gesetz verfügen. Ich habe es auch schon dem Herrn Untersuchungsrichter gesagt, daß meine Tochter meistens mit Herren verkehrt hat, die über die Gesetze verfügen. Ich habe mir gedacht, vielleicht kommt keine Verhandlung heraus, weil es für die Herren unangenehm wäre. Ich habe keinen genannt und mir gedacht, die Sache wird man niederschlagen, weil die Herren selbst fühlen werden, daß sie schuldig sind. Die Schwester meines Mannes wollte, daß ich die Namen dieser Herren nenne, mit denen meine Tochter gegangen ist, weil dann meinem Mann nichts geschehen kann. – *Hofmokl:* Habe ich Ihnen nicht gesagt: »Sie, Frau, es ist nicht notwendig, diese Namen zu nennen«, und Sie haben darauf bestanden? Ich wollte nicht, daß dieser Schmutz aufgerührt wird, und habe Sie deshalb wo hingeschickt. – *Anna Veith (zögernd):* Sie haben mir schon gesagt, Herr Doktor, ich soll die Namen nennen. Daß das nicht schadet, wenn ich nur die Wahrheit rede. *(Große Bewegung)* Von Heidt hält Anna Veith eindringlich vor, ja nicht ängstlich zu sein, sich nicht beeinflussen zu lassen und die volle Wahrheit zu sagen. – *Anna Veith:* Der Herr Doktor hat gesagt: »Ja, das kann nicht schaden.« Das kann meinen Mann retten – *(Hofmokl lacht.)* – *Von Heidt:* Nun, nun, nun ... Reden Sie nur ruhig weiter, Frau Veith. – *Hofmokl (unterbrechend):* Ich wollte etwas anderes mit der Frage bezwecken. Die Namensnennung hat mit der Sache gar nichts zu tun. Ist es richtig, Frau Veith, daß ich Sie zum Herrn Baron Distler geschickt habe und zum Ober-Landes-Gerichts-Präsidenten Kallina und daß ich Ihnen gesagt habe, Sie sollen diese Herren um Rat fragen? *(zu von Heidt)* Ich will beweisen, daß man im Bewußtsein des Tatsächlichen sich mit der Tendenz trug, die großen Herren hineinzuzerren. – *Von Heidt (unterbrechend):* Ist das für die Sache von Bedeutung? –

Hofmokl: Für die Sache nicht, aber für meine Verteidigertätigkeit. Ich war in dieser Sache so vorsichtig wie noch nie. Frau Veith war ja auch beim Ober-Landes-Gerichts-Präsidenten Kallina und beim vorsitzenden Richter, Baron Distler. Ich habe Frau Veith nur hingeschickt, weil ich die Verantwortung nicht tragen wollte. Sie sollte das tun, was man ihr rät.

Preßburger (zu Hofmokl): Welche Mittel haben Sie angewandt, um die Angaben Ihrer Mandantin zu prüfen. – *Hofmokl:* Ich bedaure, nun etwas weiter zurückgreifen zu müssen, um darzutun, warum ich nicht gezögert habe, die hohen Funktionäre zu nennen. Wie die Frau Veith kam, war ich erst einen Tag Verteidiger. Ich habe sofort wahrgenommen, daß diese Frau eine sehr beschränkte Person ist. Nun, und ich habe größeres Vertrauen zu den Schwachsinnigen, weil ihre Aussagen sich auf ihre Glaubwürdigkeit in der Wahrheitsbildung sicherer überprüfen lassen. Unter Tränen hat sie mir den Tod ihrer Tochter erzählt. Sie nannte mir auch den Namen Stukart. Es ist begreiflich, daß sich, wenn ein solcher Name genannt wird, die Öffentlichkeit einer solchen Person bemächtigt. Und da wurde gesprochen, es sei stadtbekannt, daß das Kind mit den Funktionären von der Polizei verkehrt. – *Preßburger:* Nennen Sie Quellen! – *Hofmokl:* No, zweihundert Leute haben das erzählt. – *Stukart (erregt aufspringend):* Das ist eine Lüge! – *Von Heidt:* Ich muß da selbst eingreifen. Können Sie die Personen bezeichnen, die Ihnen solche Sachen erzählt haben? *Preßburger (aufgebracht):* Nur drei Namen wollen wir wissen! – *Hofmokl:* Ich nenne nicht einen einzigen, weil ich selbst nicht an die Wahrheit dieser Sache glaube. *Preßburger:* Pfui! – *Von Heidt:* Dann müssen Sie konkreter sagen, daß das nur Tratsch war. Überlegen Sie sich nächstens, was Sie sagen. Sie sind ja sonst ein sehr intelligenter Herr.

Stukart, unter Eid als Zeuge vernommen, »gibt mit bewegter Stimme an«: In meiner dienstlichen Eigenschaft ist es für mich ungemein schmerzlich, nach einer tadellosen 26jährigen, aufreibenden Dienstzeit mich hier rechtfertigen zu müssen gegen Verdächtigungen, wie sie in jener denkwürdigen Verhandlung gegen mich vorgebracht worden sind. Ich bin aber immerhin ungemein dankbar, daß ich endlich zu Worte kommen kann und nach zweieinhalb Monaten schwerer Aufregung, nach zweieinhalb Monaten sorgenvollen, qualvollen Wartens … *(beginnt zu weinen) (Pause)* … die ich durchgemacht habe, endlich sprechen zu dürfen. Ich stehe heute hier frei von jeder Einflußnahme, von jedem Zwange sowohl von meiner vorgesetzten Behörde, vor der ich mich vollständig gerechtfertigt habe *(weint abermals)*, aber auch frei von jeder Einflußnahme und jedem Zwang persönlicher Natur. Als Zeuge erkläre ich hier feierlich, daß alles, was gegen mich vorgebracht wurde, erlogen, erfunden und aus der Luft gegriffen ist. Ich habe die Mizzi Veith nie gekannt, meines Wissens nie gesehen, kein Verhältnis mit ihr gehabt, sie nie ins Theater begleitet, war mit ihr niemals an einem öffentlichen oder abgesonderten Ort. [...] Ich habe nichts weiter zu sagen, als meinem Bedauern Ausdruck zu geben, daß es möglich war, daß solche Angriffe gegen mich erhoben wurden, daß es möglich war, die kostbarsten Güter der Menschheit zu untergraben, das größte Gut, meine Ehre und meine Existenz, anzutasten, *(weinend)* mein glückliches ungetrübtes Familienleben zu zerstören und das Leben meiner Frau, die nach einer unmittelbar vorhergegangenen lebensgefährlichen Operation rekonvaleszent war, zu gefährden. Ich bedaure, daß formale Gründe dem Verteidiger das Recht eingeräumt haben, mich in meiner Ehre anzugreifen. – *Von Heidt:* Wollen Sie sich über die Mizzi Veith noch äußern? – *Stukart:* Herr Ober-Landes-Gerichts-Rat, der jüngste Beamte bei uns weiß ja, daß es bei einer Prostituierten fast Gewohnheit ist, von der Unwahrheit zu leben, daß sie sich, wo möglich, an Polizeibeamte, am liebsten natürlich an meine Persönlichkeit anlehnen, um einerseits damit zu prunken, andererseits damit irgendeinen Schutz zu bezwecken.* – *Von Heidt:* Herr Regierungsrat, wollen Sie sich vielleicht über die Aufzeichnungen im Tagebuch und im Kassenbuch äußern? – *Stukart:* Es ist ja schon pathologisch, anzunehmen, daß ich, der Stukart, mit einer notorischen Kokotte mich öffentlich in einem Vergnügungslokale zeigen sollte, daß ich mit ihr ein Verhältnis unterhalten haben sollte. Geradezu wahnsinnig aber ist es, zu behaupten, daß ich an eine solche Dame schreiben werde »Liebe Mizzi« und den Brief schließe mit »Dein Polizeirat«.

Mit der Causa Veith habe er amtlich nichts zu tun gehabt, Kuppelei falle nicht in den Zuständigkeitsbereich des Sicherheits-Bureaus. Lediglich die bei der Polizeidirektion eingelangte anonyme Anzeige gegen die Eheleute Veith habe er an das Kommissariat Margareten weitergeleitet. Erst aus den Zeitungen habe er von der Verhaftung der Veiths erfahren,

* Die Stukart betreffenden Tagebuch-Einträge nimmt ein Dr. Eduard Ritter von Liszt, »k. k. österr. Einzelrichter a. D. in Wien«, zum Anlaß, unter dem Titel »Wie man ›Beweise‹ herstellt« – heute würde man sagen: fabriziert – grundsätzliche Überlegungen anzustellen (Eduard Ritter von Liszt: Wie man »Beweise« herstellt. In: Archiv für Kriminal-Anthropologie und Kriminalistik, Bd. 32, 1909, S. 52-55).

und er sei sehr überrascht gewesen, daß ein Graf ohne sein Wissen verhaftet worden sei. Durch den Besuch des Barons Popper habe er dann erfahren, um was für einen »Grafen« es sich eigentlich handle. Der junge Baron Popper habe ihn nämlich einen Tag darauf besucht und ihn gebeten, ihm einige seiner Briefe zu verschaffen, die sich im Besitz der Mizzi Veith befanden. Es wäre ihm sehr unangenehm, wenn diese Briefe an die Öffentlichkeit gelangen würden.

Berthold Baron Popper gibt als Zeuge unter Eid an, er sei an dem besagten 14.4.1908, an dem Mizzi Veith laut ihrem Tagebuch mit Stukart im Theater an der Wien war, mit der ganzen Familie im Ronacher gewesen. Dort habe man die mit seinem Sohn Ferdinand bekannte Mizzi Veith gesehen, und zwar in Begleitung eines ihnen nicht bekannten Herrn mit schwarzem Vollbart und nicht mit Regierungsrat Stukart. Mizzi Veith habe zudem seinem Sohn ein paar Tage vor ihrem Tod gesagt, alles, was in der Stadt an Gerüchten über ihre Bekanntschaft mit Stukart kursiere, sei »dummes Gerede«.

Der nächste Zeuge, der Komponist Richard Goldberger de Buda, läßt wissen, daß Stukart am 14.4.1908 von 20 Uhr bis gegen Mitternacht bei einem der in seinem Elternhaus regelmäßig ausgerichteten Gesellschaftsabende mit Tarockpartien gewesen sei.

Der Kaufmann Rudolf Handt-Rappaport gibt unter Eid an, daß Mizzi Veith ihn Anfang März des Jahres im Ronacher gebeten habe, ihr die Bekanntschaft mit Stukart zu vermitteln. Ihr Vater werde von der Polizei »stark belästigt«, sie wolle den Chef des Sicherheits-Bureaus bitten, die Verfolgungen niederzuschlagen. Er, Handt-Rappaport, habe aber »seine Hand nicht dazu hergegeben«.

Leopoldine Jellinek sagt aus, Stukart nie in der Gesellschaft Mizzi Veiths gesehen zu haben. Und sie bestätigt ihn: »Dieses Rühmen von Beziehungen zu hohen Polizeibeamten« sei »typisch für Prostituierte«. – *Von Heidt:* War die Mizzi wahrheitsliebend? – *Jellinek:* O nein. Sie war ja noch ein Kind und hat aus Eitelkeit oft erzählt, daß Herren sie angesprochen haben, auch wenn keine Spur davon war.

Von Heidt (zur Zeugin Marie Blaha): Haben Sie den Namen Stukart je gehört? – *Blaha:* Die Mizzi hat mir gesagt, daß sie drei Briefe vom Regierungsrat Stukart bekommen hat. Im letzten Brief war auch eine Theaterkarte drinnen, welche sie mir geben wollte. – *Von Heidt:* Haben Sie den Brief selbst gelesen oder gesehen? – *Blaha:* Ich hätte ihn beheben sollen. Ich war aber nicht angezogen, da hat die Mizzi ihn selbst geholt. – *Von Heidt:* Gekannt haben Sie Stukart aber nicht persönlich? Sie haben auch seine Unterschrift nicht selbst gesehen? – *Blaha:* Nein.

Nur das Couvert habe ich gesehen. Und die Mizzi hat mir von dem Brief, den sie behoben hat, gesagt, daß er vom Stukart ist. Das Couvert war rosafarbig.

Die Polizei-Agenten Alois Niederhuemer und Anton Powolny erklären beide, daß sie bei der Hausdurchsuchung in der Wohnung der Veiths keine Briefe Stukarts bemerkt hätten und damit auch nicht »eskamotiert« haben können.

Böhmer (zu Stukart): Herr Regierungsrat, halten Sie es für möglich, daß mit Ihrem Namen eine Mystifikation getrieben worden ist? Daß ein Dritter sich Ihren Namen beigelegt haben könnte? – *Stukart (in leidenschaftlicher Erregung):* Es *ist* möglich. Der Veith und seine Frau wissen sehr wohl, wer das getan hat.* – *Hofmokl (zu Anna Veith):* Ich beschwöre Sie beim Schatten Ihrer Tochter, sagen Sie es, wenn Sie wissen, wer den Namen des Regierungsrats Stukart mißbraucht hat. – *Anna Veith:* Ich weiß es nicht. Mir ist nur um meine arme Tochter leid.

Um 15 Uhr – die Verhandlung ist um 13.30 Uhr unterbrochen worden – ersucht Hofmokl noch vor der Fortsetzung des Beweisverfahrens um das Wort: Er halte es für seine »Mannespflicht, mit Rücksicht auf die Ergebnisse des Beweisverfahrens, insbesondere die beeidete Aussage des Regierungsrats Stukart, loyal zu erklären, daß seine Information und die aufgrund derselben vorgebrachten Behauptungen nicht auf Wahrheit beruhen«. Er sei inzwischen zu der Überzeugung gelangt, daß Anna Veith zwar nicht lüge, aber angelogen worden sei. Er wiederum habe ihr glauben müssen und habe ja bei der Verhandlung den Antrag gestellt, Stukart als Zeugen zu laden, um diesem Gelegenheit zu geben, den Verdacht auszuräumen. Er bedaure, daß er in Ausübung seiner Berufspflicht Stukart ein derartiges Unrecht zugefügt habe.**

* Von einem »in einem nachträglichen Schriftsatze« festgehaltenen Sachverhalt weiß allein die »Reichspost« (Nr. 388, 19.10.1908, S. 5) zu berichten: Am 22.7.1908 habe Dr. Saul Raffael Landau Stukart angerufen und diesem mitgeteilt, daß Frieda Strindberg-Uhl erzählt habe, Hofmokl besitze kompromittierende Briefe eines Herrn Stukart an Mizzi Veith und er werde damit bei der Verhandlung »Skandal machen«. Vor der Verhandlung habe ihr Hofmokl auch mitgeteilt, er wisse, daß der im Tagebuch der Comtesse Mizzi verzeichnete »Stukart« mit dem Regierungsrat nicht identisch sei, auch seinen Namen anders schreibe, nämlich »Stuckard«. – Landau und Strindberg-Uhl waren als Zeugen geladen, brauchten aber nach der Ehrenerklärung für Stukart nicht mehr auszusagen.

** Die Möglichkeit, auf zeit- und milieuüblichem Weg Genugtuung zu erlangen, hatte Hofmokl seinem Kontrahenten am 4.8.1908 per Telegramm nach Madonna di Campiglio, wo Stukart urlaubte, eingeräumt: »Ich entnehme den heutigen

Heinrich Böhmer erklärt im Anschluß, auch er sei »vollkommen überzeugt, daß von einer intimen oder auch nur von einer näheren Beziehung des Anklägers zur Mizzi Veith keine Rede« sein könne. Er habe von vornherein für seine Mandantin nur den guten Glauben geltend gemacht und den Standpunkt vertreten, daß diese alles, was sie vorgebracht hat, in gutem Glauben vorgebracht habe.

Woraufhin Richard Preßburger das Wort erbittet und nach seinem »Schlußantrag«, in dem er noch einmal auf die zehn Wochen währende Pein abhebt, die sein Mandant, der »schwerbetroffene«, »schwergeprüfte«, »schwergekränkte« Chef des Sicherheits-Bureaus, durchlitten habe, von der Anklage zurücktritt – »Rachsucht war nicht unser Motiv« – und Ober-Landes-Gerichts-Rat von Heidt den Freispruch beider Angeklagten verkündet und die Verhandlung für geschlossen erklärt.

Fazit der »Kronen-Zeitung«, die den »Edelmut des Angegriffenen« hervorstreicht, der den Angeklagten eine Verurteilung erspart habe: »Wie man es im Interesse der Öffentlichkeit, im Interesse des Ansehens unserer Sicherheitsbehörde erhofft, ja man darf mit Recht sagen, *erwartet* hat, ist es eingetroffen. Der Chef des Sicherheits-Bureaus Regierungsrat Moriz *Stukart* ist *ohne den geringsten Makel an seiner Ehre und an seinem Amtscharakter* aus diesem schimpflichen Prozesse hervorgegangen, in den ihn die Prahlereien eines lügenhaften Mädchens, die Phantasie einer schwachsinnigen Mutter und nicht zuletzt das übersprudelnde Temperament eines allzu gläubigen Verteidigers hineingehetzt haben.«

Blättern, daß Sie mich wegen Ehrenbeleidigung belangen wollen. Sollte diese Nachricht auf Wahrheit beruhen, so ersuche ich Sie dringendst, in beiderseitigem Interesse diese Klage unverzüglich einbringen zu lassen, damit die persönliche Affäre vor dem neuerlichen Prozeß Veith, den ich nicht mehr zu führen gedenke, ausgetragen werden könne. Als Offizier stehe ich Ihnen selbstverständlich auch anderweitig gerne zur Verfügung« (Ostdeutsche Rundschau, Nr. 78, 6.8.1908, S. 5).

20.10.1908, Seitenstück 2: Der Vorstand des Sittenamts läßt sich gerichtlich bestätigen, daß er ein »Beamter von makelloser Ehre« ist

Am 20.10.1909 eröffnet Ober-Landes-Gerichts-Rat von Heidt am Strafbezirksgericht Josefstadt um 8.45 Uhr das Beweisverfahren im Ehrenbeleidigungsprozeß, den Polizei-Oberkommissär Baumgarten gegen Marcell Veith angestrengt hat. Als Vorstand des Bureaus für sittenpolizeiliche Agenden hat Baumgarten die Anzeige an die Staatsanwaltschaft erstattet, die zum Prozeß gegen das Ehepaar Veith führte. Am zweiten Verhandlungstag, am 31.8.1908, beantragte der Angeklagte Marcell Veith die Vernehmung Baumgartens sowie des Polizeikommissärs Dr. Hugo Glück, der die Verhaftung durchgeführt hatte, und erklärte, daß diese erfolgt sei, weil die Eltern von Theresianisten, die ins Haus der Eheleute Veith kamen, bei hohen Polizeifunktionären sich darüber beschwert hätten. Marcell Veith fuhr damals fort: »Meine Tochter erzählte mir auch, daß sie einst auf einem Maskenball war, wo sie sich mit Oberkommissär Dr. Baumgarten unterhielt. Dieser begleitete sie ins Café Europe u. machte ihr einen Antrag. Da sich meine Tochter weigerte, sagte er: ›Das werden Sie und Ihr Vater bitter bereuen. Es ist unklug und unvorsichtig von Ihnen. Mit Herren in meiner Stellung muß man sich auf guten Fuß stellen.‹ Der Zufall wollte es, daß Dr. Baumgarten die Verhaftung vorgenommen hat. Über diesen Umstand möchte ich eine Einvernahme wünschen.«

Zwar habe eine »strenge Untersuchung«, um die, wie in der Klagsschrift ausgeführt wird, Baumgarten seine vorgesetzte Behörde ersucht habe, inzwischen die »völlige Haltlosigkeit der gegen ihn vorgebrachten Anwürfe« erwiesen, des schwersten Vorwurfs, der gegen einen Polizeibeamten überhaupt erhoben werden könne. Er habe es jedoch ob der Publizität der gegen ihn erhobenen Angriffe nicht dabei bewenden lassen können und den Klagsweg beschreiten müssen, um den »lückenlosen Gegenbeweis für die Unwahrheit« von Veiths Angaben erbringen zu können.

Baumgarten führt aus, er sei bis 2.4.1906 dem Kommissariat Innere Stadt zugeteilt gewesen und in dieser Stellung mit der Inspektion der Vergnügungslokale des Bezirks betraut gewesen. Auf einem Maskenball in den Blumensälen hätten zwei »Frauenspersonen« – Leopoldine Jellinek und Marie Veith – versucht, sich an ihn heranzudrängen, was er sich »sofort in schroffer, ja unhöflicher Weise« verbeten habe. Nach dem Ball hätten ihn die beiden »Frauenspersonen« auf der Straße angesprochen und ihn eingeladen, in ihrer Wohnung einen Tee zu nehmen. Er habe »in grobem, nicht mißzuverstehendem Tone« erwidert, »sie sollten keine Witze machen und schauen, daß sie nach Hause kommen«. Seit seiner Versetzung ins Sicherheits-Bureau am 2.4.1906 habe er weder dienstlich noch privat einen Maskenball besucht, er sei auch weder der Leopoldine Jellinek noch der Marie Veith je wieder begegnet. Alle aus den Unterstellungen Marcell Veiths gezogenen Schlüsse auf die Gründe seines am 28.4.1908 erfolgten Einschreitens gegen die Familie Veith seien daher aus der Luft gegriffen, insbesondere auch die Insinuation Veiths, die Polizei sei auf Intervention von Theresianisten-Eltern tätig geworden.

Marcell Veith erklärt, er habe in gutem Glauben gehandelt. Er habe nicht einen Moment daran gezweifelt, daß das, was seine Tochter ihm gesagt habe, wahr sei. Die habe nicht nur einmal, sondern des öfteren von Baumgarten gesprochen und immer wieder »ihre Furcht vor diesem Herrn« geäußert – Furcht um ihn, Veith. Sie habe ihn vor Baumgarten gewarnt, davon gesprochen, daß Baumgarten sie hasse und verfolge. Die aufsehenerregende Verhaftung durch gleich drei Polizeibeamte habe ihn dann stutzig gemacht. Auch aus dem »Vorhabensbericht«, aus der »Note des Herrn Oberkommissärs an das Landes-Gericht«, in der die Rede davon sei, er habe sich bei den Einvernahmen verstellt und »Komödie« gespielt, habe er geschlossen, daß Baumgartens Vorgehen gegen ihn »von Gehässigkeit diktiert« gewesen sei. Deswegen habe er beim Prozeß die Zeugeneinvernahme von Baumgarten beantragt.

Heinrich Böhmer (Anwalt Marcell Veiths): Ich stehe auf dem Standpunkte, daß Veith bloß seinen guten Glauben zu beweisen hat, einen Wahrheitsbeweis will ich nicht antreten. Will der Herr Privatankläger hier seine Unschuld beweisen, so wünsche ich ihm alles Glück. – *Baumgarten (erregt aufspringend):* Ich lasse mich hier nicht von Ihnen verspotten! – *Böhmer:* Ich verwahre mich gegen den Ton. So groß sind Sie hier nicht. So groß ist ein Polizei-Oberkommissär noch nicht. – *Von Heidt:* Sie sind im Unrecht, Herr Doktor, denn der Ton war ein ironischer, und gegen den Ton hat sich der Privatankläger verwahrt. – *Böhmer:* Ich habe es nicht ironisch gemeint. Der Herr Privatankläger soll Beweise führen, wenn er sich rehabilitieren will. Wir wollen den Wahrheitsbeweis nicht, nur den Beweis, daß Veith im guten Glauben war.

Kaiserlicher Rat Dr. Franz Bathy, Inspektionsarzt, der bei allen Maskenbällen in den Blumensälen dienstlich tätig ist, erklärt ausdrücklich, daß Baumgarten sich Annäherungsversuchen der dort verkehrenden Mädchen gegenüber stets abweisend verhalten habe. Er sei auch nie mehr in den Blumensälen gewesen, seit er dienstlich dort nicht mehr zu tun hat.

Leopoldine Jellinek schildert, als Zeugin aufgerufen, die Szene in den Blumensälen: Wir waren in den Blumensälen, da habe ich zur Mizzi gesagt: »Mizzi, schau dir diesen Herrn an, das ist der Herr Doktor von der Sittenpolizei.« Mizzi hat darauf gesagt: »Stell mich ihm vor.« Ich habe erwidert: »Das ist nicht so leicht, du kannst dich ja selbst bekannt machen.« Darauf sind wir zu dem Tisch, bei dem mehrere Herren waren. Die Mizzi hat gesagt: »Herr Doktor, darf ich hier Platz nehmen?« Der Herr Doktor hat uns zwei galanteriehalber nicht wegschicken können, er hat gesagt: »Gut.« Er hat nicht einmal das gesagt, denn die Mizzi ist schon gesessen. Sie hat auch dann zum Herrn Doktor Baumgarten gesprochen, er hat ihr aber den Rücken gewendet, so daß sie mehr mit den anderen Herren gesprochen hat. Dann, später hat die Mizzi zu mir gesagt: »Du, Poldi, lad den Doktor Baumgarten morgen nachmittag zu einem Tee zu uns ein.« Ich wollte nicht und sagte: »Wenn du willst, schreib es auf, ich werde es ihm geben.« Das hab' ich auch getan. Doktor Baumgarten hat uns aber gesagt: »Schauts, daß weiterkommts!« – *Von Heidt:* Das war noch auf dem Maskenball? – *Jellinek:* Ja. Wir sind dann ins Café de l'Europe gegangen. Da sagte mir Mizzi: »Der Baumgarten ist auch da, beim Weggehn werden wir versuchen, ihn zu treffen.« Wir haben dann den Doktor in der Himmelpfortgasse angesprochen und wieder eingeladen. Er hat im Bösen wieder gesagt: »Schauts, daß weiterkommts!« Ich habe der Mizzi ja gesagt: »Du, Mizzi, ich kenn' den Doktor Baumgarten, er ist sehr streng.« Sie hat aber gesagt: »Er g'fallt mir halt.« Die Mizzi war in dieser Beziehung sehr gemütlich. – *Baumgarten:* Es wurde auch angedeutet, daß ich zur Jellinek in Beziehungen stehe. – *Jellinek:* Der Herr Doktor war zu mir immer sehr grob. Ich hab' es sogar als Beleidigung aufgefaßt. Wenn man gewöhnt ist, daß die Herren artig sind ... Ich hab' ihn ja auch oft gefragt: »Herr Doktor, warum sind Sie so schlecht aufgelegt?« Er war aber immer grob. Er hat höchstens dienstlich mit mir über die Damen gesprochen und sich nach ihnen erkundigt.

Als Zeuge erklärt Baumgarten, daß er im Jahr 1895 als Kommissär das Sittlichkeitsreferat in der Inneren Stadt übernommen und bei Lokalinspektionen auch Beobachtungen angestellt habe. So habe er im Nachtcafé Ronacher, wo er sich »behufs Inspektion« aufgehalten habe, ein junges Mädchen gesehen, die Mizzi Veith, und den Angeklagten und bemerkt, daß sie sich zugewinkt hätten. Er habe erfahren, daß der Mann der Vater sei, und habe Erhebungen pflegen lassen. Mit dem Ergebnis, daß er der festen Überzeugung gewesen sei, daß dieser Vater »sein eigenes Kind der Schande zuführte«, derart, daß er schon damals, im Jahre 1905, nahe daran gewesen sei, mit einer Verhaftung vorzugehen. Das Material sei jedoch nicht ausreichend gewesen. Der Angeklagte habe gesagt, es sei sonderbar, daß erst nach dreijähriger Beobachtung gegen ihn vorgegangen worden sei. Gerade bei solchen Delikten sei es oft nicht möglich, vorzugehen, selbst wenn es stadtbekannt sei, da die Beweise für die kriminelle Überführung eben nicht hinreichend seien. Zwischen »gesellschaftlicher Notorietät und gesetzlicher Begründung« sei »in solchen Angelegenheiten« ein großer Unterschied.

1906 sei er Vorstand einer Abteilung für Prostitutionswesen geworden. Deswegen sei die anonyme Anzeige gegen Veith vom 11.11.1907 bei ihm gelandet. Die ersten Erhebungen im Haus der Eheleute Veith seien ohne Ergebnis verlaufen. Das vom Polizei-Agenten Niederhuemer herbeigeschaffte »Material« sei ein »sehr bedenkliches« gewesen. Es seien nur die Aussagen von Bediensteten von Nachtlokalen und von Prostituierten vorgelegen, und solche Zeugen »pflegen vor Gericht zu versagen«. Veith sei dann jedoch in seinem Vorgehen unvorsichtig geworden, er habe auch Herrenbesuche in seiner Wohnung zugelassen. Es hätten sich auch andere Zeugen gefunden: der Hausbesorger, der Hausbesitzer, ein Fiaker. Er habe Dr. Glück die Anweisung gegeben, einzuschreiten, bei der Verhaftung der Familie Veith aber behutsam vorzugehen. Herr Veith sei von Dr. Glück einvernommen worden, ebenso die Marie Veith. Im ganzen Polizeiakt habe er keine einzige Zeile geschrieben, lediglich seine Unterschrift finde sich im Akt. Mit Prostituierten habe er sich keinerlei Scherze erlaubt, er habe bei diesen immer als »Wauwau« gegolten.

Polizeikommissär Dr. Hugo Glück wird in den Saal gerufen. Bei seinem Eintritt springt Marcell Veith auf und ruft: »Das ist der Herr, der mich vernommen hat und den ich für den Oberkommissär Doktor Baumgarten gehalten habe, weil er unterschrieben war.« – *Böhmer:* Die Vorladung war vom Vorstand, Oberkommissär Doktor Baumgarten, unterschrieben. – *Glück:* Die ganzen Erhebungen gegen Marcell Veith waren in meiner Hand, und ich habe, nachdem ich meinem Chef, Oberkommissär Doktor Baumgarten, Bericht erstattet hatte, die Verhaftung des Veith angeordnet.

Über Antrag Böhmers wird nun Anna Veith als Zeugin vernommen. Von Heidt macht sie darauf aufmerksam, daß sie sich als Gattin des Angeklagten der Aussage entschlagen könne. – *Anna Veith:* Ich will aussagen, was ich von meiner Tochter weiß. – *Von Heidt:* Was hat Ihnen Ihre Tochter über den Oberkommissär Doktor Baumgarten gesagt? – *Anna Veith:* Sie hat mir gesagt, daß der Baumgarten ihr unsittliche Anträge gestellt hat und daß er durch Jahre mit der Jellinek ein unsittliches Verhältnis gehabt hat. Er wollte auch meine Tochter zu einem unsittlichen Verhältnis bewegen. – *Von Heidt:* Wie ist es dazu gekommen, daß die Tochter Ihnen das erzählt hat? – *Anna Veith:* Die Tochter hat es oft bei Tische erzählt. – *Von Heidt:* Haben Sie den Doktor Baumgarten früher gesehen? – *Anna Veith:* Früher nicht, erst bei der Verhaftung. Dem Namen nach habe ich ihn von meiner Tochter früher gekannt. Er hat mich bei der Verhaftung nicht vernommen, sonst hätte ich ihm schon damals seine Schandtaten ins Gesicht gesagt. – *Böhmer:* Hat Ihre Tochter etwas von dem Verkehr mit anderen hochstehenden Personen gesagt? – *Von Heidt:* Antworten Sie darauf, Sie brauchen aber keine Namen zu sagen. – *Anna Veith:* Sie hat auch von anderen hohen Personen gesprochen.

Edmund Benedikt, der Anwalt Baumgartens, stellt den Antrag, die Zeugin Jellinek noch einmal vorzurufen und mit Frau Veith zu konfrontieren. Jellinek tritt vor und erklärt unter Eid, daß sie nie ein Verhältnis mit Baumgarten gehabt habe und der Mizzi Veith auch nie von einem Verhältnis erzählt habe. – *Benedikt:* Haben Sie vielleicht mit einem Verhältnis mit Doktor Baumgarten geprahlt? – *Jellinek:* Niemals! Die Mizzi wollte mit Doktor Baumgarten in Verkehr treten, damit sie vor der Polizei sicher ist. – *Böhmer:* Haben Sie vielleicht auch die Idee gehabt, mit Doktor Baumgarten ein Verhältnis anzufangen? – *Jellinek:* Nein, zu einer solchen Idee bin ich zu alt und zu erfahren. – *Böhmer (zu Jellinek):* Entweder hat die Mizzi Veith gelogen oder die Anna Veith. – *Jellinek:* Die Mizzi hat gelogen.

Auf die Plädoyers der beiden Anwälte, Benedikts und Böhmers, hin verkündet Ober-Landes-Gerichts-Rat von Heidt das Urteil: Marcell Veith wird der Übertretung der Ehrenbeleidigung schuldig erkannt und nach Paragraph 493 zu sechs Wochen Arrest verurteilt. Das Beweisverfahren habe ergeben, daß die Vorwürfe gegen den Kläger vollständig unberechtigt gewesen seien. Es bestehe auch nicht der Schatten eines Verdachts. Der Schuldspruch sei erfolgt, weil der gute Glauben dem Angeklagten nicht zugebilligt werden könne. Der Hauptgrund, warum das Gericht die *bona fides* des Angeklagten für ausgeschlossen halte, sei, daß in den Beschuldigungen System und Methode gelegen sei; daß die Beschuldigungen gegen die Behörden einzig und allein vorgebracht wurden, um womöglich aus dem Aufrühren dieser Fragen Kapital zu schlagen.

Fazit der »Kronen-Zeitung«: »Es mag dem Oberkommissär Baumgarten nicht leicht gewesen sein, sich im Gerichtssaal als Prozeßgegner einem Marcell Veith entgegenzustellen. Aber er war durch die heimtückischen Angriffe des letzteren hiezu gezwungen. Kein Mensch hat auch nur einen Moment an dem Ausgange dieses Ehrenbeleidigungsprozesses gezweifelt. Rein, ohne Flecken an seiner Ehre, ist Oberkommissär Baumgarten aus der Verhandlung hervorgegangen, und niemand kann ihm das Zeugnis versagen, daß er, der Chef des Sittenamtes, ein pflichtgetreuer, gewissenhafter Beamter und ein Mann von makelloser Ehre ist.

Marcell Veith wurde zu *sechs Wochen Arrests* verurteilt. Mag gerade ihn die Strafe nicht sehr schwer treffen, so wird sie ihn wenigstens lehren, die Ehre anständiger Menschen künftighin höher zu schätzen als seine eigene.

Und damit sind die Akten über Marcell und Anna Veith geschlossen. Hoffentlich für immer – – –«

Das kleinformatige Krawallblatt »Der Blitz«, das den Veith-Prozess als »Justizskandal« bezeichnet hatte, in dem der »feudale Vorsitzende als Richter [...] im Gerichtssaal eine Rettungsgesellschaft für Standesgenossen und deren Werkzeuge etabliert« habe, rollt im Dezember 1909 das Verfahren noch einmal auf. Nicht aus »Sensationssucht«, wie eine redaktionelle Vorbemerkung in der Ausgabe vom 17.12. versichert, sondern weil man nach Studium der Prozeßakten nur zu dem Schluß kommen könne, daß hier »krasses Unrecht« gesprochen worden sei.[1] Es räumt Marcell Veith, den es anläßlich des Prozesses noch als »widerlichen Kerl«, »Großstadtsumpfpflanze«, »Schuft« und »ausgewachsenes Exemplar eines Haderlumpen« bezeichnet hatte,[2] die Gelegenheit ein, »nach 19 langen und bangen Monaten endlich« an die Öffentlichkeit zu treten, um über seinen »Fall« aufzuklären: über das »Kesseltreiben«, das von den Zeitungen schon vor dem Prozeß gegen ihn inszeniert worden sei; über die Prozeßberichte, die die Verhandlung »vollkommen entstellt wiedergegeben« hätten; über die Parteilichkeit von Staatsanwalt und Gerichtshof, die allein aus Furcht, die von ihm in diesen Belangen nominierten Zeugen könnten seine Unschuld erweisen, von Anklagepunkten zurückgetreten seien; über das »Gewalturteil«, das über ihn gefällt worden sei, weil er einfach verurteilt habe werden *müssen* – um die »Polizei vor einer furchtbaren Blamage« zu bewahren und weil »die absichtlich durch falsche Berichte irregeführte und aufgeregte Meinung ein Opfer« geheischt habe.

In der nächsten Nummer – nunmehr kommt das Wochenblatt größerformatig und damit »in ernsterem, würdigerem Gewand« daher – zunächst wieder eine Klarstellung der Redaktion, es sei ihr bei der »Wiederaufrollung des Veith-Prozesses ausschließlich darum zu tun, zu zeigen, mit welchen Mitteln Polizei und Gerichte bei uns arbeiten, wenn es gilt, eine mißliebig gewordene Person ins Loch zu kriegen« – ganz gemäß dem auf der Titelseite wie auf einem Panier affichierten Programm, »ein mächtiges Bollwerk gegen Korruption, Niedertracht und Unrecht« sein zu wollen.

Dann wird Veith das Wort überlassen, auf daß er die »Gewaltakte« schildere, zu denen das Gericht sich »hergegeben« habe. Der Tatbestand des »Unterschleifgebens«, in den der Staatsanwalt die Anklage »hinterlistiger Weise« im letzten Moment umgewandelt habe, indem er ihm unterstellte, er habe seiner Tochter »Schutz« angedeihen lassen, sei so schwammig, daß zu einer Verurteilung schon die »Überzeugung«

des Gerichts hingereicht habe, er habe von der Prostitution seiner Tochter gewußt. Und vollends unhaltbar sei der Vorwurf gewesen, er habe vom Verdienst seiner Tochter seinen Lebensunterhalt bestritten. Aus den Kassabüchern, die dem Gericht vorlagen, gehe klar hervor, daß deren Ausgaben immer bei weitem höher gewesen seien als die Einnahmen, aber davor habe der Gerichtshof auf »gewaltsame und ungerechte Weise« die Augen verschlossen, weil er ihn »um jeden Preis verurteilen wollte und mußte«.[3]

Von der nächsten Nummer des »Blitz«, jener vom 31.12.1909, ist drei Stunden nach Auslieferung in keiner Wiener Trafik mehr ein Exemplar zu bekommen. Sie enthält das »Kassenbuch der Mizzi Veith«, soll heißen ihre Kundenliste: durchwegs Herren der besseren und der besten Wiener Gesellschaft. Zweck der Aktion, so Marcell Veith, sei »einzig und allein [...], diese Herren zu Zeugen dafür anzurufen, daß sie die Geldbeträge meiner Tochter keineswegs für Leistung eines normalen oder perversen geschlechtlichen Verkehrs, sondern einzig und allein für Gesellschaftsleistung gaben«. Die Veröffentlichung der Namen sei »nicht einmal eine Indiskretion von [s]einer Seite, da sich die genannten Herren ungeniert in öffentlichen, jedermann zugänglichen Lokalen mit [s]einer Tochter zeigten, also gar kein Geheimnis aus ihrem Verkehr mit dieser machten«. Damit falle auch die »Ausrede des Gerichtes«, daß die von ihm als Entlastungszeugen angeführten Herren »aus Schonung für ihre Person nicht vorgeladen wurden, in nichts zusammen, denn was sollte es Herren genieren auszusagen, die sich mit [s]einer Tochter in der Öffentlichkeit, beim Rennen, in Theatern und Vergnügungsetablissements zeigten«? Die Ladung der von ihm nominierten Zeugen sei lediglich deshalb verweigert worden, »weil man genau wußte, daß sie alle in jeder Hinsicht für [ihn] günstig aussagen würden, was eben um jeden Preis vermieden werden mußte«.[4]

Die im »Blitz« veröffentlichte Liste der Kunden Marie Veiths ist so gut wie identisch mit jener der Zeugen, die Marcell Veith zur Gerichtsverhandlung geladen haben wollte. Es fehlen nur drei Namen: Die Nummern 1 (Russe »Ali«), 31 »Karl« und 104 (Victor Widakowich). Diskret nur mit Initialen scheinen sieben »Herren« auf, die auf der Zeugenliste mit vollem Namen und unter Angabe der Adresse stehen: die Nummern 26 (Adalbert Graf Sternberg – A.St.), 27 (Eugen Müller – E.M.), 42 (Bob Adams – B.A.), 94 (Hurtable – H.I.), 113 (Erwin Graf Schlick – E.S.), 124 (Heim – H.), 207 (Birkenruth – B.). Weniger explizit scheinen auch Nummer 99: »Mr. Belamy Storer, Amerikanischer Botschafter, Wien« als »Belamy, Amerika«, Nummer 168: Ferdinand Juhl als »Ferdinand« sowie Nummer 165: Gustav Weigand als »Weigand« auf.

Auf Seite 8 der Nr. 69 des »Blitz« vom 8.1.1910 ein gesetztes Eigeninserat:

Zahlreichen Anfragen entnehmen wir,
daß die **vorige Nummer 68,**
in welcher das

Kassenbuch der Mizzi Veith

abgedruckt war, im Verschleiß nicht
mehr zu haben ist. – Da auch die
Nummer bei uns vergriffen ist, veranstalten wir eine

Neu[au]flage.

Diese wird ab Montag, den 10. Jänner
in unserer Administration, Wien, VII.,
Ulrichsplatz 4, zu haben sein.

»*Auf Verlangen vieler unserer Leser*, welche die Nummer 68 in den Trafiken nicht mehr erhielten«, bringt der »Blitz« die Liste in Nr. 70 vom 15.1.1910 erneut zum Abdruck – Adalbert Graf Sternberg, der in Nr. 68 nur mit den Initialen »A. St.« angeführt war, wird hier mit vollem Namen genannt –, gefolgt von einem *»äußerst interessanten Dokument«*: der »genauen Aufstellung der Jahres-Einnahmen und -Ausgaben der Mizzi Veith«. Der Auszug aus den Kassabüchern führt nach Jahr und Monat von 1.5.1904 bis 22.4.1908 die »Einnahmen der Mizzi in Gulden« – aufgeschlüsselt in »Ausgaben der Mizzi für ihre eigene Person« (»Regie-Auslagen«, »Wäsche, Hüte, Handschuhe u. div. Toil.-Einkäufe«, »Unterhaltung«, »Wagen«, »Kleider«, »Schuhe«, »Bares Geld«, »Doktor, Apotheke und Diverses«, »Möbel«), »Gemeinsame Auslagen« (»Kostgeld«, »Hauswesen«, »Zins«), »Ausgaben der Eltern« (»Vater«, »Mutter«) sowie »Gesamt-Ausgaben der ganzen Familie« auf.[5]

In Nr. 73 kommt Marcell Veith auf seinen Prozeß mit Polizei-Oberkommissär Baumgarten zu sprechen. Er habe sich das »brutale Einschreiten« gegen ihn nur dadurch erklären können, daß Baumgarten damit die Drohung wahr gemacht habe, die er seiner Tochter gegenüber ausgesprochen habe, nachdem diese seine Annäherungsversuche zurückgewiesen habe, wie Marie wiederholt nicht nur ihm, sondern auch seiner Frau – die das vor Gericht unter Eid bestätigt habe – erzählt habe. Er sei nämlich bereits im Dezember 1905 auf eine anonyme Anzeige hin von der Polizei vorgeladen worden. Diese Anzeige habe beinah denselben Wortlaut gehabt wie jene vom 11.11.1907. Er habe sich damals auf dem Kommissariat auf dieselbe Art und Weise verantwortet wie bei seiner Verhaftung. Damals habe ihm die Polizei weder gesagt, daß das, was er tue, strafbar sei, noch, daß seine Tochter sich »auf Abwegen« befinde. Mit der Entgegennahme seiner Aussage sei die Sache damals erledigt gewesen.

Baumgarten habe sich dahin gerechtfertigt, daß er vordem nicht gegen ihn, Veith, habe einschreiten können, weil er keine Beweise gegen ihn gehabt habe. Wie habe er »als Vater« denn annehmen können, »daß ein so hoher Polizeifunktionär, wie Dr. Baumgarten einer ist, so unfähig oder so gewissenlos sein kann, daß er [s]ein Kind durch vier Jahre ruhig Prostitution treiben, sie immer tiefer und tiefer sinken läßt, nur weil er auf Beweise wartet, um [ihn] vielleicht einmal der Kuppelei anklagen zu können«?! Wie habe er denn annehmen können, daß es Baumgarten wichtiger war, »den Vater der Kuppelei überführen zu können, als die Tochter von diesem Leben zu retten«?!

Baumgarten habe behauptet, erst als er, Veith, so unvorsichtig geworden sei, Herrenbesuche in seiner Wohnung zuzulassen, sei es ihm möglich gewesen, einzuschreiten. Er habe es allerdings nicht der Mühe wert gefunden, auch nur einen dieser Herren über den »Zweck« der Besuche zu vernehmen. Die böswillige Anschuldigung des Hausbesorgers habe Baumgarten vollauf genügt, um »in dieser brutalen Weise vorzugehen«. »Wenn so ein Beamter, nur auf die Überzeugung eines Hausbesorgers hin, in dieser Art vorgeht, gleich eine ganze Familie verhaftet, Hausdurchsuchungen vornimmt, wonach dann vieles verschwindet, was manchem unangenehm hätte werden können«, könne man doch ihm, Veith, »gewiß den guten Glauben an die Worte [s]einer Tochter nicht absprechen«. Er habe sich doch »eine Erklärung für dieses ungerechtfertigte, brutale Vorgehen des Dr. Baumgarten zurechtlegen« müssen, und er habe es sich eben nur mit der von seiner Tochter erzählten Konfrontation erklären können.

Baumgarten habe aber mit der Anschuldigung des Hausbesorgers kein Glück gehabt, sei doch der Staatsanwalt von diesem Anklagepunkt zurückgetreten. Somit sei das Einschreiten der Polizei »ganz grundlos« gewesen, »und grundlos« habe Baumgarten seine Tochter »in den Tod gejagt, grundlos die Schmach und Schande über [ihn] und [s]eine Familie gebracht«. »Aber um nun die Polizei vor einer solchen Blamage zu retten, wurden erst dann alle Hebel in Bewegung gesetzt und Zeugen gesucht, aber nur solche, die von der Polizei abhängig waren, um [ihn] doch auch umbringen zu können. Der Tod [s]einer Tochter hat dem Menschen nicht genügt. Auch [er] mußte vernichtet werden, einzig und allein, damit [Baumgarten] nicht blamiert dastehe und in seiner Karriere vielleicht Schaden erleidet«, so Veith, der abschließend »hier ganz offen« fragt: »Wer ist in dieser Affäre der Unsympathischere? Dr. Baumgarten oder ich?«[6]

In Nummer 69 vom 8.1.1910 auf Seite 3 ein 9 × 14 Zentimeter messendes gesetztes Inserat, ein Kupon:

> Wir machen unsere Leser aufmerksam, daß
> in unserem Verlage das
>
> **»Tagebuch der Mizzi Veith«**
>
> erscheint. Dieses »Tagebuch« zeigt aus eigener
> Anschauung in naturgetreuer Weise das Leben
> und Treiben in der Welt, in der man sich nicht langweilt.
>
> In Anbetracht der intimen, nicht für die
> große Öffentlichkeit berechneten Darstellung, erscheint das »Tagebuch« nur in einer *beschränkten Anzahl numerierter Exemplare* und es ist *nur im Subskriptionswege* erhältlich. Der Preis beträgt K 5,–
> nebst 50 Heller Zustellungsgebühr.
>
> Wer von unseren Lesern das Buch wünscht,
> muß es in nachfolgender Weise bestellen:
> An die Administration des »Blitz«, Wien
> VII/2, St. Ulrichsplatz 4.
>
> Ich bestelle das in Ihrem Verlage erscheinende »Tagebuch der Mizzi Veith und verpflichte mich, dem Überbringer den hiefür entfallenden Betrag von K 5,50 zu bezahlen. Ich erkläre, an darin befindlichen Darstellungen von Vorgängen und Milieuschilderungen in keinem Falle sittlichen Anstoß zu nehmen, und verpflichte mich, das Buch nur zu meinem eigenen Gebrauch zu verwenden.

Der nämliche Subskriptionskupon in Nr. 70 vom 15.1.1910 sowie, zuletzt, in Nr. 75 vom 19.2.1910.

Im Dezember 1908 hatte der »Blitz« anläßlich des im Budapester Erotika-Verlag G. Grimm erschienenen »Authentischen Tagebuchs der Komtesse Mizzi Veith«[7] noch gehöhnt: »Es sind doch mehr Menschen darauf hineingefallen, als man in Wien Dummköpfe vermuten sollte. [...] Muß es denn wirklich erst gesagt werden, daß dieses ›Tagebuch‹ *nichts anderes als spekulative Mache und keine Zeile darinnen von der Hand der Mizzi Veith* ist.« Das echte Tagebuch könne übrigens, »nebenbei bemerkt, mit seinen jeglicher Sensation baren Aufzählungen von Spaziergängen, Wagenfahrten und Theaterbesuchen gar kein Interesse erzeugen«.[8] Die Vehemenz der Abkanzelung deutet indes in eine andere Richtung als in die der Verpflichtung zur Wahrheit: Angst vor Geschäftsstörung nämlich. Denn das 124seitige, mit einer Serie von frivolen Fotos aufgemotzte »Mizzianum« ist keineswegs, wie's auf den ersten Blick scheinen mag, ein aus Gerichtssaalberichten rasch zusammengestoppeltes Machwerk. Ein Teil der darin abgedruckten Briefe und Tagebuch-Einträge ist zwar bei der Hauptverhandlung verlesen worden, die erwähnten Daten und Ereignisse sowie die nur verklausuliert genannten, aber anhand der Kundenliste eindeutig identifizierbaren »Herren« lassen nur einen Schluß zu: Den Kompilatoren des »Authentischen Tagebuchs« lagen die dem Gerichtsakt beigeschlossenen Kassabücher und das Tagebuch Marie Veiths zumindest in Auszügen vor. Recht behält der »Blitz« allerdings mit seiner jegliche voyeuristische Vorlust arg dämpfenden Charakterisierung des »echten Tagebuchs«.

Es dürfte Veith ohnehin nicht gelungen sein, des Tagebuchs seiner Tochter habhaft zu werden. Auf einem »Abfuhr-Schein« vom 30.4.1908 über Gegenstände, die zur Verwahrung ins Depositenamt des k.k. Landes-Gerichts übernommen wurden, scheinen neben »Briefschaften und Korrespondenzen dem Marcel röm. Grafen Veith gehörend« auch »ein Tagebuch, 20 Stück obscöne Fotografien und Korrespondenzen der Comtesse Mitzi Veith gehörend« auf.

Ein mit 1.8.1908 datierter »Erlag-Schein« des Filial-Depositenamts des k.k. Landes-Gerichts in Strafsachen Wien führt unter »neu zu eröffnender Masse des Marcell Graf von Veith zum Behufe der Aufbewahrung« neben Briefen Leopoldine Jellineks und »20 Stück obscönen Fotografien aus dem Besitze der Mizzi Veith« unter anderem die Posten: »Tagebuch der Mizzi Veith« und »Cassabücher des Marzell Veith Nr. I, II, III, IV, V«, beide mit der handschriftlichen Notiz versehen: »Zum Akt 5.11.08«.

Am 20.11.1909 ersuchen Marcell Veith und Anna Veith, V., Vogelsanggasse 35, II. Stock, Tür 22, das k.k. Landes-Gericht in Strafsachen Wien schriftlich »um Ausfolgung »1. sämtlicher Briefe und Papiere von Marcell Veith, 2. sämtlicher Briefe [ihrer] Tochter, 3. des Tagebuches [ihrer] Tochter, 4. der von Marcell Veith geführten Cassabücher, 5. der vom Gerichte confiscirten Briefe des Gatten an die Gattin«. Das Gericht weist dieses Begehren am 24.11. zurück. Es teilt die Auffassung der k.k. Staatsanwaltschaft: Die fraglichen Gegenstände seien »für die Zwecke einer etwaigen Wiederaufnahme des Strafverfahrens von Bedeutung« und daher »im Sinne des § 126 Strafgerichtsinstruktion« weiter aufzubewahren.

In einem siebenseitigen Brief, von Anna Veith unterzeichnet, aber zweifelsfrei von Marcell Veith verfaßt, wird am 2.12.1909 gegen diesen Beschluß Beschwerde erhoben. Das k.k. Landes-Gericht sei »in keiner Weise befugt [...], ihr *als Partei* gehörende Gegenstände zurückzubehalten«. Es sei allenfalls berechtigt, Gegenstände zurückzubehalten, die dem Verurteilten gehören. Und sie, Anna Veith, sei in dem Verfahren nun einmal nur Partei gewesen und zudem, da ihr Mann bei der Verlassenschaftsabhandlung auf sein Erbrecht verzichtet habe, alleinige Erbin nach ihrer Tochter und daher alleinige Eigentümerin aller von ihrer Tochter herrührenden Gegenstände. Für eine etwaige Wiederaufnahme des Verfahrens könne das k.k. Landes-Gericht ja beglaubigte Abschriften von Brief- und Tagebuchstellen anfertigen lassen, die es als Beweise benötige. Es bestehe aber kein Grund, »die *gesamte* Correspondenz und *alle* Papiere und *das ganze* Tagebuch [ihres] Kindes für *ewige* Zeiten zu confiscieren und [ihr] auf diese Art einer Mutter so teure Andenken an ihr einziges Kind so unbefugt vorzuenthalten«. Sie bringe daher eine Beschwerde beim k.k. Ober-Landes-Gericht Wien ein.

Das Ober-Landes-Gericht weist die Beschwerde »unter Hinweis auf die erstgerichtlichen Gründe« am 7.12.1909 zurück.

Am 18.2.1910 stellt Marcell Veith neuerlich ein geharnischtes Gesuch um »Ausfolgung sämtlicher [ihm] gehörender Schriften, wie Cassabücher, Zeugnisse, Rechnungen, Briefe etc.«, da er »alle diese Gegenstände resp. Schriften zu [s]einem Fortkommen unbedingt nötig« habe. Er benötige nicht nur sein Maturitätszeugnis, sondern insbesondere auch die Kassabücher, »um [s]ich gegen Klagen wehren zu können«. Er werde das k.k. Landes-Gericht für den ihm aus der Zurückbehaltung der angesprochenen Sachen erwachsenen Schaden haftbar machen und Ersatzansprüche geltend machen. Für den Fall, daß sein Ansuchen wieder abschlägig beschieden werden sollte, ersucht er um »die Bewilligung zur Einsichtnahme und Abschriftnahme dieser Schriften«.

Die k.k. Staatsanwaltschaft beharrt auf ihrem Standpunkt. Eine mit 4.3.1910 datierte handschriftliche Notiz auf dem Gesuch Veiths räumt allerdings ein: »Gegen die Einsicht und Abschrift läßt sich wohl kein prozessuales Bedenken geltend machen.« Gibt aber zu bedenken: »Immerhin muß auf die Publikationen im ›Blitz‹ hingewiesen werden, welche zeigen, welchen Gebrauch Veith von dem Nachlasse seiner Tochter macht und wie derselbe zu ›seinem Fortkommen‹ dienen soll.«

Am 22.4.1910 gibt das k.k. Landes-Gericht in Strafsachen Wien dem Begehren Marcell Veiths teilweise statt. »Die Erfolglassung von gerichtlichen Erledigungen, Personaldokumenten (Maturitäts-Gymnasial-Zeugnis, Zeugnis des k.k. Exekutionsgerichts und der k.k. österr. Staatsbahnen über die Verwendung des Antragstellers [...] u. Drucksachen« wird bewilligt, nicht jedoch die Ausfolgung »der übrigen Dokumente, wie Briefe, Rechnungen, Cassabücher u. dgl.«. Über die »Einsichtnahme resp. Abschriftnahme von den h.g. verbleibenden Schriften wird nach Dartuung des Zweckes u. Interesses« entschieden werden.

Mit seiner Unterschrift auf dem »Rückschein« bestätigt Marcell Veith am 25.4.1910 die Entgegennahme der »durch das beeidete Bestellorgan Frodl Johann« zugestellten Sachen.

Stefan Grossmann – »ein Jüngel der ›Arbeiter-Zeitung‹«, wie der »Blitz« vergrätzt bemerkt[9] – erinnert am 9.1.1910 im »Berliner Tageblatt« an die clamorose Causa, kommentiert süffisant deren Nachwehen und die verschiedentlichen Versuche, Kapital daraus zu schlagen: »Nun hat der aus der Haft entlassene Graf Veith fürchterliche Rache genommen. Sein Töchterchen hatte gewissenhaft ihre Geschäftsbücher geführt. Wer an ihrem Tisch im Café de l'Europe Platz nehmen wollte, mußte sich vorstellen lassen. Für dieses Geplauder mit der fünfzehnjährigen Komtesse bestand eine Taxe, Tarif *A*, es gab aber auch, meinte das Gericht, einen Tarif *B*. Nun hat der alte Veith in seiner Beschäftigungslosigkeit, in seinem Ingrimm über die Welt, die ihn verurteilte, in einem Wiener Käseblättchen das Kassabuch der Komtesse Mizzi veröffentlicht, das die vollen Namen ihrer Cafétischgenossen enthält. Aristokraten, Theresianisten, hohe Richter, Advokaten, Mäzene und sogar zwei Wiener *Staatsanwälte* stehen in der langen Liste. Das sonst gar nicht gelesene Blättchen war in drei Stunden in allen Wiener Trafiken ausverkauft! Jeder wollte die Liste durchgesehen haben. Versteht sich, daß das Verzeichnis nicht vollständig ist. Mancher Tropf atmete befreit auf, als er sich diesmal ›unter den Anwesenden‹ nicht aufgezählt fand. Die arme, kleine Komtesse war vor drei Jahren in Mode. Nun nährt sie noch nach ihrem Tode den edlen Herrn Vater, der das Kassabuch hoffentlich nicht honorarlos veröffentlicht hat. Abgesehen von ihrem Veranstalter ist diese Posse aber wirklich amüsant. Es strahlen so viele herzensreine, würdevolle, von Amts wegen zur deutschen Sittlichkeit verpflichtete Namen aus dem Kassabuch der Mizzi Veith ...«[10]

Offenbar ging es Veith nicht nur um Zeilen-Honorar. Eine am 26.1.1910 vor dem Bezirksgericht Josefstadt verhandelte Ehrenbeleidigungssache deutet darauf hin, daß Veith sich von der Veröffentlichung resp. deren Androhung mehr erwartet hatte. Ein Redakteur, des »Blitz«, Gustav Leitner, stieß sich daran, daß man Veith beim Versuch, sich weißzuwaschen, Handlangerdienste leistete. In einem Brief an den Herausgeber, Alexander Schmitz, sprach Leitner Veith dessen lauthals vorgetragene hehre Motive ab. Der »Lump und Gauner« sei vielmehr dabei, Herren »anzupumpen«, denen es unangenehm wäre, erführe die Öffentlichkeit, daß sie mit Veiths Tochter verkehrt haben. Als Veith am 17.12.1909 zur Korrektur von Bürstenabzügen die Redaktionsräumlichkeiten aufsucht, eröffnet ihm Schmitz diesen Vorwurf. Daraufhin strengt Veith, der versichert, es gehe ihm einzig und allein darum, nachzuweisen, daß er zu Unrecht verurteilt worden sei, eine Klage auf Ehrenbeleidigung an. Vor Gericht bietet Leitner einen umfänglichen Wahrheitsbeweis an – inklusive einer Liste all jener Herren, bei denen Veith bereits um Schweigegeld vorstellig geworden sei. Zur Erbringung dieses Wahrheitsbeweises wird die Verhandlung vertagt – und nicht wiederaufgenommen.

Anhang

Was wurde aus …

… Anna Veith (28.4.1861 – ???)
Bei der am 1.6.1908 vor dem Bezirksgericht Wieden errichteten »Todfallsaufnahme« ihrer Tochter – in der Rubrik »Vor- und Zuname des Erblassers« ist »Veith Maria« verbessert in »Marie (päpstliche) Comtesse Veith« – gibt »Anna Gräfin Veith« (so ihre eigenhändige Unterschrift) an, es sei kein Nachlaßvermögen vorhanden.[11]

Ein ergänzendes Tagsatzungsprotokoll vom 9.7.1908 hält fest: Anna Veith, Private in Wien V, Zentagasse 22, hat ein Sparkassabuch mit einem Saldo von 250 Kronen eingelöst. Ob dieses auf den Namen ihres Mannes oder den ihrer Tochter lautete und von wem das Geld eingelegt wurde, wisse sie nicht. Es sei jedenfalls für die Bezahlung des Mai-Zinses bestimmt gewesen, wofür der ausgezahlte Betrag auch verwendet worden sei. Um 450 Kronen habe sie Einrichtungsgegenstände verkauft, die mit Ausnahme eines Betts und eines Nachtkastels ihr Eigentum gewesen seien. Nicht näher bezeichnete »Fahrnisse«, die ihre Tochter zwar bestellt, aber noch nicht bezahlt habe, habe sie um 200 Kronen verkauft, um die offenen Rechnungen zu bezahlen. An Kleidung und Wäsche sowie Schmucksachen sei kaum noch etwas vorhanden; sie habe beinah alles verkauft, um mit dem Erlös die Schulden ihrer Tochter zu begleichen. Es sei also nach ihrer Tochter kein Nachlaßvermögen vorhanden und somit »die Verlassenschaft armutshalber abzutun«, weshalb sie auch »keine Erbserklärung« abgebe.

Am 25.10.1910 wird Hof- und Gerichtsadvokat Dr. Theodor Müller zum »unentgeldlichen Vertreter der Frau Anna Veith, Private in Wien V, Vogelsanggasse 35«, bestellt, und zwar »als Klägerin wider Marcell Veith, ebendort, als Beklagten, wegen Zahlung des Heiratsgutes, Leistung von Alimenten per 40 K. – monatlich, sowie zum Zwecke der Einbringung der Klage wegen Scheidung von Tisch und Bett«. Da einer der Scheidungsgründe »das Verhalten des Marcell Veith gegenüber der Tochter der Frau Anna Veith ist«, ersucht Müller am 12.11.1910 das k.k. Landes-Gericht in Strafsachen Wien um Einsicht in den Strafakt. Auf der dem Antrag beiliegenden Vollmacht Anna Veiths für Müller der handschriftliche Vermerk »Armenrecht«. Einer Zeitungsmeldung zufolge spricht das Wiener Landes-Gericht in Zivilsachen Ende Dezember 1910 »nach vorausgegangenen dreimaligen Versöhnungsversuchen die Scheidung zwischen den beiden Gatten« aus. Als Grund der verlangten Ehescheidung habe Anna Veith »die schlimme Lage« angegeben, »in die sie der gegen ihren Mann geführte Strafprozeß gebracht« habe. Ihr ehemaliger Gatte habe »der Frau die Rückgabe ihres Heiratsgutes von 5000 Kronen und eine monatliche Alimentation in der Höhe von 100 Kronen« zugesichert.[12]

Zwischen Juli 1914 und August 1915 vier Wohnungswechsel innerhalb Wiens. Auf den Meldezetteln angegebene Berufe: Private (1914), Hilfsarbeiterin, Näherin (1915). Am 3.8.1915 Abmeldung aus Wien ohne Angabe des neuen Wohnorts.[13] Damit verliert sich die Spur.

… **Marcell Veith** (2.1.1862 – 22.3.1936)
Zwischen 1911 und 1923 achtzehn Wohnungswechsel innerhalb Wiens. Letzte Wohnadresse (ab 27.6.1923): Wien X, Quellenstraße 207. Auf den Meldezetteln angegebene Berufe: Kriegsfreiwilliger beim k.k. Dragoner-Regiment Wien (1916), Vertreter (1919), Handelsagent (1923, 1925).[14]

Am 29.8.1912 wegen Diebstahls, Veruntreuung und Anstiftung zum Betrug durch Irreführung des Gerichts vor dem Strafbezirksgericht Wien Landstraße zu drei Monaten strengen Arrests verurteilt. Einer Zeitungsmeldung zufolge lebt Veith zu dieser Zeit von Gelegenheitsarbeit und wohnt im Asyl für Obdachlose.[15]

Am 2.7.1923 Heirat mit Therese Bohacek (geb. 22.1.1893).

Bei der am 6.5.1936 vor dem Bezirksgericht Favoriten errichteten »Todfallsaufnahme« in der Rubrik »Beschäftigung«: Pfründner, »Sterbeort«: Krankenanstalt Rudolfstiftung, »Familienstand«: verheiratet, getrennt lebend, »Nachgelassene«: Gattin: Therese, Wien 13, Spohrgasse 49/9, Lebensgefährtin: Hermine Hölzl, »ad Wohnort des Verstorbenen«. Als nächste Verwandte ausgewiesen sind die Eltern sowie eine in Budweis lebende Schwester. Es ist kein Testament vorhanden. Unter Punkt 15 (»Bezug aus einer öffentlichen Kasse«): »Der Erblaßer bezog von der Gemeinde Wien eine Pfründe von S 44,– monatlich, wovon ein Rückstand für 18 Tage aushaftet.« Unter Punkt 17 (»Vermögen«): »Nach Angabe der erbl. Lebensgefährtin ist kein Nachlaß vorhanden und bittet um die Ermächtigung zur Hebung des Pfründerückstandes von S 30,– (mehr oder weniger) auf Abschlag ihrer gegen den Erblaßer zustehenden Pflege- und Betreuungskosten von S 50,–«[16]

… **Marie Veith** (14.9.1889 – 28.4.1908)
»Der Körper ist allenthalben stark aufgedunsen u. giebt beim Anklopfen überall Geschall. Die allgem. Decke ist fast vollkommen der Oberhaut entblößt, welche in zusammengeschobenen Fetzen aufliegt, u. liegt überall die Lederhaut tls. weiß, tls. schmutzigrot, tls. faulgrün bloß. […] Das

Kopfhaar, mit welchem zahlr. Ästchen und Blätter verfilzt sind, ist mit einigen Haarnadeln zusammengesteckt, u. enthält in dem zusammengesteckten Teile eine dicke, falsche Haareinlage, es ist von circa 50 cm Länge u. von brauner Farbe, die Haareinlage etwas lichter. Überall sind die Haare bei leichtem Zug aus der Kopfhaut zu ziehen. Letztere ist der Oberhaut entblößt, schmutzigrot. [...] Das Gesicht sehr stark aufgedunsen u. mit Schlamm bedeckt, braungrün gefärbt. Die Augäpfel vorgewölbt, aber von den geschwollenen Lidern verdeckt, lassen die Farbe der Regenbogenhaut nicht erkennen. [...] Brustkorb kurz, breit, gut gewölbt, die Brüste aufgedunsen, tragen sehr kleine, nicht pigmentierte Warzen. Zwischen den Brüsten etwas rechts u. oben von der Brustmitte findet sich ein halblinsengroßer, leicht erhabener, wie warziger Fleck, innerhalb der hier schmutziggrün verfärbten Lederhaut. [...] Der Bauch in seinem oberen Teil durch das Mieder tief eingeschnürt, ist prall gespannt. [...] Die Oberhaut der Vorderarme u. Hände ist samt den Handschuhen leicht abzulösen u. gehen auch die Nägel mit« (aus dem Protokoll der am Vormittag des 18.5.1908 vorgenommenen »gerichtlichen Beschau und Eröffnung der Leiche der Marie Veith«).

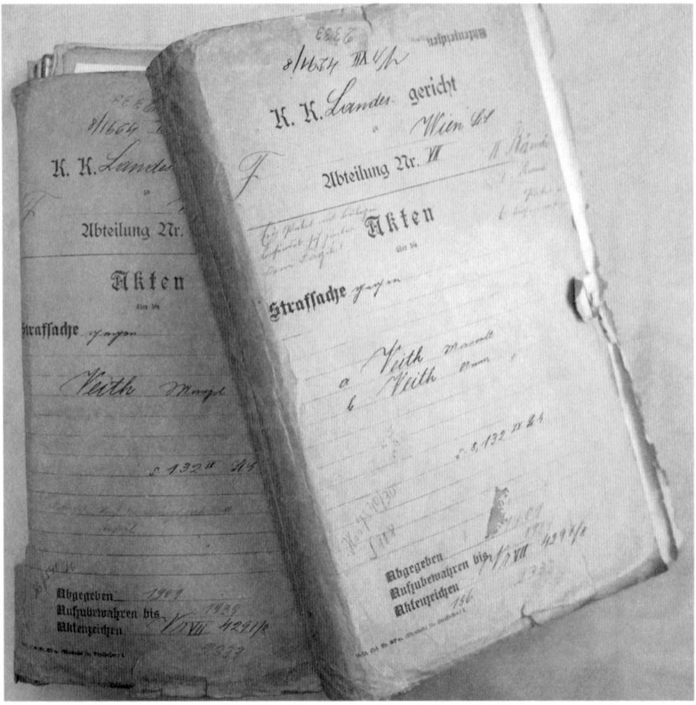

»Akten über die Strafsache gegen a Veith Marcell b Veith Anna«
im Wiener Stadt- und Landesarchiv (WStLA).

Nachwort

Ein Faszikel aus zwei verschnürten Bänden, Aktendeckel im Format 21 × 35 Zentimeter, Band I vier, Band II fünf Zentimeter stark.[17] Ein vorgedrucktes Deckblatt in Fraktur, handschriftlich ausgefüllt: »K. K. Landes-Gericht / zu / Wien St. S. [Strafsachen] / Abteilung Nr. VII / Akten / über die / Strafsache gegen / a Veith Marcell / b Veith Anna / §132 St.G. / Abgegeben 1909 / Aufzubewahren bis 1939 / Aktenzeichen Vr VII 4291/8 – 2333«. Auf dem Deckblatt von Band I in Rot die Vermerke: »Ein Paket mit Beilagen befindet sich hinter dem Faszikel« sowie »1 Paket mit 6 Büchern im Faszikel«; in der 14seitigen »Actenübersicht betreffend V.U. [Voruntersuchung] wider Marzell Veith« unter den Ordnungsnummern 164 und 165 als »Tagebuch der Mizzi Veith« respektive »5 Cassabücher des Marzell Veith« verzeichnet. – Weder das Tagebuch noch die Kassabücher sind heute beim Akt.

Inhalt des Faszikels: die Aktenübersicht, der »Correspondenzbogen zwischen der k.k. Staatsanwaltschaft und dem Untersuchungsrichter« (der auf elf Seiten in der linken Spalte die Anträge der Staatsanwaltschaft, in der rechten die »Beschlüsse und Anmerkungen des Untersuchungsrichters« verzeichnet), »Relationen« von »Polizei-Agenten«, formlose Aufnahmeschriften von Vernehmungen, Formulare für Zeugeneinvernehmungen, Protokolle von Hausdurchsuchungen, Übernahmsberichte, Erlag- und Abfuhr-Scheine, Kostenverzeichnisse, Verständigungen, Vorladungen, Zustellungsbögen, Zeugenladungen, Anträge, Eingaben, Ersuchen, Erkenntnisse, Vollmachten, Briefe (zum Teil in amtlich beglaubigter Abschrift, etwa die Abschiedsbriefe Marie Veiths an Vater, Mutter und Victor Widakovich oder die Briefe Marcell Veiths an Widakovich) – darunter von der Staatsanwaltschaft »inhibierte« Schreiben Marcell Veiths aus der Untersuchungshaft –, Postkarten, Rückscheine, die »Permanenzkarte« Marcell Veiths für das »Sommer-Etablissement ›Venedig‹ / (Englischer Garten)« für die Saison 1905 (mit Foto), die Anklageschrift, die Protokolle der Hauptverhandlungen und der Beratungen des Gerichtshofs, das Urteil – sowie ein 12 × 12 Zentimeter großes beigefarbenes, mit breitem Zwirnspitzenbesatz versehenes Stück Stoff mit eingesticktem Monogramm »M.V.« (das »V« im »M«), das Marie Veith bei der Sektion vom Leib geschnitten wurde.

Annähernd tausend Seiten Text, circa hundert davon maschinschriftlich, der Rest in etwa fünfzig unterschiedlichen Kurrent-Handschriften. Das Ganze »organisch geordnet«, wie der Staatsanwalt dem Untersuchungsrichter unter dem 13.7.1908 auf dem Correspondenzbogen einschärft, der bittet, den Akt »womöglich so zu belassen (in dieser Ordnung ist er für die Lektüre am geeignetsten)«.

Der Prozeßakt gewährt Einblick in das Geschehen hinter den Kulissen und bis ins Getriebe des Schnürbodens. Er läßt, aus nächster Nähe und Schritt für Schritt, nachvollziehen, wie der Stoff für das Drama zusammengetragen wird, das dann im Gerichtssaal aufgeführt wird, wie die Dramatis personae sich nach und nach einfinden, die Hauptdarsteller sich herauskristallisieren, Nebenrollen an Kontur gewinnen, Parts zugemessen werden.

Auch wenn die Namenszüge des Gerichtsschreibers, des Untersuchungsrichters und der Zeugen deren »Echtheit« jeweils beglaubigen, halten die Protokolle der Einvernahmen doch nicht mehr fest als die wesentlichen Inhalte. Von der Mündlichkeit der Aussagen bleibt auf dem Papier so gut wie nichts über. Die verliert sich in der »sinngemäßen Wiedergabe«, geht auf im stereotypen Einerlei von Amtsjargon und Kanzleistil. In der Sprache des hochdeutschen Protokolls, die nicht die der Zeugen ist – Fiakerkutscher, Hausmeister, Nachtportiere, Kellner, Dienst-, Stuben- und Blumenmädchen –, ist eine individuelle Rede, ein eigener Zungenschlag nirgends mehr vernehmbar. Zwar treten die Zeugen in der ersten Person auf, in den immer gleichen »Antworten«, denen die – nicht protokollierten – immer gleichen Fragen eingeschrieben sind, schimmert so etwas wie »O-Ton« allenfalls punktuell durch.

Die unterschiedlichen Modi der Präsenz respektive Referenz mögen in diesem chronikalen Arrangement vom Protokoll abweichen – einzig die abwesende Hauptdarstellerin kommt in eigener Person in voller Länge zu Wort –, doch sind alle »Monologe«, Dialoge, Polyloge strikt dokumentarischer Natur und, wenn auch verdichtet, direkt den Akten entnommen. Ergänzend zur amtlichen Niederschrift, die lücken- und fehlerhaft ist, wurde für die Hauptverhandlungen auch auf die Seiten um Seiten füllenden Prozeßberichte der Tagespresse zurückgegriffen, die von einer eigenen Korrespondenz mit dem detaillierten Gerichtssaalrapport versorgt wurde. Wo das Protokoll, das im Akt liegt, Namen nennt, die im Lauf der Verhandlung fallen, etwa die von Stundenhotels oder von »Cavalieren«, werden diese von den Zeitungen diskret verschwiegen; und wo es explizit ist, etwa bei der (angeblichen) Intimrasur Marie Veiths, ist in der Tagespresse dezent von »gewissen Körperveränderungen« oder g'schamig von »nicht wiederzugebenden Detailfragen« zu lesen.

Andererseits enthält das amtliche Prozeßprotokoll keine Didaskalien, also sogenannten Nebentext: Regieanweisungen, die Mimik, Gestik und

Sprechweise beschreiben und etwas von der Atmosphäre der zeitweise regen Interaktion zwischen mehreren Protagonisten vermitteln. Die Gerichtssaalberichte der Zeitungen verzeichnen sehr wohl Tonfälle, Gefühlsregungen und Gesten, Beifalls-, Unmuts- und Mißfallensbekundungen und simulieren so »unmittelbaren Eindruck« – ganz voyeuristische Bedürfnisse befriedigender Theater-Ersatz, zumal bei diesem »Skandal-Prozeß«, von dem die Öffentlichkeit ausgeschlossen war.

Bei der mündlichen Hauptverhandlung, wo das Tribunal zur Szene wird, wird der »Nebentext« zum »Haupttext«, entscheiden doch Gebärdenspiel, Mimik, Fluß oder eben Stocken der Rede über die Beurteilung der Glaubwürdigkeit eines Zeugen oder des Inquisiten. Den letzten Auftritt räumt die Strafprozeßordnung denn auch dem Angeklagten ein. Nach der Beweisaufnahme, nach den Schlußvorträgen von Staatsanwalt und Verteidiger wird ihm noch einmal die Gelegenheit eingeräumt, selbst zu reden. Und in dieser »rhetorisch-theatrale[n] Anordnung, in der es darum geht, bestimmte Affekte des Mitleids und Verständnisses zu erzeugen«,[18] und in der weniger das zählt, was er vorbringt, als vielmehr, wie er sich verhält, darf er alle Register ziehen.

Marcell Veith legt sein Schlußwort denn auch theatralisch an. Er steht allerdings auf verlorenem Posten, hat er doch durch sein selbstgerechtes, hochfahrendes Benehmen jegliche Sympathie des Gerichts bereits verspielt. Die Öffentlichkeit hatte ihr Urteil ohnehin schon vor Prozeßbeginn gefällt. – Für uns Nachgeborene indes bleibt, wenn der Vorhang gefallen ist, so manche Frage offen.

Zeitgenössische Kommentare

Komtesse Mizzis Glück und Ende
Der Roman einer Verlorenen

Aus den Romanen, die für gewisse Lebemänner geschrieben werden, kennt man sie, die galanten Damen mit den echten Brillanten und dem unechten Lächeln auf den Lippen. Jene jungen Weiber, die ohne an die Zukunft zu denken, in tollem Genuß die kurzen Tage ihrer Jugend vergeuden, das Glück im Augenblick suchen. Da scheint es, als wäre das Leben nichts als ein fideler Ausflug in das Schlaraffenland des Vergnügens. Das ist die Welt, die keine Sorge kennt als die, wie die Stunden der Langeweile verjagt werden. Den Schluß aber, den traurigen Schluß bleibt der Romanschreiber, der uns nur die Sonnenseite zeigt, schuldig. Den Schluß spricht das Leben. Die Existenzen, die in diesem Leben des Genusses wurzeln, scheitern dann auf vielgestaltige und abenteuerliche Weise; wie ein Licht, das lodernd und rasch abbrennt, verbrauchen sich die Priesterinnen des Vergnügens und ihre Genossen. Sie verschwenden ihr Lebenskapital, haben alle Brücken, die sie mit der Welt redlicher Arbeit und ruhigen Genießens verbinden, abgebrochen, und stürzen sie, dann fallen sie tief, so tief, daß es keine Rückkehr gibt. – – –

Es wurde gestern der letzte Akt in der Tragödie eines solchen leichtlebigen Großstadtmädchens begonnen. Eigentlich war es schon ein Nachspiel, denn der große dunkle Vorhang war über die Existenz der bedauernswerten Heldin schon lange vorher gefallen. Und gestern wurde mit der Abrechnung über dieses vernichtete Menschenleben begonnen.

Man muß ein Bild beschwören, um auf den Kern des Prozesses zu kommen, der gestern den Erkenntnissenat des Wiener Landesgerichtes beschäftigte. Ein Bild aus jener Welt, in der nur das Lampenlicht scheint, wo zwischen abgespannten Menschen, die nach des Tages Last ihre erschlafften Nerven aufpeitschen wollen, wo an den kleinen weißgedeckten Tischen die freundlichen Mädchen sitzen, die das tolle Glück einer Stunde zu spenden gesonnen sind. Und diese Mädchen lächeln immer, und mit halb geschlossenen Augen eilen ihre Blicke wie geschäftige Agenten unter den Gästen umher; sie schätzen die Zahlungsfähigkeit der einzelnen ab nach einem Brillantring, einer Goldkette oder einer vom Weine hochgeröteten Stirne.

Und während sie sich schmachtend zu ihrem Nachbar neigen, beschäftigt die Frage sie vollends, was hie und da zu profitieren wäre.

Aber das ist nicht neu. Man weiß es längst und hat sich mit diesen Dingen abgefunden, die zu den traurigen Errungenschaften der Großstadt gehören. Im vorliegenden Falle aber tritt ein neues Moment hinzu und erfüllt mit Abscheu und Entrüstung. Es ist der Vater, der seine Stieftochter förmlich zur Dirne heranbildet; der ihr Kunden zubringt, eine Taxe für die Gesellschaft seiner Tochter festsetzt und wie ein tüchtiger Geschäftsführer auch für das richtige Inkasso sorgt.

Es ist ein grauenhaftes Sittenbild, das sich da entschleiert und das im Gerichtssaale gestern in seinen Umrissen scharf hervortrat. Wie eine Vergeltung des Schicksals mutet es an, wenn man sieht, wie das Mittel, das der Hauptbeschuldigte zu seiner Rettung gefunden zu haben glaubte, das Netz wurde, in dem er sich selbst verfing. Denn als die Katastrophe des Selbstmordes des Mädchens hereinbrach und damit die Existenz des Kupplers vernichtete, war es ein kleines Büchlein, das dafür sorgte, daß ihm Gerechtigkeit ward. Der römische Graf Marcell Veith, der gehofft hatte, daß das Tagebuch, zu dessen Führung er seine Tochter aneiferte und in dem alle Abenteuer des Mädchens mit ängstlicher Genauigkeit verzeichnet waren, daß das Tagebuch mit der Aufzählung vornehmer Namen, deren Träger zu »Komtesse Mizzi« in Beziehungen getreten waren, ihn vor der strafgerichtlichen Verfolgung schützen werde, dieses Tagebuch lieferte ihn in die Hände des Staatsanwaltes und bot alle Beweise, die wohl sonst kein Untersuchungsrichter gegen den Beschuldigten zu sammeln in der Lage gewesen wäre. In richtiger Erkenntnis menschlicher Schwächen hat man durch die Rechnung dieses römischen Grafen einen Strich gemacht und die beteiligten vornehmen Namen nicht an den Pranger gestellt. Sie waren auch für den strafbaren Tatbestand gleichgiltig.

[Anonym: Komtesse Mizzis Glück und Ende. Der Roman einer Verlorenen. In: Illustrierte Kronen-Zeitung, Jg. 9, Nr. 3084, 31.7.1908, S. 2.]

Herrn Veiths Gewerbe

Der Prozeß Veith ist vertagt. Eigentlich könnte man sagen, er sei zu Ende, denn in der Weise, wie er bis jetzt geführt wurde, dürfte er kaum fortgesetzt werden. Und das ist wieder schade. Er war ja so interessant, hat so merkwürdige Enthüllungen gebracht, so scharfe Schlaglichter auf unsere allezeit, immer und überall höchst gemütliche Wienerstadt geworfen, daß man nur ungern den Vorhang vor dem zur Szene gewordenen Tribunal fallen sieht. Ja, das Tribunal war zur Szene geworden. Auf den Brettern, die hier nicht die Welt, sondern die Anklagebank bedeuten, agierte ein mit allen Salben geschmierter, mit allen Hunden gehetzter alter Komödiant, ein Lump, der sein Lumpentum unter sentimentalen, rührseligen Phrasen, in krokodilstränenfeuchten Gefühlstönen vorgebracht, zu verbergen suchte, ein Strizzi, der mit Schmierenmätzchen die Rolle des in seinen edlen Intentionen schmählich verkannten Vaters mimt und vielleicht sich so in seine Rolle eingelebt hat, daß er sein Spiel für Wahrheit hält. Und ebenso interessant wie der Akteur ist sein Publikum. Dieses Publikum in Talar und Barett, das so unerhört wenig neugierig ist, daß es über Dinge in Erstaunen gerät, die in Wien leider jeder halbwüchsige Junge weiß, daß es sich den Kommentar zu den Deklamationen des Hauptakteurs nur von Leuten liefern läßt, die dazu herzlich wenig zu sagen wissen. Interessant ist an diesem Prozeß eben das, wonach im Gerichtssaal bis jetzt noch *nicht* gefragt werden konnte, besonders interessant, was der Gerichtshof alles *nicht* weiß. Das allein sind die »aufsehenerregenden Enthüllungen«, die der Prozeß Veith gebracht hat.

Veith selbst und sein und seiner Tochter Treiben sind herzlich uninteressant. Solche Pflanzen laufen in der Großstadt zu Hunderten herum, und es kräht kein Hahn danach. Und, von etlichen Lebegreisen und Lebebuben abgesehen, findet niemand Geschmack an »Enthüllungen« aus der Welt der roten Plüschsofas. Man weiß davon – und spricht nicht darüber, schon um der unangenehmen Möglichkeit auszuweichen, dem widerlichen, verständnisvollen Zwinkern der Separéehelden oder dem noch widerlicheren Augenverdrehen der Moralfatzkes zu begegnen. Wozu denn eigentlich diese hohle Moralsimpelei, die auch im Gerichtssaal in einem Intermezzo zwischen Verteidiger und Vorsitzendem zutage trat? Zuhälter und Kuppler hat es in Wien immer gegeben und wird es immer geben, und die Bekämpfung und Unterdrückung der Prostitution wird noch sehr, sehr lange ein frommer Wunsch und ein leeres Schlagwort bleiben. Was davon zu halten ist, weiß jeder, aber eben deshalb ist es deplaciert, bei Besprechung solcher Verhältnisse pomphafte Moralpredigten zu halten. Der Kuppler soll seine Strafe erhalten – die Göttin der Moral muß deshalb nicht strapaziert, die bombastische Phraseologie der berufsmäßigen Tugendwächter nicht in gesinnungstüchtige Leitartikel eingeflochten werden. Ebensowenig wie es notwendig ist, feierlich zu leugnen, man habe von Dingen Kenntnis gehabt, die eben jeder Großstädter kennt. Es wirkt deshalb geradezu lächerlich, wenn Mitglieder des Gerichtshofes, der Veith abzuurteilen hat, ein Separée-Abenteuer als einen Fleck auf der Ehre eines jungen Mannes anzusehen scheinen, wenn sie höchst erstaunt tun zu erfahren, daß es in Wien Kuppler gibt, daß die

Vergnügungsorte der Lebewelt nicht nur von Aspirantinnen auf die goldene Tugendrose besucht werden, daß in Separées nicht gebetet wird. Einem Mädchen von dem *Sacré cœur* glaubt man diese Naivität, einem Richter, der welt- und lebenskundig sein *muß*, nicht. Wir wiederholen: Wozu die hohle Moralsimpelei? *Damit* kann das Übel nicht aus der Welt geschafft werden.

Veith ist ein Kuppler, wie es in Wien viele gibt. Er hat sein Gewerbe jahrelang betrieben, wie viele seiner Kollegen. Aber er verschwindet nicht ohne Aufsehen, ohne Skandal hinter dem Zuchthausgitter, wie viele seiner Kollegen. Sein Prozeß ist ein Skandal, eine Sensation allerersten Ranges. Warum? Wohl aus demselben Grunde, aus dem Veith noch auf der Anklagebank von einzelnen Zeugen mit Achtung behandelt wird. Weil er sich »Graf« nannte. Ein Graf als Kuppler und Zuhälter – wenn auch ein falscher Graf –, das ist für den Wiener, dem die Ehrfurcht vor dem Adelstitel eine heilige Überlieferung ist, etwas ungeheuer Interessantes. Einem Grafen läßt der Wiener alles durchgehen, und wenn ein Graf einmal Schiffbruch leidet, dann ist das eine Riesensensation. Sein Grafentitel war für Veith ein Glück und ein Unglück zugleich. Der war für ihn lange genug, nur *zu* lange, ein Passepartout, ein Mäntelchen, das seine Lumpereien verdeckte; als er es aber zu arg trieb, da wurde der angemaßte Titel für ihn ein Stigma. Die Polizei vermag, merkwürdig genug, die Frau Sachs nicht aufzufinden, trotzdem die Lebewelt genau ihre Adresse kennt, den *Grafen* Veith hat sie sofort am Wickel. Und treibt mit ihrer Schutz- und Rettungsaktion die Tochter ins Wasser …

Unter den vielen merkwürdigen Momenten, die dieser Prozeß aufweist, ist am merkwürdigsten der Mangel an Neugierde, den der Mann, der von Amts wegen verpflichtet ist, neugierig zu sein, der Staatsanwalt, an den Tag legte. In den Briefen der Mizzi Veith könnte er vielleicht den Beweis für die Schuld Veiths finden, aber er liest sie nicht, denn sie sind ihm zu uninteressant und er ist nicht neugierig. Er ist gar nicht neugierig, die Aussagen der Kavaliere der Mizzi, durch die allein der Schuldbeweis zu liefern wäre, zu hören, und begnügt sich mit dem Verhör von Kellnern, Stubenmädchen und Fiakerkutschern, die den Kern der Sache natürlich nicht treffen können. Er ist halt nicht neugierig. Gut. Mit dieser Erklärung ist aber das Publikum nicht befriedigt, und es würde uns gar nicht wundern, die harte Kritik zu hören: »Ja, wenn es sich um *Kavaliere* handelt, da hört und sieht das Gericht nichts!« Wir sind weit entfernt, in diesen Vorwurf einzustimmen, aber so wenig wir auch in diesem Betreff das Vorgehen des Gerichtes billigen können, *begreifen* können wir es. Begreifen deshalb, weil im Gerichtssaal alle Dinge ein anderes Gesicht bekommen. Ein Separée-Abenteuer, das man sonst belächeln würde, nimmt, vor Gericht an die Öffentlichkeit gezerrt, eine eigentümliche Färbung an. Da erscheint es als ein Schritt vom Wege, als etwas Anrüchiges, ja Ehrenrühriges, etwas, was tief ins Privatleben eingreift, eine Bloßstellung, die schwere Folgen nach sich ziehen kann … Das ersieht man aus den Kommentaren, die heute schon an eine Äußerung Veiths geknüpft werden, der allerdings kein Einsichtiger Gewicht beilegen wird. Unter diesen Gesichtspunkten erscheint das Vorgehen des Gerichtes begreiflich. Aber die berechtigten Interessen des Privatlebens hätten auch geschont werden können, ohne das Gerichtsverfahren zu beeinträchtigen: *durch strengen Ausschluß der Öffentlichkeit.*

Der Ausschluß der Öffentlichkeit, das ist ein Kapitel für sich. Nach der heutigen Praxis unterscheiden sich die geheimen Verhandlungen von den öffentlichen nur dadurch, daß über geheime Verhandlungen ausführlichere Zeitungsberichte veröffentlicht werden als über öffentliche. Gewiß, auch wir haben diese Praxis, von der *wir allein* uns nicht ausschließen können, mitgemacht, aber wir stehen nicht an, zu erklären, daß solche Verhandlungen nicht in die Öffentlichkeit gehören. Heute bedeutet die Presse die Öffentlichkeit, was nicht in der Zeitung steht, ist nicht in der Öffentlichkeit. Ausschluß der Öffentlichkeit bedeutet deshalb Ausschluß der Berichterstattung. Wäre im Prozeß Veith die Öffentlichkeit ausgeschlossen, gewiß wäre der Staatsanwalt neugieriger gewesen.

[Anonym: Herrn Veiths Gewerbe. In: Wiener Allgemeine Zeitung, Nr. 9104, 1.8.1908, S. 2.]

[Leitartikel ohne Titel]

Es ist ein Stück Wiener Lebens, das in diesem unerquicklichen Prozesse, der das allgemeine Stadtgespräch bildet, in den Gerichtssaal geschleppt worden ist. Freilich, als die Geigen klangen und die Champagnerpfropfen knallten, als helles Frauenlachen erscholl und elegante Herren im Frack sich lässig auf ihren Sessel zurücklehnten und den Dampf feiner Zigaretten in die Luft bliesen, mag dieses Stück des Wiener Lebens seine eigenen Farben gehabt haben. Jetzt sind diese Nächte längst vergangen, die Farben sind verblaßt, die Geigen klingen schrill und das Frauenlachen grell und gellend. Welch ein Aschermittwoch nach dem Karneval! Wo man einst nur Lebenslust und Lebensfreude gewahrte, dort sieht man heute das Verbrechen, die Gemeinheit und die Schande, und wo einst frohe Musik erklang, dort hört man heute den Schrei der Verzweiflung. Was jetzt in die unbarmherzige Beleuchtung des Gerichtssaales gerückt wird, ist eine furchtbare Tragödie, überdies aber auch ein Wiener Gesellschaftsbild. Die eleganten jungen Herren der Wiener Gesellschaft, die vornehme Lebewelt der Stadt, Aristokraten, die die Frage der Unschuld eines Mädchens zum Gegenstande hoher Wetten machen, und Schüler des Theresianums spielen in dieser Tragödie mit, und wenn man ihnen es auch bis jetzt erspart hat, im Gerichtssaal Zeugenschaft abzulegen, und wenn man sich diskreterweise bis jetzt mit der Zeugenschaft von Fiakern, Kellnern und Hotelstubenmädchen begnügte, so sieht man sie doch alle deutlich genug.

Die arme Komtesse Veith, der man das Mitgefühl nicht versagen kann, weil sie jung und schön war und in den Tod ging, als sie das Leben der Schande nicht mehr ertragen konnte, haben sie alle gekannt, die Mitglieder der vornehmen Wiener Lebewelt. Sie wußten, daß dieses junge Mädchen ihren Körper preisgab, um die Eltern zu erhalten, und wußten auch, daß der Vater, der mit dem Titel eines *»Comes romanus«* geschmückt war, den Kuppler seiner eigenen Tochter spielte. Sie zischelten sich lachend ins Ohr, welche Liebesgenüsse von der Komtesse Veith zu erkaufen seien; vielleicht mag das für den einen oder den anderen ein Reiz mehr gewesen sein, jedenfalls ging die junge Komtesse von einer Hand in die andere über, ein begehrtes Objekt des Liebesmarktes, eine Rarität, der auch die jungen Theresianisten mit Fiakern nachjagten, und immer war der gefällige Kuppler mit den grauen Haaren, der sein Kind schon in frühester Jugend für diesen Beruf erzogen hatte, in der Nähe, bereit, den Kaufpreis für seine Tochter einzustecken! Unermüdlich schrieb dieser widerliche Pandaros seine Briefe, in denen er seine blondhaarige Kressida den vornehmen Kavalieren zur Lust anbot, er drängte sich an die unbekannten Gasthausgäste heran, wenn sie zahlungsfähig schienen, besuchte die Kupplerinnen der Stadt, die jetzt schon fast legendäre Persönlichkeiten geworden sind, seitdem sie kein Bote in ihrer Wohnung anzutreffen vermag, und es ist rührend, zu sehen, wie die junge Komtesse Veith das Widerlichste tat, aus Liebe zu ihrem Vater, dem sie mit der zärtlichsten Verehrung gehorchte. Jeder kannte diesen Kuppler, die vornehmen Kavaliere nicht minder wie die Kellner der Nachtlokale, die mit ihrem Glanz so viel Elend verbergen. Jeder deutete mit Fingern auf ihn, wenn er ihm nicht gerade die Hand gab, weil er das Kaufgeschäft bereden wollte; jeder wußte: das ist ein Vater, der seiner Tochter Kupplerdienste leistet. Wiederholt geschah es, daß Vater Veith aus den Nachtlokalen ausgewiesen wurde, in denen seine elegant geputzte Tochter mit Kavalieren zechte, weil sein Kupplertreiben bei jenen Anstoß erregte, die feinfühlig genug waren, die Perversität der Tochter zu kaufen, den Vater aber zu verachten. Alle wußten, was vorging, alle sahen die Dinge, wie sie waren, und trotzdem hat es lange gedauert, bis das Gericht eingreifen konnte. Wir wollen nicht davon reden, was heute zur Vertagung des Prozesses geführt hat, denn darüber wird erst zu reden sein, wenn Klarheit und Wahrheit in den weiteren Verlauf des Prozesses gebracht werden wird, und wir haben gar keinen Grund, die halbamtlichen Erklärungen der Polizei, die heute veröffentlicht werden, irgendwie zu bezweifeln. Die Anschuldigungen, die ein der Kuppelei seines eigenen Kindes angeklagter Mann, dessen *moral insanity* feststeht, zu seiner Entlastung vorbringt, verdienen gewiß nur sehr wenig Glauben, und wer fälschlich beschuldigt ist, wird sich wohl verteidigen. Sprechen wir also nicht von diesen Anwürfen! Halten wir uns fern von allen diesen schmutzigen Verdächtigungen! Wer aber könnte, wenn er die traurige Geschichte der Komtesse Veith liest, sich von der Empfindung befreien, daß in diesem Fall, von vielen beobachtet und allzu lang von niemandem gestört, sich Entsetzliches abgespielt hat!

Alle Welt hat gewußt, daß Komtesse Veith mit der Schande ihres Leibes ihre Familie ernährte. Jeder, der in den Nachtlokalen Wiens verkehrte, hat gewußt, daß der römische Graf Veith den bereitwilligen Kuppler seiner Tochter gespielt hat. Trotzdem aber hat der Arm der Gerechtigkeit lange gezögert, oder es besteht zumindest der Schein, als ob Rücksichten und Bedenken das Einschreiten der Behörde verzögert haben, und auch dieser Schein hätte vielleicht vermieden werden können. Und wenn man sich fragt, was eigentlich der Grund dieses Zögerns und dieser Rücksichtnahme, über die wir allerdings vorläufig noch kein endgiltiges Urteil fällen dürfen, gewesen sein könnte, so findet man die psychologische Erklärung in einem Worte: Kavaliere. Kavaliere sind es gewesen, zu deren Lust die unglückliche Komtesse diente, Kavaliere waren es, in deren Gesellschaft dieses Mädchen immer zu sehen war, klangvolle Namen der eleganten Wiener Gesellschaft mögen in dem Tagebuch der Komtesse Veith verzeichnet sein, und auch der Nachwuchs unserer eleganten Gesellschaft, die degengeschmückten Theresianisten, fehlen in jenem Zirkel nicht, dessen Lebenslauf Lieb' und Lust gewesen ist. Aber die Vergnügungen jener Kavaliersgesellschaft, die einst zum Heurigen hinausfuhr und sich mit Fiakern enkanaillierte und heute in rauchigen Kellerlokalen der Inneren Stadt mit zweifelhafter Weiblichkeit Champagner trinkt und in die Hände pascht, wenn Volkssänger mit gröhlender Stimme singen: »Drah'n ma um und drah'n ma auf, es liegt nix dran, weil man's Geld auf dera Welt net fressen kann …« – alle diese Lustbarkeiten der eleganten Lebewelt flößen seit jeher den Behörden den größten Respekt ein, und sie werden mit einer gewissen Sympathie gehätschelt. Wenn es heißt: »Kavaliere kommen«, dann ziehen die Portiers der Nachtlokale tiefer die Kappe, Kellner setzen die feierliche Staatsmiene auf, die Behörden sind voll zarter Rücksichtnahme, und eine stadtbekannte Kupplerin, die die vornehmsten Kreise mit frischer Ware versorgt, ist nicht zu finden. Das gehört zum Stil des Wiener Lebens. Das steckt im Blut, kreist in den Säften und ist die lakaienhafte Gesinnung, die das Wiener Volkslied mit den Worten feiert: »'s können ja net alle gleich sein, das liegt schon so in der Natur!«

Nennen wir es mit dem rechten Wort: es ist das Stück Vormärz, das sich trotz aller großen Verwandlungen des Lebens und der Gesellschaft in der Stadt erhalten hat. Das Wiener arbeitende und schaffende Bürgertum hat eine neue Stadt gebaut, die unvergleichlich ist in ihrer Schönheit und Liebenswürdigkeit, Wien ist schon lange aus dem Vormärz herausgewachsen, wo der begüterte österreichische Landadel gesellschaftlich und politisch den Ton angab, so daß Napoleon das Wort sprechen konnte, daß achtzig Adelsfamilien Österreich beherrschen, trotzdem aber ist noch immer die Gesinnung des Vormärz weit und breit zu verspüren. Ist es nicht Vormärz, wenn zum Beispiel die Theaterzensur zwar den Werken unabhängiger heimischer Dichter Schwierigkeiten in den Weg legt, die ordinären Zoten gewisser Spezialitätentheater jedoch wohlwollend begönnert? Ist es nicht Vormärz, wenn man in diesem peinlichen Prozesse den beteiligten Kavalieren durch einen *tacitus consensus* so lange erspart hat, vor Gericht als Zeugen zu erscheinen? Und die hätschelnde Schonung, deren sich die Nachtlokale, in denen die aristokratische Lebewelt verkehrt, erfreuen, ist sie nicht tiefster Vormärz? Man kann das gesellschaftliche und politische Leben Österreichs gar nicht verstehen, wenn man nicht erkennt, wie tief die Spuren sind, welche die traurigste Zeit der österreichischen Geschichte zurückgelassen hat, und wie wenig aus dem modernen Leben der Vormärz verschwunden ist, der die Geister geknebelt hat, sobald es ihm nicht gelang, sie durch sinnliche Vergnügungen abzulenken und zu schwächen. Der Prozeß Veith ist weit mehr als ein schmutziger Skandalprozeß aus dem Großstadtleben. Wenn man sieht, wie alles zaghaft und diskret wird, sobald es heißt: »Kavaliere sind es gewesen«, weiß man auch, daß es ein Prozeß ist, der die Wiener Lokalfarbe hat.

[Anonym: Ohne Titel. In: Neue Freie Presse, Nr. 15785, 1.8.1908, Morgenblatt, S. 1.]

Ein Opfer

Der Prozeß gegen den römischen Grafen, der angeklagt ist, seine junge und schöne Ziehtochter verkuppelt zu haben, mußte heute vertagt werden. So sorgfältig er zur Vertuschung der Begleitumstände dieser traurigen Sache auch angelegt war, so sind dennoch unvermutet schwere Beschuldigungen gegen Polizeiorgane laut geworden, vor deren Klarstellung ein Urteilsspruch nur halbe Justiz gewesen wäre. Wenn die Behauptungen des Angeklagten richtig sind, so wären einzelne Organe der Polizei geradezu als Mitschuldige dieses Verbrechens anzusehen, welches ein Verbrechen auch wäre, wenn es das Strafgesetz nicht bestrafen würde. Nach den Angaben des Angeklagten sollen an die Polizei wiederholt, eigentlich unausgesetzt anonyme Anzeigen gelangt sein, die ihre Aufmerksamkeit darauf lenken wollten, daß auf dem Treiben dieses traurigen Erziehers der Verdacht einer schweren und verächtlichen strafbaren Handlung laste. Die Polizei hätte aber diese Anzeigen planmäßig ignoriert, alle Augen zugemacht, um das nicht zu sehen, was so viele mit Abscheu gesehen haben. Die Verfolgung sei erst eingeleitet worden, als sich die »hochgestellten Eltern« der Bekannten des jungen Mädchens über die Verführung beklagten, der ihre Söhne ausgesetzt seien und unterlegen sind. Diese Beschuldigung klingt leider recht wahrscheinlich, denn nach den Anschauungen, die man bei jener sogenannten Sittenpolizei als waltend schon wiederholt kennen gelernt hat, ist es nicht wahrscheinlich, daß ihr das junge Mädchen, das so viel reichen und vornehmen Herren Vergnügen bereiten mußte, als würdiges Objekt ihrer schützenden Vorsorge erschienen sei; wohl aber hat sie für Klagen über die »verführten Opfer«, als welche man die Nutznießer dieser Mädchen auszugeben pflegt, oft ein bereitwilliges Ohr gehabt. Die Behauptung, daß die Polizei hier bewußt etwas geduldet habe, was nun der Staatsanwalt als Verbrechen verfolgt, wird durch die Beschuldigung verstärkt, daß Organe der Polizei mit dem Mädchen, das sie hätten schützen sollen, selbst Beziehungen gesucht und gefunden haben. Vorläufig liegt nur die Behauptung des Angeklagten vor, der sich durch die Art seiner Verteidigung den Anspruch auf Glaubwürdigkeit nicht erworben hat; bevor man sich also zu einem abschließenden Urteil entschließt, muß man abwarten, was die so schwer beschuldigten Polizeiorgane zu erwidern haben. Aber das eine ist sicher: *die Sache muß untersucht werden*, gründlich und ohne die feilen Rücksichten, mit denen man an solchen Dingen so oft vorbeiuntersucht. Wenn der Präsident der Strafverhandlung meinte, es sei nur eine »harmlose Unterhaltung«, daß der Chef des

Sicherheitsbureaus mit dem Mädchen ins Theater ging, über dessen Verkuppelung durch den Vater in der Welt, in der man sich auf diese Weise unterhält, kein Zweifel gewaltet hat, so wird diese Meinung wohl wenig Anklang finden. Der schmerzliche Ausruf, mit dem das junge Menschenkind in den Tod ging, läßt ja ahnen, wie sich die Sache in Wahrheit verhielt: daß die Polizei diese schreckliche Verwüstung einer Jugend, diese Zertretung eines Menschenlebens als eine gesellschaftliche Notwendigkeit erachtete, auf welche die zahlungsfähigen Klienten der Nachtlokale einen berechtigten Anspruch haben, den also liebevoll zu tolerieren ihr zieme und die sie mit einer plumpen strafgerichtlichen Untersuchung nicht stören dürfe, zumal sie sich der Möglichkeit nicht berauben wollte, gelegentlich selbst mitzunaschen und den Zoll der Dankbarkeit für ihre Nachsicht unter Umständen auch einzufordern. Das arme Kind, auf dessen Jugend und Schönheit förmlich Jagd gemacht wurde, ist zwar tot, aber die in ihrem traurigen Schicksal tief verletzte Menschlichkeit verlangt Sühne für das schaurige Opfer, das mit ihrem Leben und ihrem Tode ungezügelten Instinkten gebracht ward.

Ein schreckliches Opfer dieser kapitalistischen Gesellschaftsordnung, in der alles Ware ist und in der man auch Jugend und Schönheit feilhält und kaufen kann, war diese arme Contessa, die für alle, mit denen sie in Berührung kam, nur ein Ausbeutungsobjekt gewesen und die keine Seele fand, die sie vor dem Niedergang und Untergang zu bewahren sich ernstlich bemüht hätte. Mit Geist und Scharfsinn wird manchmal die Theorie verfochten, daß die Frau nur nach dem Genusse dränge und den in ihrer Natur vorbestimmten Beruf nicht erfülle, wenn sie dem Genuß sich nicht hingebe, von ihm durch die Gewalt der ererbten Sitte ferngehalten wird. Aber man betrachte das zerstörte Leben dieses jungen Mädchens und frage sich, ob auf dieses von den Sensationen des Genußtriebes so erfüllte Dasein jemals ein Strahl wirklichen Frohsinns und echter Freude gefallen ist! Ob es nicht vielmehr ein wahres Sklaven- und Marterleben war, dessen Ursprung und wirkende Ursache nur in der Gier nach dem Gelde lag, in welche das willenlose Mädchen von einem entarteten Vater, der seine Abenteurerneigungen ihr als harte Notwendigkeit eingeimpft hatte, hineingetrieben ward, ohne daß es selbst in dem »Vergnügen« anderes empfunden hätte als einen traurig unentrinnbaren Zwang! Viel tiefer, als jene Theorie vermeint, lebt in dem weiblichen Geschlecht auch die Sehnsucht, das Gut eines liebenden Menschen zu sein, die, um ein Wort Schopenhauers zu gebrauchen, seine Geschlechtsehre ist und die in dieser verwüsteten Jugend in entsetzenerregender Weise zertreten und zerstampft worden ist. Die Sage von Minotauros, dem Ungeheuer, dem jährlich, um es zu versöhnen, Jungfrauen geopfert werden mußten, die können wir in dieser herrlichen Ordnung der Welt Tag um Tag erschauen. Denn was man pharisäisch Prostitution nennt, das sind die Opfer, die den durch den Dämon des Geldes zur Zügellosigkeit aufgestachelten Trieben gebracht werden müssen, sind die Opfer einer Ordnung, in der die Kaufkraft des Geldes alle Hemmungen aufhebt und auch die Widerstände bewältigt, die der nicht nach dem Genusse, sondern nach der Freude strebenden Menschenseele entspringen. Das arme Mädchen, von dessen Jugend und Schönheit alle profitieren wollten und profitiert haben, von der nur sie allein keinen Gewinn hatte, das von den Habgiergelüsten des verkommenen Vaterhauses gepeitscht und durch alle Gossen des ordinärsten Genußlebens förmlich geschleift wurde: das bietet in ihrem Schicksal eine aufreizende Schilderung dieser Gesellschaftsordnung, in der alles seinen Preis hat und in der nichts unnahbar ist. Der entartete Ziehvater, an dem sie mit einer kranken Zuneigung hängt, die vielleicht nur aus dem tiefen, unauslöschlichen Bedürfnis des Menschenherzens nach Wärme und Liebe zu erklären ist, dessen Befriedigung der auf den rohen Sinnenfang dressierten falschen Contessa versagt war: der schlechte Erzieher steht vor dem Strafgericht, und ihn mag das Gesetz erreichen. Aber ist damit der traurige Sinn dieses Menschenschicksals erschöpft? Und wenn man alle, die die Nutznießer dieses verpfuschten Lebens waren, auf die Anklagebank stellte: wäre damit gesühnt, was hier verschuldet ward? Hier schuldet und verschuldet der Fluch der kapitalistischen Ordnung selbst, in deren Gifthauch so vieles Edle und Gute dem Verbrechen verfallen kann. Denn

Opfer fallen hier,
Weder Lamm noch Stier,
Aber Menschenopfer unerhört.

[Anonym: Ein Opfer. In: Arbeiter-Zeitung. Zentralorgan der österreichischen Sozialdemokratie, Jg. 20, Nr. 210, 1.8.1908, Morgenblatt, S. 1.]

Die verkaufte Frau

Je höher die Kultur, desto größer der Verbrauch von Seife, desto höher die Steuern und desto höher die gesellschaftliche Verlotterung. Das sind die drei verläßlichsten Gradmesser der Kultur. Kulturmenschen müssen sich im Gegensatze zu Unkultivierten, die nie so schauderhaft schmutzig sein können wie die Kultivierten, mit Seife waschen; Kulturmenschen müssen durch hohe Steuerzahlungen beweisen, daß sie für das allgemeine

Beste, auch wenn es ihnen selbst höchst miserabel geht, Opfer zu bringen bereit sind; und Kulturmenschen zeigen stets ein ausgesprochenes Bedürfnis nach der Verlotterung. Wer auf der Höhe der Kultur steht, der wäscht sich eher nicht und bleibt sogar die Steuern schuldig, ehe er sich nachsagen läßt, daß er bei einer zeitgenössischen Lumperei nicht mitgetan hat.

Auf dieses Bedürfnis ist besonders in den großen Städten Rücksicht zu nehmen, wo sich die verfeinerten Kulturmenschen zusammendrängen, und darum haben die Verwaltungen auch die Pflicht, zur Hebung des Nachtlebens beizutragen, und die Polizei hat das Recht, die Vertreter der Kultur in ihrem Vergnügen nicht zu stören. Auf Grund dieser Garantien kann sich die Liederlichkeit zur schönsten Blüte entfalten, und das tut sie auch mit der notwendigen Nachhilfe. Es ist reichlich gesorgt dafür, daß sich die Jugend verlottern und daß das Alter dumme Streiche machen kann. Das Mittel dazu ist das Weib, entweder aus Neigung und freier Wahl oder gegen ein besseres Gefühl dazu gezwungen.

So ein gezwungenes Opfer großstädtischen Vergnügungstaumels und lockeren Nachtlebens war auch jene Mizzi Veith, deren Stiefvater jetzt vor Gericht steht, um sich wegen der ihm vorgeworfenen Verkuppelung seiner Tochter zu verantworten. Der Mann soll das kaum aus den Kinderschuhen geschlüpfte Mädchen geradezu verkauft oder an den Meistbietenden vermietet haben, und über die Einzelheiten, die bei der Gerichtsverhandlung zur Sprache kommen, schlagen die Leute vor Entsetzen und in sittlicher Entrüstung die Hände über dem Kopfe zusammen. Wie schrecklich, solche väterliche Verruchtheit und das erbarmungswürdige Los des unglücklichen Mädchens, das, der Schande überliefert, und ihr einige Jahre dienend, mit dem letzten Reste moralischen Fühlens in die Donau ging.

Aber, verehrtes Publikum, möchte man angesichts dieser Empörung ausrufen, rege dich doch nicht gar so sehr darüber auf, daß ein Mädchen verkauft wurde. Der Handel mit Frauenleibern ist bei Kulturmenschen ja so etwas Alltägliches und Häufiges wie der Sklavenhandel bei den Unkultivierten. Von diesem Handel leben in der Großstadt Tausende von mitunter recht wohl angesehenen Leuten, und noch viel mehr und viel angesehenere Leute sind die Käufer, ohne sich darüber das leiseste Bedenken zu machen. Was fragt der junge oder der alte Herr, der sich mit einem ihn reizenden Mädchen eine vergnügte Stunde verschaffen will, was fragt der danach, wie das Mädchen dazu kam, ihm und anderen seinen Leib, vielleicht seine Unschuld und Ehre zu opfern? Er berichtigt den Kauf mit klingender Münze und glaubt alles getan zu haben, was seine Schuldigkeit ist. Gäbe es nicht gar so viele gewissenhafte Käufer, die für die Ware komptant und nobel zu zahlen bereit sind, so wäre dieser Handel sicherlich etwas flauer. Aber es gibt so viele junge und alte »Kavaliere«, die gerne solche Frauenkäufe abschließen, und wer sich bei dem Handel gehörig rupfen läßt, der gilt wieder als Kavalier. Zum Kavalier kann man sofort erhoben werden, wenn man für ein Schäferstündchen etwas springen läßt. Der klangvolle Titel ehrt den Käufer, den Verkäufer und die Ware und verleiht dem Geschäfte den Nimbus höchster Kultur.

Wie der Hehler so schlecht ist wie der Stehler, so können sich die Käufer von Frauenleibern auch nicht darauf berufen, daß sie nicht in der Lage wären, der gesellschaftlichen Verlotterung ihren Tribut zu bringen, wenn ihnen kein Angebot gemacht oder wenn ihr Antrag nicht angenommen würde. Aber man darf ihnen wenigstens zugeben, daß es noch feinere Kulturmenschen gibt als sie. Das sind die, die das Weib als ihnen verkauft betrachten, wenn es zu ihnen in einem Abhängigkeitsverhältnisse steht. Die Zahl der durch ihre berufliche Stellung verkauften und als verkauft geltenden Frauen und Mädchen ist gewiß viel größer als die der von Kuppler verkauften. Wie manche Künstlerin hat nur deshalb kein Engagement, weil sie sich nicht mit der Hingabe ihres Leibes die notwendige Protektion erkaufen wollte; wie manche Erzieherin ist brotlos, weil sie nicht damit einverstanden war, bei den Kindern ihres Brotherrn die Mutter und bei diesem selbst auch die Frau zu vertreten; und wie manche Comptoiristin hat schon ihre Stelle aufgegeben, weil sie nur im Geschäfte, nicht aber auch im Harem ihres Chefs Dienste leisten wollte. Manche! Ja, vielleicht auch viele, aber nicht alle. Jene aber sind gekauft und verkauft: um ihr Leben zu fristen, haben sie sich um ihr Leben betrügen lassen müssen.

Und bei all dem, man sollte sagen trotz all dessen, wird immer von der Freiheit der Frau gesprochen, die sie sich mit der fortschreitenden Kultur schon errungen habe und die sie sich noch weiter erkämpfen werde, bis sie dem Manne gleichsteht. Man braucht die Frauen, die daran glauben und darauf hoffen, gar nicht mit der unbestreitbaren Wahrheit zu kränken, daß die Erfüllung dieses Wunsches am physischen Unvermögen des Weibes scheitern muß; man darf ihnen aber wohl vorhalten, daß sie die schon errungene Freiheit nicht schon dazu benützt haben, sich von der Möglichkeit zu befreien, dem Manne auf Gnade und Ungnade ausgeliefert zu werden, verkuppelt und verkauft zu werden. Dieselbe Kultur, von der sich die Frauen die Freiheit versprechen, degradiert sie zu Sklavinnen, verlangt sie zum Opfer. Und dies nicht nur, wenn sie auf eigenen Füßen stehen zu können glauben, sondern auch, wenn sie sich am Manne eine Stütze suchen und an ihn anlehnen. Was kann der Mann der Frau bieten, der im Nachtleben der Großstadt seine Kraft und Gesundheit aufgebraucht hat und stumpf geworden ist für jedes zarte Empfinden? Oder kann man sich vorstellen, daß der Mann, dem das Weib käufliche Ware gewesen ist, die er sich schon unzähligemal aus Laune erhandelt hat, daß dieser Mann seine Frau noch in poetischer Verklärung sehen kann? Und vielleicht hat er sie nur genommen, um an ihr eine Stütze zu haben. Da ist nun die Frau eben wieder verkauft!

Könnte es anders sein? Ohne Zweifel, wenn man nicht an der Ansicht festhielte, daß mit zunehmender Kultur auch die gesellschaftliche Verlotterung wachsen müsse. Man braucht sich nicht mit der Frage abzumühen, wohin ein solcher Fortschritt endlich führen muß, denn die Weltgeschichte hat darauf schon öfters Antwort gegeben. Es wäre, wenn man nur aufrichtig wollte, dem Übel des Frauenhandels schon beizukommen. Man brauchte nur die Kuppler unschädlich zu machen und diejenigen als Erpresser zu behandeln, die die Not und Abhängigkeit des Weibes mißbrauchen. Der vom Sturme des Schicksals vom gesunden Baume des Lebens abgeschüttelten Blüten gäbe es leider noch immer genug, um das Großstadtnachtleben für diejenigen zu verschönern und anziehend zu machen, die den »Kavalier« spielen wollen. Man braucht, wenn man nicht Kavalier sein will, darum nicht just ein Asket zu sein!

[Dr. Hermann Feigl: Die verkaufte Frau. In: Deutsches Volksblatt, Jg. 20, Nr. 7035, 2.8.1908, Morgen-Ausgabe, S. 1-2.]

Glossen zum Prozeß Veith

Ein sympathischer Herr ist der zweifelhafte Graf Marcell Veith gewiß nicht. Er trieb mit der Schönheit und Jugend seiner Tochter einen lukrativen Handel, partizipierte reichlich an den Honoraren und Geschenken, mit denen sich die Kavaliere der hübschen Komtesse gegenüber dankbar erwiesen, er führte ein ordentliches Kassabuch über die Einnahmen seiner Tochter (mit denen der Haushalt der Familie bestritten wurde), er münzte mit Eifer und Geschick die Anmut und den Liebreiz seines Kindes zu barem Gelde um. Als sich das Mädchen einmal ernsthaft verliebte, wurde der Vater wütend. Er sah den Geschäftsbetrieb in Gefahr. Und seiner väterlichen Autorität gelang es, die Tochter von dem Freunde abzubringen, sie wieder auf die Kokottenlaufbahn zu drängen. Tatsache aber ist's, daß die Komtesse Veith ihren Vater abgöttisch liebte und daß sie seinetwegen in den Tod ging. Sie ertrug es nicht, ihn im Arrest, seiner

Abstrafung harrend, zu wissen. Diese Liebe des Mädchens für ihren »Papi« gibt ein wenig zu denken. Hätte es, wie der Staatsanwalt annimmt, so sehr gelitten an dem aufgezwungenen Metier, dann hätte es doch kaum dem Urheber solchen Leidens zärtlich gesinnt sein können. Vorwürfe gegen den Vater dürfte die Komtesse nicht im Herzen getragen haben, und der Brief, den sie vor ihrem Tode an Marcell Veith geschrieben, ist voll Liebe und Mitleid, voll Herzensnot über die »schreckliche Lage«, in die der Papa durch der Tochter »Schlechtigkeit« geraten sei. Sieht man die Sache nicht unter dem Gesichtswinkel der Moral, läßt man's für einen Augenblick außer Erwägung, daß es der eigene Stiefvater war, der das Mädchen verkuppelte, so muß man sagen, daß es die Komtesse Veith in der Obhut ihres gewissenlosen Vaters offenbar besser gehabt hat, als sie's in der Obhut irgendeiner der stadtbekannten Damen, vor deren aristokratischerseits so beliebten Salons die Entrüstung der Behörden bescheidentlich abschwenkt, gehabt hätte.

Und man *sah* auch die Sache ganz amoralisch an – solange die Behörde sich nicht dreinmischte. Erst dann, erst als der »römische Graf« hinter Schloß und Riegel saß und der Gedanke an einen »Prozeß Veith« viele hohe und weniger hohe Herren einigermaßen peinlich berührte, erst dann geriet der gestockte Strom sittlicher Empörung ins Fließen. Die Geschäftsfreunde des Herrn Veith rückten weit ab von dem eingesperrten Herrn (dem auf dem Weg in den Arrest auch der Grafentitel abhanden gekommen war) und bemitleideten laut und heftig die arme Komtesse, mit der sie manche heitere, von moralischen Bedenken durchaus unverfinsterte Viertelstunde verbracht hatten. Die »öffentliche Meinung« sekundierte in gewohnter Tartüfferie. Der ganze einschlägige Vokabelschatz, den »Sumpf der Großstadt« betreffend, wurde strapaziert, und die Wiener starrten höchst entsetzt auf den »Sündenpfuhl«, von dessen Existenz niemand eine Ahnung hatte. Nicht einmal die Polizei. Von den vielen, vielen Herren, die die Komtesse Mizzi und ihren Vater kannten, war begreiflicherweise nicht einer auf den Gedanken gekommen, daß er mit seinem Stillschweigen eigentlich eine kriminelle Sache gutheiße. Wenn die Komtesse leichtsinnig lebte – nun, sie hatte ja schließlich ihr freies Selbstbestimmungsrecht; und wenn sie ihrem Vater Geld gab, so geschah's wohl aus Gutmütigkeit. So sah man die Sache. Aber dann stellte sich's plötzlich heraus, daß *alle* wußten, wie es mit dem Grafen und seiner Tochter stand, daß alle somit von einem Verbrechen Kenntnis hatten.

Was ist das für ein Verbrechen, das von so viel Menschen (mit gewiß strengen Ehrbegriffen) stillschweigend toleriert wird, das niemandes

Gewissen drückt und keinen zum Denunzianten macht? Es muß etwas faul sein in einer gesellschaftlichen Ordnung, die ein Verbrechen nicht als solches empfindet, solange die Polizei sich nicht dreinmischt – und die dann, *wenn* die Polizei sich dreingemischt hat, beleidigt tut, weil dies nicht schon früher geschah.

Das Allermerkwürdigste aber ist, daß die Polizei all die Jahre hindurch nichts von den eigentümlichen geschäftlichen Beziehungen zwischen dem Grafen Veith und der Komtesse Mizzi gewußt hat. Und dabei haben polizeiliche Funktionäre die beiden, Vater und Tochter, doch ganz gut gekannt, sind, wie es scheint, gegen die zarte Schönheit der Komtesse nicht unempfindlich geblieben. Zwei Seelen wohnen auch in eines Polizisten Brust. Eine offizielle, den heiligen Geboten der Sittlichkeit und Tugend leidenschaftlich ergebene, und eine mehr private, die an den Lockungen des Lebens nicht ungerührt vorüber kann, auch wenn diese Lockungen nicht sittlich einwandfrei sind. Die Polizei erwies sich im Falle Veith merkwürdig kulant und rigoros, milde und streng, versöhnlich und unerbittlich. Noch ist nicht klar, welche Rolle ihr eigentlich in der Skandalaffäre zukommt, noch hat der Angeklagte von seinen Behauptungen, mit denen er den Gerichtshof knapp vor Vertagung des Prozesses verblüffte, nichts erwiesen. Aber noch ist ihm auch keine seiner bezüglichen Behauptungen widerlegt worden. Der eigentliche Held des Veith-Prozesses ist jetzt jedenfalls die Polizei. Wußte sie was oder wußte sie nichts? War sie blind oder – hatte ihre Moral einen doppelten Boden? Eine andere, wenn der Polizist sich als Amtsperson, eine andere, wenn er sich als unbehördlicher Mensch unter Menschen fühlte. Hoffentlich stellt sich's heraus, daß die Polizeifunktionäre, um die es sich handelt, ihr privates Erleben von ihrem Amt getrennt zu halten wußten, und es erwächst ihnen am Ende noch ein Ruhmestitel daraus, daß sie den Grafen Veith verhafteten, *trotzdem* seine Tochter ein so bildhübsches, reizvolles Mädel war.

[Veritas: Glossen zum Prozeß Veith. In: Wiener Sonn- und Montags-Zeitung, Jg. 46, Nr. 31, 3.8.1908, S. 1-2.]

Anmerkungen zum Prozesse Veith

Ist die Moral Privatsache? – Man muß wohl diese Frage aufwerfen, wenn man die Vorgänge, die der abgebrochene Prozeß Veith bot, genau verfolgt. Die Haltung und Stellung, die die Behörden dem traurigen Falle gegenüber einnehmen, geben keinen Aufschluß darüber, der die Ansprüche der Öffentlichkeit an die Rechtssicherheit befriedigen würde.

Obwohl der Hauptangeklagte durchaus keine Sympathien erwecken konnte, sondern sogar seine Haltung vor den Richtern Abscheu einflößt, ist damit die Frage nicht beantwortet, ob er der Alleinschuldige an dem moralischen Untergange seiner Tochter war, und es muß Befremden erregen, daß die ganze Anlage der Prozeßführung mit offenbarer, absichtlicher Einseitigkeit eine Klärung jener Verhältnisse verhinderte, die es ermöglichen, daß Marcell Veith den mehrjährigen schnöden Handel mit dem Leib seiner Tochter treiben konnte. Der Öffentlichkeit ist es nicht gleichgültig, darüber Aufschluß zu erhalten, denn die sittlichen Gefahren der Großstadt dürfen ebensowenig verschwiegen werden wie andere, aus dem einfachen Grunde, weil es damit unmöglich gemacht würde, sie zu verhindern. Schon darum muß es ganz ungerechtfertigt erscheinen, daß man den Kreis jener Kavaliere, von deren Spenden Veith seinen Haushalt bestritt, aus dem Prozesse ganz einfach ausschaltete, und die Begründung dieses Vorgehens durch den Verhandlungsleiter kann nicht als stichhältig erklärt werden. Es ist so viel Schmutz in dem Prozesse aufgewühlt worden, daß es auf ein wenig mehr gar nicht ankam, zumal es sich ja nur mehr um Persönlichkeiten handelte, deren Lebensbeschäftigung in nichts anderem besteht, als sich in moralischem Schmutz zu wälzen und andere hineinzuziehen. Die Schonung, die man den Kavalieren der Komtesse Mizzi angedeihen ließ, ist überhaupt völlig unbegreiflich; aus juristischen Gründen, weil es doch nicht zulässig erscheint, in einem Prozesse die belangreichsten Zeugen einfach wegzulassen, ferner aus Gründen der öffentlichen Rechtssicherheit und Moral, da diese Ausschaltung unbedingt zu dem Schlusse führen muß, daß Wüstlinge der »besseren Kreise« das Vorrecht eines besonderen Schutzes der Behörden genießen. Das Gefährliche an einer derartigen Haltung der Behörden aber ist die Tendenz, die sie verkündet, daß die Moral – oder besser die Unmoral – eine gesetzlich geschützte, unantastbare Privatsache sei, wenn sie nicht mit dem *Buchstaben* des Gesetzes in Konflikt gerät. Die kulturelle Bedeutung der Justiz wird dadurch einfach negiert, wenn man den Menschenverkäufer bestraft und dem Käufer eine förmliche Protektion der Behörden gewährt, damit seine Moral eben Privatsache bleiben kann.

Die Führung des Prozesses läßt jedoch noch andere Fragen offen, die man wird beantworten müssen. Vor allem kann man dem Staatsanwalt die Frage nicht ersparen, ob es zulässig erscheint, wichtige Aktenstücke eines Prozesses einfach ungelesen zu übergehen, da sie in Liebesbriefen bestehen, die mit der Anrede »Liebe Mizzi« beginnen und weil Liebesbriefe in der Regel langweilig sind.

Der Einwurf des Vorsitzenden, daß der Parfümgeruch das Lesen der Briefe unangenehm mache, gibt wohl keine Antwort auf diese Frage.

Die zweite Frage betrifft die Ausschaltung der Polizei aus dem Prozesse. Ihr ist ja doch die Überwachung der Vergnügungslokale übergeben, die die Komtesse Mizzi besuchte. Warum nahm sie keinen Anstoß an dem Treiben des Mannes, der die gesamte Lebewelt kannte, wie aus der allgemeinen Bezeichnung Veiths als »Strizzi« hervorgeht. Haben die »Überwachungsorgane« dieses gesetzwidrige Treiben, das sogar die Etablissementsbesitzer bewog, gegen Veith einzuschreiten, nicht bemerkt oder »geduldet«? Hat die Sicherheitsbehörde – von der alltäglich gemeldet wird, »es ist ihr gelungen« – durch vier Jahre ahnungslos an dem Treiben Veiths vorübergehen können?

Diese Fragen müssen beantwortet werden, und ebenso kann es wohl nicht bei den einfachen Dementis bleiben, die die Beziehungen der Komtesse Veith zu verschiedenen polizeilichen Organen in Abrede stellen. Die Weiterführung des Prozesses muß die Beweise hiefür ergeben. Sie wird hoffentlich auch die Einvernehmung der berüchtigten Frau Sachs ermöglichen. Denn daß die Vermittlerin von gesetzwidrigen Lebensverhältnissen den Behörden unerreichbar sei – diesen Vorwurf wird wohl das Sicherheitsbureau nicht auf sich sitzen lassen können.

Noch ein Moment der bisherigen Prozeßführung darf nicht unerwähnt bleiben, die sogenannte – Taktik des Verteidigers. Anstatt mit den scharfen Waffen einer geistreichen Polemik für den Angeklagten zu kämpfen, mit Athletentricks nach Ringkämpferart für ihn zu arbeiten, diese taktische Methode ist wohl neu und verblüffend; ob sie mehr zu erzielen vermag, als Aufsehen zu erregen, erscheint sehr fraglich, zumal sie überdies zu dem Ernste eines Gerichtsverfahrens in einem unausgleichbaren Gegensatz steht.

[Anonym: Anmerkungen zum Prozesse Veith. In: Reichspost. Unabhängiges Tagblatt für das christliche Volk Österreich-Ungarns, Jg. 15, Nr. 212, 3.8.1908, Mittagsblatt, S. 5.]

Sumpfvögel

Vor dem Wiener Landesgericht schwebt gegenwärtig ein Prozeß, der ein furchtbares Kapitel aus der Sittengeschichte der Großstadt enthüllt.

Ein Vater, der den stolzen Titel führen darf: *»Comes Romanus«*, den der Papst Pius IX. seiner Familie verliehen, der ein Zögling des hochgepriesenen »Theresianums« war, *hat seine 14jährige Tochter der Pro-*

stitution zugeführt, hat aus dem Lastergeld, das das Mädchen verdiente, seine und die Existenz seiner Frau bestritten. So trieb es der edle Marcell Veith mehrere Jahre, bis das Mädchen das elende Leben satt bekam und sich im Donaukanal – ertränkte …

Herr Veith führte seine Tochter jede Nacht in die berüchtigtesten oder, wie es im modernen Reklamestil der Zeitungen heißt: feinsten und erstklassigen Vergnügungslokale, bot sie dort den begehrlichen alten und jungen Herren gegen hohe Preise zum Kaufe auf Zeit an. Und die »Herren« bezahlten Tausende und Hunderte von Kronen für allerlei raffiniertes Getändel mit der »Komtesse Mizzi«, die »anfangs« alles mit sich machen ließ und alles machte, nur ihre materielle Virginität nicht preisgab … Für die letztere sollte ein sehr hoher Tribut dem Herrn Papa bezahlt werden von dem Glücklichen. Und auf das Gelingen der Defloration des Mädchens wurde im Jockeiclub eine Wette im Betrage von 100.000 Kronen abgeschlossen. Die Wette ging dahin, ob die »Komtesse« dem einen oder dem anderen von den beiden Grafen in die Wohnung folgen werde … Und einer der Herren gewann die Wette, die der Verlierende auf den Heller bezahlte …

Man möchte hier eine Betrachtung einfügen über den Ursprung der Geldquelle, aus der der sieghafte Herr Graf schöpft. Ob nicht das Vermögen, das dem strahlenden Ehrenmann zur Verfügung steht, durch Hunderte vernichteter Existenzen zusammengekommen ist. Und fragen möchte man, ob der verlierende gräfliche Wettende wohl einem alten verkrüppelten Weibe, das ihn auf der Straße angebettelt haben würde, ein Zwanzig-Heller-Stück geschenkt hätte mit demselben Gleichmut, mit dem er seinem Partner die hunderttausend Kronen bezahlte …

Herr Marcell *Veith, Comes Romanus* aus päpstlicher Gnade, offerierte in den Vergnügungshöhlen sein Kind wie ein Hausierer seine Ware. Wie arg es der Halunke getrieben haben muß, geht daraus hervor, daß man ihm den Besuch bestimmter Lokale, in denen man doch an starke Dinge gewöhnt ist, verbot und nur die Tochter einließ. Der Herr Papa brachte sein Kind zu den Lokalen der Freude und holte es von dort wieder ab, nachdem das Mädchen mit den »Herr'n« sich unterhalten hatte, oder er wartete geduldig vor dem Hotel, in welchem sich seine Tochter mit irgend einem »hohen« oder »feinen Herrn« gerade befand, oder vor dessen Haus und nahm ihr dann die empfangenen Banknoten ab … Im Verlaufe von vier Jahren »verdiente« er an dem Leibe seines Kindes mehr als 40.000 Kronen! …

Wie es in den »erstklassigen Vergnügungslokalen« zugegangen sein muß, geht aus der Aussage einer Teilnehmerin an diesen geselligen Vergnügungen hervor, wonach die »Damen« in den »Séparées« vollständig entkleidet den »Herr'n« Gesellschaft leisteten ...

Die Kellner und Portiere der »Etablissements«, in denen bloß die »Angehörigen der feinsten Kreise« verkehren, nannten den römischen Grafen nur den »Strizzi seiner Tochter«, und die Fiaker, welche die Mädchen mit ihren »Herr'n« führten, bezeichneten den *»Comes«* als einen elenden Kuppler und sagten es ihm auch ins Gesicht ...

Kupplerinnen marschierten im Gerichtssaale auf, welche Dinge über den »Grafen« und dessen Treibern sowie über die Vorgänge in den verschwiegenen Extrakabinetten erzählten, die den langjährigen Türsteher irgend eines Lupanars zum Erröten bringen könnten ... Und das ging jahrelang so fort. Alle Welt wußte davon. Zahlreiche anonyme Anzeigen bei der Polizei erfolgten – nichts geschah. Die Polizei war, wie der Portier eines Vergnügungslokales aussagte, »äußerst kulant«.

Sohin konnte der römische Graf seine Schandtaten ungestört treiben. Zu der »in den feinsten Kreisen berühmtesten Kupplerin« führte der niederträchtige Vater sein armes Kind. Aber zu dieser Bestie wollte das Mädchen nicht mehr gehen, »weil man ihr für ihre Unschuld nicht so viel zahlen wollte, als sie forderte« ... Ein ganzes Korps von Menschenhändlerinnen, darunter auch eine »Frau Doktor«, wurde im Verlaufe der Prozeßverhandlung genannt. Die gefeierte Kavalierskupplerin, die als Zeugin hätte erscheinen sollen, war nicht auffindbar, obzwar Polizei und alle »feinen« Lebemänner recht gut wissen, wo die »Dame« wohnt und ihren Taubenschlag hält. In den Lokalen gewisser Geschäftsleute, ehrsamer ausgezeichneter Bürger, hatte die Welt, in der die Komtesse Mizzi verkehrte, ihre Rendezvous mit den Lebebuben und Lebegreisen bis zum hellen Morgen. Markt war dort jede Nacht, ist noch dort für weibliche Ware, die gekauft werden will. Wehe, wenn man den »hochanständigen Charakter« dieser Zusammenkunftsorte der feinsten Kreise Wiens, deren Besitzer alljährlich viele Zehntausende verjubeln, anzweifeln wollte. Verkehrt ja dort wirklich nur die »*Crème de la crème* der Gesellschaft«! Der ehrenwerte Besitzer eines solchen Lokales wollte die »Komtesse Mizzi« als besondere Attraktion engagieren und ihr einen Separatsalon in seinem Lokale einrichten. Ein ehrenhafter Mitbürger – was? ... Diese dem Gerichte gut bekannten kupplerischen, ehrenhaften Bürger, die Lebebuben und Lebeveteranen sind nicht als Zeugen geführt worden!

Vier Jahre lang hat Veith, den, der sonderbaren Färbung seiner Haare wegen, die Kutscher in der Nähe der Vergnügungslokale auch den »Grafen Zebra« nannten, seine scheußlichen Taten getrieben. Erst als mehrere unreife Bursche, richtige Rotzbuben noch, aus der ersten Lehr- und

Erziehungsanstalt in Österreich-Ungarn, der »Theresianischen Ritterakademie«, derselben Anstalt, deren degengeschmückter Zögling vor Jahren auch »Graf Veith« gewesen, mit der »Komtesse Mizzi« Verhältnisse anfingen und die Eltern dieser für die höchsten Staatsdienste bestimmten Bursche dahinterkamen, welche Streiche ihre moralisch verlumpten Buben gemacht, wurde die Polizei angegangen, den Unfug abzustellen. Die Polizei, die vier Jahre lang die Schweinerei geduldet hatte, obzwar die Geheimpolizisten das Treiben des »Grafen« gekannt und darüber gewiß auch ihren Vorgesetzten rapportiert hatten, schritt nun ein, und der »Graf Veith« wurde verhaftet; das Mädchen gab sich aus Kränkung darüber selbst den Tod … Früher eine Unglückliche mehr – nun eine Unglückliche weniger …

Die Polizei war eben »äußerst kulant«. Sie ließ einen furchtbaren Verbrecher jahrelang ungestört seine Schandtaten verüben und fortsetzen, und erst als aus den »feinsten Kreisen« um Abhilfe gerufen ward, schritt die löbliche Polizei, die sonst bei jeder Arbeitseinstellung gleich kompagnienweise ausrückt – uniformiert und im Zivilkleide – ein. Zu spät, um ein junges, vom Vater verführtes Menschenkind, das noch gerettet und gebessert hätte werden können, dem Tode zu entreißen; zu spät, als daß der elende Vater und dessen nichtsnutziges Weib nicht Verbrechen auf Verbrechen gegen ihr Kind und gegen die Menschheit hätten häufen können …

Aber für diese »äußerst kulante« Polizei ist jetzt auch das Verhängnis hereingebrochen. Während der Verhandlung, als dieselbe bereits dem Schlusse zueilte, wurde, allerdings von seiten der angeklagten Frau Veith, die für die Sicherheitsbehörde schreckliche Anschuldigung erhoben, daß *höhere Polizeifunktionäre* an dem Gehaben der »Komtesse Mizzi« und deren Vater einen gewissen Anteil genommen hatten! … Ja, ein Polizeibeamter soll von dem Mädchen »Liebe« *erpreßt* haben! …

Der Prozeß, der uns einen fürchterlich stinkenden Sumpf sehen ließ, aus dem eine Menge lichtscheuen und häßlichen Gevögels aufflog, ist *vertagt* worden, weil die Einvernahme einiger Zeugen, die teils »unauffindbar«, teils von Wien »zufällig« abwesend waren, als dringend notwendig vom Gerichtshof beschlossen worden ist. Die so schwer angeschuldigten Polizeibeamten aber werden dem vorliegenden Gerichtshofbeschluß zufolge nicht in den Gerichtssaal zitiert werden, um als Zeugen auszusagen. Vorläufig soll gegen sie eine Disziplinaruntersuchung eingeleitet worden sein. Was wird jedoch bei dieser herauskommen? … Denn die Angeschuldigten stellen jeglichen Umgang mit dem Mädchen in Abrede.

Der verruchte römische Graf und dessen Weib müssen in das Zuchthaus kommen – das steht für jeden anständigen Menschen fest. Die Richter brauchen sich über die Schuldfragen wahrlich nicht mehr anzustrengen; höchstens daß sie über das Strafausmaß noch nicht einig sind. Als Strafmilderungsgrund kann beiden Verbrechern aber das »äußerst kulante Verhalten« der Polizei zugebilligt werden, die durch ihr passives Verhalten und, falls die von den Veiths erhobenen Anschuldigungen wahr sein sollten, durch Verfehlungen von Polizisten an diesem scheußlichen Verbrechen eines verworfenen Elternpaares mitschuldig geworden ist.

[Anonym: Sumpfvögel. In: Volkstribüne. Organ für die Interessen des arbeitenden Volkes, Jg. 17, Nr. 32, 5.8.1908, S. 3.]

Die Wohltäter

Der erste Prozeß Veith wurde vertagt, damit die berühmte Frau Sachs vor Gericht erscheine. Aber die Dame war auch gestern nicht gekommen, und der Verteidiger war so freundlich, auf ihre Einvernahme zu verzichten. Was wäre geschehen, wenn der Verteidiger nicht so freundlich gewesen wäre? Frau Sachs liebt es nicht, mit Vorladungen behelligt zu werden. Sie betreibt seit vielen Jahren den Verkauf von Mädchenkörpern an hohe Herrschaften, aber seit ein paar Monaten ist sie recht ungehalten, weil sie mit Zeugenvorladungen behelligt wurde. Selbstverständlich kann eine Dame vom Range, von den Beziehungen, von der gesellschaftlichen Wichtigkeit der Frau Sachs dergleichen Wische einfach in den Papierkorb werfen, aber es ist schon verdrießlich genug, daß man ihr dergleichen zuzustellen wagt. Die Richter reden sich freilich aus, daß die Kuppelei des alten Veith durch die Zeugenschaft der Frau Sachs erwiesen werden könnte, weil die vierzehnjährige Mizzi in ihrem Hause verkehrt habe. Lächerlich! In ihrem Hause hat die Mizzi bloß einen Wohltäter kennen gelernt, der das vierzehnjährige Mädchen ausbilden lassen wollte. Das hat sie dem Untersuchungsrichter gesagt, und die Unterredung des Wohltäters mit der Mizzi hat Frau Sachs, deren Ausbildungsideale so schwer verkannt worden, in einem Gespräch geschildert, das der Untersuchungsrichter zu Protokoll genommen hat:

Alter Herr: Mein Kind, ich höre, deine Mutter ist krank. Kann ich etwas für dich tun? – *Mizzi:* Der Professor Ritschel hat gefunden, daß ich Talent zum Theater habe. – *Alter Herr:* Ich werde *das Meinige* dazu tun.

So sorgt Frau Sachs für Kinder, deren Mütter krank sind! Der Dialog scheint ganz besonders dem vorsitzenden Herrn Baron Distler, der ja als Gemütsmensch bekannt ist, zu Herzen gegangen zu sein, denn er richtete an Herrn Veith die Frage: »Ist es wahr, daß dieser Wohltäter die Hand von Ihnen gezogen hat, weil er Sie beim Derby champagnisierend getroffen hat?« Zerknirscht mußte Herr Veith gestehen: »Ja.« Der sächsische Wohltäter war eben in seinen sittlichen Bildungsabsichten bitter enttäuscht worden! … Durch die Frau Sachs konnte also die Kuppelei dieses unnatürlichen Vaters nicht nachgewiesen werden. Wodurch wäre der Verkauf oder die Vermietung der Mizzi – verhandelt vom eigenen Vater – am einfachsten zu erweisen gewesen? Nun, durch die Zeugeneinvernahme der Käufer und Mieter. Ihre Namen waren ja dank der korrekten Buchführung des alten Veith eingezeichnet und aufbewahrt. Das Gericht vernahm keinen – weder in der ersten noch in der zweiten Verhandlung. Es waren eben auch Wohltäter, Ausbilder, Erzieher. Die Wohltäter der armen Mizzi waren sogar Grafen, Fürsten und vor allem Theresianisten, also das blaueste Blut von Österreich. Wohltäter müssen dankbar, rücksichtsvoll und ehrerbietig behandelt werden. Und schließlich, in erotischen Dingen hört die Moralisterei auf. Wer braucht da kein nachsichtig zugedrücktes Auge? … Hatten die Wohltäter wirklich Anspruch auf so viele verständnismilde Richter? Sie haben einem Vater sein Kind abgekauft, sie haben einem alten Filou ein vierzehn-, fünfzehnjähriges Mädel abgehandelt! Das sind doch ganz andere Dinge als die normalen Bordellprozeßfakten. Mindestens die ersten Kundschaften hätten vor Gericht geladen werden müssen! Aber da der Wohltäter der Frau Sachs in achtungsvollem Dunkel blieb, mußte das Gericht selbstverständlich auch allen Nachfolgern rücksichtsvoll ausweichen. Die Komtesse Mizzi ist ein weniger dankbares Gemüt gewesen. Von allen ihren Wohltätern riß sie sich los – ins Wasser.

[Anonym: Die Wohltäter. In: Arbeiter-Zeitung. Zentralorgan der österreichischen Sozialdemokratie, Jg. 20, Nr. 286, 17.10.1908, Morgenblatt, S. 6.]

Tragische Groteske. Zum Prozeß Veith

Der »Graf« Marcell Veith ist zu einem Jahre schweren Kerkers verurteilt worden. Mit dieser Sentenz wird ein Gerichtsdrama abgeschlossen, das zu grotesk anmutete, um als ein Sittenbild aus der Großstadt im landläufigen Sinne angesehen werden zu können, und doch wieder zu tragisch für eine belustigende Groteske. Das Zerrbild einer Tragödie ward da aufgerollt, und wenn das Stück, das sich da abgespielt hat, doch seine Klassifikation erhalten soll, kann es höchstens als eine tragische Groteske bezeichnet werden. Allerdings, die Gestalt des Verurteilten selbst weist kein Element der Tragik auf. Die Schuld allerdings ist vorhanden und erwiesen, aber nicht jede Nichtswürdigkeit ist gleich eine tragische Schuld. Ihm ist sein Recht geworden durch die entehrende Strafe, und die öffentliche Meinung regt sich nicht darüber auf, ob die Strafe zu gelinde oder vielleicht zu hart war. Die eigentliche Heldin des seltsamen Schauspiels war im Gerichtssaale nicht erschienen. Sie, die sonst keiner Schande aus dem Wege gegangen, ist freiwillig in den Tod gegangen, da das gerichtliche Einschreiten drohte. Sie, die einer großen Öffentlichkeit angehört hatte, hat sich vor der Öffentlichkeit des Gerichtssaales in die Stille des Grabes geflüchtet. Die psychologischen Zusammenhänge, die schließlich zu einem solchen Entschlusse führen mußten, liegen nicht ganz klar zutage und werden vollständig wohl auch niemals ganz klar werden. Die einzige Kronzeugin, die vollen Aufschluß geben könnte, ist verstummt und wird niemals wieder reden. Das eine steht fest: erschütternd und zum tiefsten Mitleid anregend war in diesem Prozeß nur das Schicksal, Glück und Ende der Abwesenden, der Komtesse Mizzi, der jugendlichen Schönheit, die väterliche Umsicht und Sorgfalt in kurzer Zeit zu einer stadtbekannten zu machen gewußt hat.

Marcell Veith war nicht der richtige Vater des verderbten, durch ihn verderbten Kindes. Er hat es als Hochzeitsgabe mitbekommen, als er seine Gattin ehelichte, die ja auch ihre Rolle im Gerichtssaale hat. Keine beneidenswerte, obschon sie freigesprochen wurde. *Pater incertus*. Nach dem Vater wurde nicht geforscht. Marcell Veith hat sie an Kindesstatt angenommen. Für das menschliche Gefühl hat es noch etwas Beruhigendes, daß es wenigstens nicht das eigene Fleisch und Blut war, das der Mann aller Niedrigkeit und Schmach ausgeliefert hat. Bei alledem flammt doch die Entrüstung auf bei dem Gedanken an die schamlose Verruchtheit, mit der ein Kind, ein anvertrautes Kind systematisch abgerichtet worden ist zu den raffiniertesten, einträglichsten und dabei in gewissem Sinne gefahrlosesten Künsten, die in tiefsten Niederungen großstädtischer Verderbtheit ihren guten Kurs haben.

Das Kind war schön, und das war sein Unglück. So ward es das taugliche Werkzeug in der Hand ihres gewissenlosen Vaters und Beschützers. Sie war gelehrig, und das Hauptstück ihres Talents war ihre Schönheit. Kaum vierzehnjährig brachte sie schon Summen ins Verdienen, die ihrem würdigen Vater ein üppiges und sorgloses Leben gewährleisteten. Er war wirklich ihr Beschützer, der Beschützer ihrer Tugend. Er wachte mit Argusaugen darüber, daß ihre »Tugend« nicht Schaden leide. Denn diese war die seltene Spezialität, mit der sich das große Geschäft machen ließ. Die jungfräuliche Dirne – diese *contradictio in adjecto* ward zum großstädtischen Ereignis, das seine reichlichen Erträgnisse lieferte. Marcell Prévosts *Demi-Vierges* sind harmlose Kinder gegen das Prachtexemplar einer Halbjungfrau, das Marcell Veith da herangebildet hatte und das er allnächtlich zu Markte führte. Überall führte er sie hin, wo flüchtige Liebe für Geld erhandelt wird, und seine pathetische Ausrede vor Gericht ging dahin, daß er sie in die Welt einführen wollte, um – sie günstig zu verheiraten! Aus demselben Grunde gab er ihr eine erfahrene Prostituierte mit auf den Weg.

Es ist nicht alles aufgeklärt worden im Gerichtssaale, und es ist wohl auch besser so. Zweihundertundfünf Männer wollte der Ehrenmann noch als Zeugen vor Gericht laden lassen, die bekunden sollten, daß er nicht der Gelegenheitsmacher war und daß er keinen Vorteil aus dem Gewerbe gezogen, zu dem er seine Tochter abgerichtet hatte. Die Taktik war durchsichtig. Er wollte Schrecken verbreiten, er suchte den Skandal, den ungeheuren Skandal. Zu verlieren hatte er nichts mehr, er konnte nur noch gewinnen. Dieses Begehren allein mußte ihn richten. So viele Männer wußte er namhaft zu machen, welchen sein Kind nach seinen Weisungen sich gewidmet hatte, und damit sollte – seine Unschuld erwiesen werden, wo es durch ein förmlich geschäftsmäßig geführtes Kassenbuch dargetan war, welchen Nutzen er aus diesen Verhältnissen gezogen hatte. Es ist in jedem Betracht besser, daß der Sumpf nicht noch tiefer aufgerührt wurde. Es ist vielleicht auch nicht zu beklagen, daß sein eigenes Verhältnis zu dem Kinde nicht heller beleuchtet werden konnte. Mysteriös klingt es aus der nachgelassenen Zeile des Kindes: »Die größte Liebe fühlte ich zu ihm, aber fragt nicht weiter danach.« Das Gefühl sträubt sich, den Andeutungen nachzugehen, und man möchte es fast noch als ein versöhnendes Moment bei dieser entsetzlichen Häufung von Verderbnis aufnehmen, daß wenigstens irgendwo einmal ein Strahl eines lauteren Gefühls der Liebe durchleuchtet.

Der Fall, der so grelle Lichter auf moralische Zersetzungen unter der schimmernden Oberfläche der Großstadt wirft, ist glücklicherweise nicht danach angetan, zu Verallgemeinerungen zu verleiten. Libertinage und Perversität sind gewissermaßen chemische Bestandteile aller großstädtischen Gesellschaftsorganismen und wohl allenthalben in der Welt nachweisbar. Daß diese widerliche Groteske sich gerade in Wien abgespielt hat, beweist noch nichts gegen die Stadt. Der Vater als Zuhälter ist, so entsetzlich die Erscheinung sein mag, nichts Neues mehr. Noch ist es nicht völlig erforscht, wie tief hinunter menschliche Niedertracht reichen kann. Der Fall ist weder typisch noch symptomatisch, ebensowenig wie es vereinzelte Abnormitäten und Monstrositäten in der Natur sein können. Typisch ist da nur die Halbheit und die unsichere Stellung, zu der unsere Polizei in ihrem Verhalten gegen die offene und geheime Prostitution verurteilt zu sein scheint. Sie muß zu gleicher Zeit sanktionieren und verfolgen, und wenn es dann einmal einen Eklat gibt, dann muß auch notwendigerweise ihre schiefe und darum unhaltbare Stellung in dieser Frage offenbar werden. Sie hätte, heißt es, früher eingreifen sollen. Unter den gegebenen Verhältnissen hätte wahrscheinlich auch da ein Fehler unterlaufen müssen. Es liegt eben an den Verhältnissen, die nun doch wohl geregelt werden sollten.

[Anonym: Tragische Groteske. Zum Prozeß Veith. In: Neues Wiener Journal, Jg. 16, Nr. 5385, 18.10.1908, S. 1.]

Der Kuppelgraf

Dieser Prozeß wird sich für immerwährende Zeiten im Gedächtnis gewisser Kreise erhalten, die sich, nachdem sie sich kaum von den Schauern des Eulenburg-Prozesses erholt, nach einem neuen Objekt sehnten, über das man sich entrüsten könnte. Da hatte der Herrgott ein Einsehen und bescherte ihnen den Prozeß Veith. Eine höhere Gerechtigkeit ging sogar so weit, die Sensationen zu verlängern, sie ließ den Prozeß vertagen und dehnte so den Genuß hinaus; bis endlich die Ernüchterung eintrat. Wage es übrigens keiner, den Prozeß Veith mit dem zu vergleichen, der von den grausamen Verirrungen eines deutschen Gerichtshofes, begangen an einem hilflosen Greise, berichtete. Während hier nur die sogenannte »Gesundheit« triumphierte, der Ekel Orgien feiern durfte und der Normalität Triumphpforten errichtet wurden, liegen die Dinge im Wiener Prozeß anders: da handelt es sich auch um normale Menschen. Doch welch ein Abstand! Wie kann man nur so etwas tun! Man badet förmlich in einem Teich der Wohlanständigkeit, und angesichts dieser »Enthüllungen aus dem Sumpf« lernt man es erst schätzen, was es heißt, einen »Charakter« zu haben! In diesen Tagen, da die hunderttausendste Auflage des »Tagebuches einer Verlorenen« erscheint, bei dessen Lektüre der Leser aber von gräßlichen Zweifeln über die »Authentizität« geplagt wird, ist es uns vergönnt, am Morgen um 4 oder 5 Kreuzer das Tagebuch der Komtesse Mizzi kennenzulernen, dessen Echtheit wohl unangefochten bleiben wird. Dieser Prozeß verdient es ferner, denkwürdig genannt zu werden, denn er hat eine Fülle von Belehrendem geboten. Es gibt nämlich in dieser Stadt eine Unmasse Leute, die durch ihn erfahren haben, daß es Geschöpfe gibt, die sich nicht um 10 Uhr abends ins Bett legen; daß es in Wien sogenannte »Nachtlokale« gibt, in denen »Kavaliere« und »Damen« verkehren. Man hat ferner durch diesen Prozeß erfahren, daß es in dieser Stadt Geschöpfe gibt, die verworfen genug sind – Champagner zu trinken; und das in ganz gehörigen Quantitäten, so daß dann Rechnungen von schwindelnder Höhe beglichen werden müssen. Doch nicht nur für Champagner wird Geld ausgegeben; nein – auch für Frauen! Und eben durch diesen Prozeß Veith erfuhren die Wiener Gesitteten, daß es solche Mädchen gibt, die es vorziehen, ein müheloses angenehmes Leben zu führen, statt sich für einen Schandlohn von früh bis abend als Näherin die Finger zu zerstechen oder als Fabriksarbeiterin bei einem untadeligen Lebenswandel an der Tuberkulose zugrunde zu gehen. Das Furchtbare muß endlich gesagt werden: diese Mädchen leben von der Liebe! Ein Geschlecht, das sich ausschließlich durch »Einheiraten« fortpflanzt, wird das freilich nie begreifen, und Väter, die ihre Töchter mit Banknoten bedecken, damit ein Mann nur überhaupt komme, sie zu besitzen, müssen mit tiefer Verachtung auf einen Vater blicken, der von dem Mann, der seinem Kind sich nahen wollte, verlangte, dies sein Kind mit Banknoten zu bedecken …

Hier wollen wir übrigens ein wenig verweilen und uns mit der Familienchronik derer von Veith näher befassen. Die Dinge liegen so und nicht anders: Ein *Kutscher* beschloß eines Tages, die im gleichen herrschaftlichen Hause bedienstete *Köchin* zu heiraten; diese Köchin brachte außer einigem Ersparten auch eine neunjährige Tochter in die Ehe, die kleine Mizzi, die also niemals die Tochter des ehemaligen Kutschers und nachmaligen römischen Grafen gewesen ist. Marcell Veith muß eine ähnliche Lebensauffassung gehabt haben wie der Bediente *Jean* der Gräfin *Julie*. Auch er fühlte sich zu etwas Höherem geboren, streifte den Kutscherrock ab und wurde Aristokrat. Ebenso wie jener Jean erkannte Veith, daß der Weg, der von der Bedientenkammer hinauf auf die Freitreppe führte, von einer *Frau* gewiesen werden müsse. Marcell Veith hat nicht gelogen, als er beteuerte, er habe seiner Tochter nur ein angenehmes Leben bereiten wollen. Was hat er übrigens wirklich getan? Zu seinen sonstigen Talenten besaß er noch das zu einem guten Geschäftsmann. Er erkannte richtig, daß das Kapital, das seine Tochter von Mutter Natur, wie jede Frau überhaupt, mitbekommen, zu hohen Zinsen angelegt werden müsse; ebenso wußte er, daß ein vernünftiger Mann niemals das Kapital angreifen, sondern nur die Zinsen verwenden dürfe, was er auch seiner Tochter immer aufs neue einschärfte. Eine Zeit lang ging auch alles nach Wunsch, Mizzi befolgte getreulich die Winke ihres Ratgebers, ihr Kapital blieb unberührt. Bis sie eines Tages ungehorsam ward, weil sie nicht anders konnte. Das war der schrecklichste Tag für den alten Veith.

Von da ab trat eine Wandlung ein; die Ereignisse nahmen einen anderen Verlauf als bisher. Dann ging die Komtesse Mizzi eines Tages ins Wasser. Niemand weiß, warum sie es tat; auch nicht ihr Vater, der ihren Tod wirklich ehrlich zu betrauern scheint. Nochmals: Marcell Veith hat die Wahrheit gesprochen, als er sagte: »Ich wollte nur meinem Kind ein angenehmes Leben bereiten.« Als er nun durch den Urteilsspruch ein Jahr schweren Kerkers zugesprochen erhielt, konnte Marcell Veith den seltsamen Ruhm für sich in Anspruch nehmen, für *den* Wiener Zuhälter gehalten zu werden. Mit ihm wurde nicht eine Person, sondern die Kuppelei überhaupt ins Gefängnis geschickt. Und wenn man nun all diesen Entrüsteten zuruft: Macht doch die Augen auf! Seht euch doch um! Warum denn nur der »Graf Zebra«? Bei Gott, die Polizei hätte viel zu tun, wollte sie mit all denen, die dasselbe Gewerbe betreiben wie Graf Veith, ebenso streng ins Gericht gehen. Und deshalb ist es widerlich, diese überlebensgroße Gebärde der Entrüstung zu sehen, die einem jetzt überall entgegenragt; über eine Sache, die täglich, stündlich vor unseren Augen sich abspielt, von der jeder weiß und niemand etwas wissen will. Da kommt natürlich ein solcher Anlaß willkommen, bei dem es eine so imposante Entrüstungskundgebung gibt. Ja, so ein Charakter ist halt eine wunderschöne Sache. Die Wellen werden sich glätten, man wird sich beruhigen und schließlich wieder bei *Five o'clock teas* um ein Gesprächsthema verlegen sein. Wir aber wollen uns an das Wort halten, dessen Wahrheit wieder einmal erhärtet wurde: »Pfui! sagt man weit öfter aus *Neid* als aus *Entrüstung*.«

[f.: Der Kuppelgraf. In: Wiener Allgemeine Zeitung, Nr. 9169, 19.10.1908, S. 2.]

Der römische Graf als Kuppler

Der alte Falott und *römische Graf* Marcell Veith, der *seine vierzehnjährige Stieftochter* allabendlich auf den Strich und »feinen Herren«, alten geilen Geldhyänen und jungen Aristokraten, zuführte und dieses ehrenhafte Geschäft zwei Jahre lang betrieb, ist *zu einem Jahre schweren Kerkers verurteilt* worden. Wurde bei der neuerlichen, vorige Woche stattgehabten Gerichtsverhandlung auch der ganze Schmutz dieses Verbrechens wieder aufgerollt, so hatte man es doch, aus Rücksicht für die Beteiligten, unterlassen, die verschiedenen »Kavaliere«, welche die kleine »Komtesse Mizzi« mißbrauchten, sowie die berüchtigte Kavalierskupplerin *Sachs*, eine der niederträchtigsten menschenhändlerischen Bestien Wiens für die feinsten Kreise, als Zeugin vor Gericht zu zitieren.

Auch die k.k. Theresianum-Lausbuben, die mit der »Mizzi« verkehrt hatten, wurden aus dem Spiele gelassen. Diese aristokratischen Rotzbuben, die, statt zu lernen, in den Häusern der Kuppler und Kupplerinnen ein und aus gehen, werden gewiß noch einmal bedeutende Stellungen in der Gesellschaft oder gar im Staate einnehmen und von Moralpredigten an die »inferioren« Bevölkerungskreise überfließen. Wäre man gerecht in Österreich, müßte man diese uniformierten Plattenjungen nach Eggenburg in die Besserungsanstalt für verwahrloste Buben schicken … Die Frau des »Grafen« Veith, aus deren erster Ehe das mißbrauchte, zum Selbstmord getriebene Mädchen stammte, wurde freigesprochen.

[Anonym: Der römische Graf als Kuppler. In: Volkstribüne. Organ für die Interessen des arbeitenden Volkes, Jg. 17, Nr. 43, 21.10.1908, S. 8.]

Komtesse Mizzi. Eine Justizkomödie

[…] Vier lange Jahre trieb der edle Graf unter den Augen der Polizei das schöne Spiel mit seiner Tochter, wiederholt liefen Anzeigen ein, welche die Polizei auf dessen Treiben aufmerksam machten, aber immer drückte die Polizei alle Augen zu. Als jedoch einige hochmögende Herren sich darüber beschwerten, daß ihre Söhne ihr Taschengeld bei den Veiths ließen, erwachte sofort in den Polizeifunktionären das seit Jahren schlafende Gefühl für Gottesfurcht und fromme Sitte, und es wurde ohne Verzug geamtshandelt.

Für die Polizei genügt der Wink einiger hoher Herren, um einer mißliebigen Person das Genick zu brechen, wogegen man Personen, über die sich die schützenden Hände hoher Herren strecken, Verbrechen auf Verbrechen häufen läßt. Seit vielen Jahren verkuppelt die Sachs Mädchen und Frauen an hohe und höchste Herren, die ganze Stadt weiß dies, doch niemals fand sich die Polizei bewogen, gegen sie einzuschreiten.

Theresianisten und deren Eltern scheinen übrigens in unserem Staate besonders heilig gehalten zu werden, denn der Staatsanwalt ließ lieber die Anklage gegen Frau Anna Veith fallen, als daß er sich dazu entschlossen hätte, die im Hause verkehrenden Theresianisten, welche allein über die Vorgänge daselbst, und damit über die Mitschuld der Frau hätten Auskunft geben können, als Zeugen vorzuladen. Ein stärkeres Stückchen kann man sich wohl kaum mehr leisten, als dass man eine Verbrecherin laufen läßt, weil man den Tatzeugen keine Unannehmlichkeiten machen will. […]

[Anonym: Komtesse Mizzi. Eine Justizkomödie. In: Der Blitz, Jg. 1, Nr. 11, 31.10.1908, S. 5-7.]

Einen Kommentar und Metatext zur Causa lieferte auch Karl Kraus (Prozeß Veith. In: Die Fackel, Jg. 10, Nr. 263, 26.10.1908, S. 1-28). Er war von Marcell Veiths Verteidiger, Heinrich Böhmer, als Vertrauensperson* nominiert und bei der Verhandlung am 15. und 16.10.1908 vermutlich zugegen. Nicht bloß die Länge seines Texts, der im übrigen online leicht zugänglich ist, sondern auch die Verherrlichung der Prostitution als »natürlicher Bestimmung« des sinnlichen Wesens Weib sowie die Romantisierung der Beziehung zwischen Zuhälter und Prostituierter ließen den Verzicht auf einen Abdruck verschmerzen.

* Für den Fall, daß die Hauptverhandlung unter Ausschluß der Öffentlichkeit stattfindet, sieht die Strafprozeßordnung vor, daß »sowohl der Angeklagte als der Privatbetheiligte verlangen [kann], daß der Zutritt drei Personen seines Vertrauens gestattet werde«.

Glossar

¼11 Uhr	10.15 Uhr
a.D.	außer Dienst
etwas anbringen	etwas verkaufen, loswerden, an den Mann bringen
assentieren	auf Tauglichkeit zum Militärdienst prüfen
Aufführfrau	Kupplerin, Zuhälterin
sich über etwas aufhalten	an etwas Anstand nehmen, sich über etwas aufregen
einen Auftritt haben	(jem.) eine Szene machen
jem. / etwas aufsitzen	auf jem. / etwas hereinfallen
Barreau	Anwaltschaft, Gesamtheit der praktizierenden Rechtsanwälte
Billet doux	Liebesbrief
Bisgurn	zänkische Frau
jemanden blitzen	jem. um etwas bringen
bona fides	Guter Glaube (Rechtsbegriff)
bzw.	beziehungsweise
d.ä.	dortämtlich
chambre séparée	abgeteilter, sichtgeschützter Bereich eines Lokals, Restaurants
Comt.	Comtesse
Derby	(hier) Pferdewettrennen
derout	desolat, ruiniert
Diätar	auf Zeit im öffentlichen Dienst beschäftigter Hilfsarbeiter
Diurnist	auf Taggeldbasis entlohnter Amtsschreiber
d.o.	dortämtlich
drahn	sich ausgelassen vergnügen
dto	dato (gegeben, verfaßt)
eskamotieren	verschwinden lassen
ex off(ici)o	von Amts wegen
Fahrnis	bewegliches Vermögen, Habe
Fatierung	Steuererklärung
fl. [florin]	Gulden (1 Gulden hatte im Jahr 1908 in etwa die heutige Kaufkraft von 12,40 Euro.)
Freudenau	Galopprennbahn im Südosten Wiens, Treffpunkt der Hautevolee
g'schnappig	schnippisch, zänkisch
Gummiradler	gummibereiftes Pferdegespann
mit jem. was haben	mit jem. ein Verhältnis haben
Haderlump	Taugenichts
h.ä.	hierämtlich
Herkomerfahrt	von Hubert von Herkomer initiierte 1905, 1906 und 1907 ausgetragene Tourenwagen-Rallye

h.g.	hiergerichtlich, hiergerichts
hussen	(auf)hetzen, aufwiegeln
jem. insultieren	jem. beleidigen
Jockeyklub	1867 nach englischem Muster gegründeter Herrenclub, »dem die Sommitäten der Gesellschaft angehören« (Statuten). Vereinszweck: leitende Turfkörperschaft zu sein, für die Förderung der Vollblutzucht zu sorgen und den geselligen Verkehr zu pflegen. Statutarisch zwar nicht exklusiv, tatsächlich aber beinahe ausschließlich aristokratisch
K	Krone(n) (1 Krone hatte im Jahr 1908 in etwa die heutige Kaufkraft von 6,20 Euro.)
k.k.	kaiserlich-königlich
k.u.k.	kaiserlich und königlich
Koberer	Hurenwirt, Kuppler
l.J.	letztes Jahr / letzten Jahres
Marqueur	Kellner
Mezzanin	Halbstock, Geschoß zwischen Parterre und erstem Stock
Minette	Fellatio, Cunnilingus, Oralverkehr
moral insanity	»moralischer Schwachsinn«: (veralteter) psychiatrischer Terminus, der ein Syndrom von Gefühlskälte, ausgeprägtem Egoismus und mangelndem sittlichem Urteilsvermögen bezeichnet
N.N.	Nomen nominandum (der zu nennende Name), Herr, Frau XY
nimmer	nicht mehr
O.L.G.R.	Ober-Landes-Gerichts-Rat
Ondit	Gerücht
p.A.	per Adresse, c/o
Partei	Wohnpartei
Partie	Ausflug
auf jem. passen, jem. abpassen	jem. auflauern
Platte	Bande
Privat	Privatmann, Privatier
Private	Privatfrau, Privatiere
Relation	Bericht
R.G.Bl.	Reichsgesetzblatt
Ridikül	beutelartige Damenhandtasche
Ronacher	Varietétheater im 1. Wiener Gemeindebezirk. Logen und Parkett waren mit Tischen und Stühlen ausgestattet, während der Vorstellungen wurde gegessen, getrunken, geraucht
S	Schilling (1 Schilling hatte im Jahr 1936 in etwa die heutige Kaufkraft von 5,70 Euro.)

saisieren	beschlagnahmen
Schlamastik	Schlamassel, Patsche
Séparée	→ chambre séparée
Sr.	Seiner
jem. etwas stecken	jem. etwas verraten, hinterbringen
St.G.	Strafgesetz
stier sein	ohne Geld, pleite sein
St.P.O.	Strafprozeßordnung
Strizzi	Zuhälter, leichtlebiger Bursch
jem. einen Tanz machen	jem. lautstark eine Szene machen
Theresianist	Schüler des → Theresianums
Theresianum	Elite-Gymnasium im 4. Wiener Gemeindebezirk, 1746 von Maria Theresia als Theresianische Akademie zur Ausbildung von adeligen Staatsdienern in Verwaltung, Armee und Diplomatie gegründet, ab 1849 auch »Bürgerlichen« zugänglich
Übertr.	Übertretung
ungeniert	ungehemmt, zwanglos
Unterschleif geben	Gelegenheit, Unterschlupf bieten
U.R.	Untersuchungsrichter
»Venedig in Wien«	Im Mai 1895 auf dem Gelände des Englischen Gartens (ehemals Kaisergarten resp. Kaiserwiese) im Wiener Prater von Gabor Steiner eröffneter Lagunenstadt-Themenpark mit begehbaren Nachbauten von Palazzi, Kanälen, Cafés, Restaurants, Musik-, Theater- und Varietébühnen, der in der Sommersaison ein breitgefächertes Unterhaltungsprogramm bot
verdrahn	→ drahn
verjubeln	Geld leichtsinnig, mit beiden Händen ausgeben
verso	Rückseite eines Blatts
Wauwau	Schreckgespenst; den W. (Bösen) spielen
W.E.	Wahrheitserinnerung
Wurzen, die	der / die Übervorteilte, Geneppte, jem., der sich ausnutzen läßt
Zahlmarqueur	Oberkellner
Zins	(kurz für: Mietzins) Miete
Zl	Zahl

Anmerkungen

1 Der Prozess Veith im Lichte der Wahrheit. In: Der Blitz. Eine radikale Zeitung, Jg. 2, Nr. 66, 17.12.1909, S. 3-4.
2 Anonym: Komtesse Mizzi. Aus dem Wiener Großstadt- und Polizeisumpf. In: Der Blitz. Eine radikale Zeitung, Jg. 1, Nr. 5, 8.8.1908, S. 6-8.
3 Der Prozess Veith im Lichte der Wahrheit. In: Der Blitz, Jg. 2, Nr. 67, 24.12.1909, S. 6-7.
4 Anonym: Der Prozess Veith im Lichte der Wahrheit. In: Der Blitz, Jg. 2, Nr. 68, 31.12.1909, S. 5-6.
5 Aus dem Kassenbuch der Mizzi Veith. In: Der Blitz, Jg. 2, Nr. 70, 15.1.1910, S. 3-4.
6 Der Prozeß [sic] Veith im Lichte der Wahrheit (Fortsetzung). In: Der Blitz, Jg. 3, Nr. 73, 5.2.1910, S. 4-6.
7 Authentisches Tagebuch der Komtesse Mizzi Veith. Mit Anhang: Briefe von und an Komtesse Mizzi Veith sowie Mitteilungen aus ihrem Kassabuch. Budapest 1908 (Verlag von G. Grimm).
8 Anonym: Im Blitzlicht [Kolumnentitel]. Das »Tagebuch der Mizzi Veith«. In: Der Blitz, Jg. 1, Nr. 14, 12.12.1908, S. 13.
9 Der Herausgeber [d.i. Alexander Schmitz]: In eigner Sache. In: Der Blitz, Jg. 3, Nr. 71, 22.1.1910, S. 7-8.
10 St. Gr. [d.i. Stefan Grossmann]: Von Wurst- und Käseblättern. In: Berliner Tageblatt, Jg. 39, Nr. 14, 9.1.1910, Sonntags-Ausgabe [S. 2].
11 Verlassenschaftsabhandlung nach Marie Veith, WStLA, BG Wieden, A4/1 – 1A: 701/1908.
12 Anonym: Ehescheidung des Grafen Veith. In: Der Morgen. Wiener Montagblatt, Jg. 2, Nr. 1, 2.1.1911, S. 5.
13 Auskunft des Wiener Stadt- und Landesarchivs (WStLA) über die im Archiv verwahrten historischen Meldeunterlagen.
14 Auskunft des Wiener Stadt- und Landesarchivs (WStLA) über die im Archiv verwahrten historischen Meldeunterlagen.
15 Anonym: Marcell Veith vor dem Bezirksgerichte. In: Die Neue Zeitung, Jg. 5, Nr. 237, 30.8.1912, S. 6.
16 Verlassenschaftsabhandlung nach Marcel(l) Veith, WStLA, BG Favoriten, A4/7 – 7A: 305/1936.
17 Aufbewahrt im Wiener Stadt- und Landesarchiv (WStLA) unter der Signatur WStLA, Landesgericht für Strafsachen, A11: 4291/1908.
18 Cornelia Vismann: Drei Versionen des Schlussworts vor Gericht. In: Dieselbe: Das Recht und seine Mittel. Ausgewählte Schriften. Hg. v. Markus Krajewski und Fabian Steinhauer. Frankfurt am Main 2012, S. 262-274, hier S. 270.

Bildnachweise

Vorsätze: Neuester und vollständigster / PLAN VON WIEN / mit Angabe der neuen Bezirkseinteilung. Mit Verzeichnis sämtlicher Straßen, Gassen und Plätze sowie aller Sehenswürdigkeiten. Nach den neuesten Aufnahmen zusammengestellt. 24. Auflage. A. Hartleben's Verlag. Wien und Leipzig 1908. Maßstab 1:15.000. © ÖNB Wien: AB 7 A 168.

S. 93: Illustrierte Kronen-Zeitung, Jg. 9, Nr. 3084, 31.7.1908, S. 1.

S. 138, 139, 140, 141: Im Prozeßakt im Wiener Stadt- und Landesarchiv, Signatur: WStLA, Landesgericht für Strafsachen, A11: 4291/1908.

S. 143: Illustrierte Kronen-Zeitung, Jg. 9, Nr. 3084, 31.7.1908, S. 4.

S. 167: Im Prozeßakt im Wiener Stadt- und Landesarchiv, Signatur: WStLA, Landesgericht für Strafsachen, A11: 4291/1908.

S. 198: Der Prozeßakt im Wiener Stadt- und Landesarchiv, Signatur: WStLA, Landesgericht für Strafsachen, A11: 4291/1908.

Bibliografische Information der Deutschen Nationalbibliothek
Die Deutsche Nationalbibliothek verzeichnet
diese Publikation in der Deutschen Nationalbibliografie;
detaillierte bibliografische Daten sind im Internet
über http://dnb.d-nb.de abrufbar.

2. Auflage
www.wallstein-verlag.de
Vom Verlag gesetzt aus der Stempel Garamond und der Frutiger
Umschlaggestaltung: Susanne Gerhards, Düsseldorf,
unter Verwendung von »Loge im Sofiensaal« (1903, Ausschnitt)
von Josef Engelhart
Druck und Verarbeitung: Friedrich Pustet, Regensburg
ISBN 978-3-8353-3624-7

Schotten-Ring
Deutschmeister Pl.
Votiv Kirche Platz
Maximilian
Universitäts-Str.
Universität
Börse
Börse Pl.
Rudolfs Pl.
Concordia Pl.
Salzgries
Morzin Pl.
Schotten Kloster
Freiung
Am Hof
Juden Pl.
Hoher Markt
Rathhaus
Burgtheater
Land haus
Minoriten Pl.
Peters
Graben
Stephans Platz
Stock im Eisen
Volks Garten
Parlament
Ballhaus Pl.
Michaeler Pl.
Franzens Pl.
Grillparzer M.
Schmerling Pl.
Justiz Palast
Kk. Hof Burg
Josefs Pl.
Erzh. Karl M.
Neuer Markt
Prinz Eugen M.
Burgthor
Naturhist. Museum
M. Theresien M. Platz
Kunsthist. Museum
Hofgarten
Albrechts Pl.
Goethe M.
Kk. Hof Oper
Opern-Ring
Kärnthner R.
Maximilian Str.
Wallfisch G.
Schiller M. Pl.
Akademie
Kolowrat-R.
Schwarzenberg Pl.
Künstler Haus
Musik Ver.
Ausst. Geb. Secession
Obst Markt
Karls Platz
Ressel M.
Technik
Freihaus
Rainer Pl.
Theater a. d. Wien
Decorat. Depot
Hofstallungen
Wienthal-Linie
Rudolfs Br.
Schwind G.
Wohlleben G.
Mozart
Toscana
B E Z
S T A D T
1
2
3
5
6
7
8
9
10
11
12
13
14